Beltz Taschenbuch 15

Über dieses Buch:

Unser Alltag ist ohne Computer nicht mehr vorstellbar. Auch immer mehr Grundschüler verfügen schon über Erfahrungen mit dem PC und bewältigen selbst komplizierte Computerspiele mit Leichtigkeit.
Es liegt also nahe, das Medium Computer mit seinen vielfältigen Möglichkeiten bereits im Unterricht der Grundschule einzusetzen: Die Arbeit am PC hat für Kinder einen hohen Motivationsanreiz, kann die Individualisierung und Differenzierung fördern und stellt bei richtigem Einsatz eine sinnvolle Ergänzung moderner Unterrichtsformen wie Projektunterricht und Wochenplanunterricht dar.
In den Beiträgen dieses Buches geht es unter anderem um Fragen der Gerätebeschaffung, der Qualität und Einsatzmöglichkeit von Unterrichtsprogrammen und um erste Erfahrungen mit dem PC im Unterricht und in der Lehrerfortbildung. Ein praxisorientiertes Buch, das vor allem Anfängerinnen und Anfängern wichtige Hinweise gibt und Berührungsängste abbaut.

Computer in der Grundschule

Geräte, didaktische Konzepte, Unterrichtssoftware

Herausgegeben von Christian Büttner
und Elke Schwichtenberg

BELTZ
Taschenbuch

Besuchen Sie uns im Internet:
http://www.beltz.de

Beltz Taschenbuch 15
Überarbeitete Neuausgabe
1999 Beltz Verlag, Weinheim und Basel

Umschlaggestaltung: Federico Luci, Köln
Umschlagfotografie: © Premium/ibid, Düsseldorf
Satz: Satz- und Reprotechnik GmbH, Hemsbach
Druck und Bindung: Druckhaus Beltz, Hemsbach
Printed in Germany

ISBN 3 407 22015 4

Inhaltsverzeichnis

Software für die Grundschule

Fortbildung

Erfahrungen europäischer Nachbarn

Anhang

Christian Büttner / Elke Schwichtenberg

Zu diesem Buch

Computer sind alltäglich

Unser Alltag ist ohne Computer nicht mehr zu denken. Ob im Reisebüro, bei der Auftragsannahme einer Autowerkstatt, selbstverständlich inzwischen in den meisten Büros, in Kliniken oder bei der öffentlichen Verwaltung – überall hat man die Vorteile der Computertechnologie erkannt. Computer gehören längst nicht mehr allein zu Arbeitsbereichen und Berufszweigen, die in irgendeiner Weise mit »Informatik« zu tun haben oder auf mathematische Aufgaben spezialisiert sind. Die heutigen Anwendungsprogramme – ob es sich um Textverarbeitung, Büroroutinen, Fotobearbeitung, Spiele oder Maschinensteuerung handelt – sind durch ihre grafischen Benutzeroberflächen und die Maus-Steuerung so bedienerfreundlich geworden, dass selbst kleine Kinder schnell begreifen, welche Anwendung zu welchem Ergebnis führt.

Auch in Schulen sind inzwischen Computer anzutreffen, vorzugsweise in Gymnasien und in Oberstufen von Gesamtschulen. Unter dem Stichwort *Informatik* hatten sie dort bisher ihre Berechtigung. Die Möglichkeiten der Computertechnik sind aber derart erweitert worden, dass auch andere schulische Bereiche wie der der Texterfassung, der innerschulischen Kommunikation, der Kommunikation der Schule mit der Welt von dem Computer Gebrauch machen. Die Bundesländer geben – in unterschiedlicher Intensität – Hilfestellungen*, das Bundesministerium für Technolo-

* In Hessen z.B. unterstützt das Hessische Institut für Bildungsplanung und Schulentwicklung Lehrerinnen und Lehrer, in Nordrhein-Westfalen ist es das Landesinstitut für Schule und Weiterbildung und in Rheinland-Pfalz das Landesmedienzentrum (Adressen im Anhang).

gie hat einen Modellversuch »Schulen ans Netz« ins Leben gerufen, und in Fortbildungen werden entsprechende Themen angeboten.

Vereinzelt gibt es auch Grundschulen, die Schülerinnen und Schüler an diese neue Technologie heranführen, sei es, dass in einzelnen Klassen Computer zur Textverarbeitung oder mit Unterrichtssoftware genutzt werden, sei es, dass Computerräume eingerichtet worden sind, die von allen Klassen genutzt werden können.

Es sind bisher nur einzelne Grundschulen, die diese neue Technologie in ihren Alltag integriert haben, und auf breiter Linie gibt es immer noch einen Widerstand der schulischen Administration gegen die obligatorische Verwendung von Computern*. Dies nicht zuletzt aus ökonomischen Gründen, würde doch eine flächendeckende Ausstattung mit aktuellen Geräten Unsummen verschlingen. Widerstand gibt es aber auch bei Lehrern – nicht nur in der Bundesrepublik, sondern auch in den europäischen Nachbarländern –, sei es in Form einer grundsätzlich ablehnenden Haltung gegenüber Computern, sei es in einer gewissen Trägheit, sich auf neue Themen von Fortbildung einzulassen, sei es aus Vorbehalten gegen die Durchdringung der Kultur mit neuen Medien oder aus Sorge, es handele sich um »schädliche« Erziehungsmittel.

Computer und neue Medien haben auch ihre Schattenseiten. Sie haben nicht nur neue Arbeitsplätze geschaffen, durch sie sind auch eine Vielzahl alter Arbeitsplätze vernichtet worden. Sie haben zu neuen Berufskrankheiten geführt und noch ist nicht sicher, inwieweit sie »süchtig« machen. Vielleicht liegt die Faszination der Computertechnologie darin, dass sie den uralten Traum der Menschheit von Omnipotenz und Grandiosität ein Stück weit der Realität näher gebracht hat: Die Kommunikation rund um den Globus ist mit Hilfe der Computer ebenso Wirklichkeit geworden wie die Nutzung der Technologie am Schreibtisch in den Familien, etwa bei der Kontoführung per BTX.

Der Personalcomputer (PC) in seiner heute entwickeltsten Form als Multimedia-Maschine ist letztlich ebenso wie der CD-Player und

* In Bayern steht man dem Einsatz von Computern in der Grundschule eher zurückhaltend gegenüber.

die digitalen Audiogeräte (über die sich heute allenfalls einige Hifi-Enthusiasten aufregen) oder das digitale Fernsehen (das in den letzten Jahren entwickelt wurde) ein Produkt der Digitalisierung unserer Wirklichkeit. Wenn digitale Informationen, die im entsprechenden Abspielgerät – sei dies der Audio-Player, das Fernsehgerät oder der PC – in Klang, Bilder oder Daten verwandelt werden, dann geschieht dies in Form von Rechenvorgängen, deren Produkte nur durch die entsprechenden Endgeräte (Lautsprecher, Bildschirm und/oder Drucker) einen Sinn ergeben.

Technologie ist schnelllebig

Unter dem Druck kapitalistischer Wirtschaftsordnungen in den meisten Ländern dieser Erde und der Machtkämpfe um den Warenmarkt zählen Werbung und Entwicklung zu den wichtigsten Strategiebereichen. Noch schneller, noch größer, noch vielfältiger – diese Schlagworte zählen auch für die Entwicklung der Computertechnologie. Ein Bonmot sagt, der Computer, den man heute kauft, ist morgen schon veraltet. Die Geräte, die heute in den Geschäften angeboten werden, stellen bereits die fünfte Generation von Computertypen dar (sieht man einmal von den legendären Vorläufern, etwa dem Commodore C 64-Heimcomputer und dem Atari, ab): 286er, 386er, 486er, Pentium und der MMX, im Prinzip die gleichen Maschinen mit jeweils verbesserten Prozessoren (dem Rechner-»Herz«). Sie sind abwärts kompatibel, d.h. die Programme, die für die Geräte der ersten Generation gut genug waren, können meist auch auf den neuen Geräten verwendet werden, während neue Programme mit den alten Maschinen nicht zu betreiben sind.

Neue Programme fordern neue Maschinen, und neue Maschinen fordern wieder zu neuen Programmen heraus. Dieser Kreislauf wird wohl auch in Zukunft ein Problem nicht nur für den Bildungssektor bleiben. Das hat in Zeiten knapper Mittel für Grundschulen allerdings auch seinen Vorteil: Wer sich im Handel und in der Industrie neue Geräte anschaffen will, muss darüber nachdenken, was er mit seinen alten vorhat. Inzwischen ist die Computertechnologie nämlich auch zum Entsorgungsproblem geworden. Dies ist die große Chance für Schulen. Sie können auf diese Weise in vielen Fällen umsonst zu Geräten kommen, für die auch in den nächsten Jahren kein Geld da wäre. Und sie können mit Geräten arbeiten, deren Wirkungsweise und Vor- und Nachteile man inzwischen kennt. Denn die neuen Geräte und die neuen Programme z.B. der Schulbuchverlage (die ebenso wie andere Unternehmen miteinander um das Beste und Neueste und Schönste und Bunteste konkurrieren) müssen ihre Tauglichkeit für Unterricht und Erziehung erst noch beweisen.

Computer sind männlich

Marktwirtschaft, Technologieentwicklung, der »Griff nach den Sternen« und die Entwicklung künstlicher Intelligenz – sind dies nicht alles männliche Wünsche und männliche Themen? Ist nicht all das, was sich infolge solcher Wünsche an »Kapitalvernichtung«, Vernichtung von Arbeitsplätzen, Einsatz der Technologien in wirklichen Kriegen – und an welche negativen Folgen man sonst noch denken kann – zeigt, eine Ausgeburt männlicher Fantasie? Die Faszination kleiner Jungen an Gameboys und männlicher Jugendlicher an Computerspielen sowie die Versessenheit mancher Männer mit ihrem Credo für die Computertechnologie sprechen dafür. Was aber die Nützlichkeit des Computers anbelangt, was seine Möglichkeiten der Verbesserung von Kommunikation betrifft, da ist der Computer auch weiblich.

Es ist sicher kein Zufall, dass Computer zunächst in solchen Schulen und in solchen Fächern verwendet wurden, wo vorwiegend männliche Lehrer eingesetzt sind. Und es ist auch kein Zufall, dass es vor allem Schulleiter und Lehrer sind, die an Grundschulen mit der Einführung des Computers in den Unterricht beginnen und für seine Nutzung in den Kollegien werben. Auch dieses Buch ist in Folge einer männlichen Initiative entstanden. Und es ist sicher auch kein Zufall, dass Widerstand gegen Computer vor allem von Lehrerinnen und Müttern ausgeht, von Müttern allerdings in letzter Zeit weniger, da sie von der Sorge getragen sind, ihre Kinder könnten den Zug der Zeit verpassen (und damit schlechtere Berufschancen haben als mit Computer).

Computer als Hardware und Programme als Software sind geschlechtsneutral. Ob und was man mit ihnen anfängt, wird durch die Haltung des Benutzers bestimmt. In wissenschaftlichen Untersuchungen hat man herausgefunden, dass Jungen anders an Computer und Software herangehen als Mädchen. Da Jungen, genau wie Männer, ein raum- und besitzergreifendes Verhalten haben, d.h. Mädchen wenig Chancen lassen, selbst am Computer etwas zu machen, hat man die Fähigkeiten der Mädchen, mit den neuen Technologien umgehen zu können, bisher weitgehend unterschätzt. Nicht umsonst wird in dem Beitrag von *Udo Spindler* (in diesem Buch) darauf hingewiesen, nicht »in die Tasten« zu greifen – etwas, das Jungen vor allem bei Mädchen wohl gerne tun. Im Zuge der zunehmenden Gleichstellung von Männern und Frauen in unserer Kultur wird sich zeigen, ob und wie die neuen Technologien und auch der Computer für weibliche Fantasien geeignet sind und sich nutzen lassen. Schülerinnen schreiben jedenfalls in Grundschulen genauso gerne Texte am PC wie Schüler, vielleicht sogar noch lieber. Auch in der Software-Entwicklung – bisher eine nahezu ausschließlich männliche Domäne – treten Frauen inzwischen in Erscheinung, z.B. *Michèle Froment*, die in ihrem Beitrag in diesem Buch über ihre Arbeit schreibt.

Computer sind dumm

Menschen, die bisher noch wenig mit Computern in Berührung gekommen sind, sind von den Fähigkeiten des technischen Gerätes fasziniert. Bunte Bilder, Töne, Sprache, Verbindung zu allen Teilen der Welt – all dies scheinen sie zu leisten. Und doch können sie nur das tun, was ihre Hardware zulässt und die Software vorschreibt. Alle Programmroutinen sind endlich, d.h. sie laufen nach dem immer gleichen Schema ab, wenn nicht der Benutzer einen Befehl zur Änderung gibt. Und wenn der Benutzer einen falschen Befehl gibt oder einen solchen, den das Programm nicht kennt, dann »stürzt es« häufig »ab«. Ein Programm ist also genau genommen wie ein Werkzeug, das man für eine bestimmte Aufgabe benutzt.

Erst kürzlich wurde wieder von Computerspezialisten eingeräumt, dass man aus dem Computer wahrscheinlich niemals eine

intelligente Maschine machen könne. Die Vision, die der Computer in dem Film »Odyssee im Weltraum 2001« geweckt hat, der sich über die Intelligenz der Menschen erhebt, die werden wir wahrscheinlich nicht mehr erleben. Auch die größte Vielfalt, die ein Programm zu versprechen scheint – ob es sich um ein Spielprogramm oder ein Textverarbeitungsprogramm handelt – ist nur insoweit interessant oder nützlich, wie man es für eine bestimmte Aufgabe gebrauchen kann. Ein Computerspiel verliert seinen Reiz, wenn man es einmal vollständig gespielt hat, und ein Anwendungsprogramm ist so gut wie die Funktionen, die es für die alltägliche Arbeit bietet. Der PC ist schließlich »nur« ein »Rechner«, eine Rechenmaschine, deren Rechenergebnisse sich für uns sinnvoll auf Druckern, Bildschirmen oder mit Lautsprechern darstellen lassen.

Für die Computerindustrie, die Softwarefirmen und die Schulbuchverlage stehen andere Belange im Vordergrund: Sie wollen verkaufen. Sie setzen deshalb auf die Fasziniertheit der Konsumenten an der Idee, dass es sich bei dem Computer um ein fast schon magisches Gerät handele. Und je mehr bunte, laute und vielfältige Funktionen angeboten werden, desto eher hofft man, einen Kaufimpuls zu erzeugen. Dass es in Schulbuchverlagen allerdings auch andere Tendenzen und Argumente gibt, belegt *Astrid Vietmeier* in ihrem Beitrag in diesem Buch.

Wenn es sich um Grandiosität und Allmacht handelt, dann sind Menschen (und vielleicht besonders Männer) leicht verführbar. Zauber und Magie, Mittel der Macht oder gar Weltbeherrschung, waren immer schon gut für wirksame Werbestrategien. In zahlreichen Spielfilmen ist dieser Topos umgesetzt worden, z.B. in »War Games«: Ein Schüler dringt mit seinem Home-Computer und einem Modem (Verbindungsgerät zur Telefonleitung) in ein militärisches Computer-Netz ein und löst beinahe einen Weltkrieg aus. Reine Fantasie?

Bei den Möglichkeiten und Grenzen der Computertechnologie gilt es für Lehrerinnen und Lehrer, Schulleiterinnen und Schulleiter, die Spreu vom Weizen zu trennen. Was will ich mit dem Computer machen, was kann er überhaupt? Inwieweit unterstützt er mein didaktisches Konzept, auf welchen technischen Schnickschnack kann ich verzichten?

Didaktik

Wie immer bei (technologischen) Veränderungen hat man es erst einmal mit Vorurteilen, Ängsten, Faszinationen und anderen Motiven von Ablehnung und Neugier zu tun. Noch sind Computer in der Schule kein allseits erforschtes pädagogisches Feld. Man muss sich auf einzelne Erfahrungen, Annahmen oder Versprechungen stützen. Noch liegt es – zumindest in der BRD – im Ermessen einer einzelnen Schule bzw. der einzelnen Lehrkraft, ob und wie die Schülerinnen und Schüler unabhängig von ihrer häuslichen Umgebung das Medium Computer kennen lernen.

Ist der PC »nur« eine komfortable Schreibmaschine? Oder im Gegenteil: Kann er mit entsprechenden Programmen sogar die Lehrkraft ersetzen? Diese zwei Pole der Einschätzung durchziehen mehr oder weniger deutlich die bisherige Diskussion um den PC und spiegeln sich auch ein wenig in den Beiträgen des Buches. Eines scheint sich dabei jedoch abzuzeichnen: Die Möglichkeiten einzelner Programme erlauben und/oder erfordern ein weit selbstständigeres Arbeiten der Schülerinnen und Schüler, als dies in den bisherigen traditionellen Unterrichtsformen vorgesehen ist – und zwar sowohl was die Einzel- als auch was die Gruppenarbeit anbelangt! Vor allem im Tages- und Wochenplan und schließlich in der Projektarbeit kann sich der PC als ein »Innovationsmotor« erweisen. Das Thema »Computer im Unterricht« bezeichnet deshalb nicht nur einen Aspekt *im* Unterricht, sondern auch einen Aspekt *des* Unterrichts.

Alle Materialien und Arbeitsblätter, die sich bisher in Schriftmedien (z.T. mühsam) erarbeiten und in den Tages- bzw. Wochenplan integrieren ließen, können jetzt via PC angeboten werden – und dies ein Stück weit ansprechender, perfekter und vielfältiger. Hinzu aber kommt die Möglichkeit von Verknüpfungen, und zwar innerhalb des Stoffes, aber auch über die Klasse hinaus. Damit lässt sich Lernen und Anwendung in einer mit den bisherigen Lernmedien nicht möglichen Weise kombinieren: Schriftliche Äußerungen der Schülerinnen und Schüler lassen sich mit Grafik und Sound ebenso verknüpfen und in einer »erwachsenen« Form darstellen (z.B. als Farbdruck einer Broschüre zu einem Unterrichtsthema, das in einer Schreibwerkstatt erarbeitet wurde), wie man über dieses Thema (elektronische) Verbindung zu Klassen aufnehmen kann, die sich bisher nur mühsam – wenn überhaupt – erreichen ließen (Schulen ans Netz).

Zu der Bereitschaft, neue Technologien beherrschen zu lernen, gehört deshalb beim Einsatz von PCs in der Schule auch die Bereitschaft zur Öffnung für neue Unterrichtskonzepte – bis hin zur Auflösung der traditionellen Grenzen von Unterricht (45-Minuten-Takt, klassenübergreifender Unterricht, flexible Lehrplangestaltung usw.). Dass sich all dies nicht ohne Spannungen, Ängste und Zweifel entwickeln kann, ist selbstverständlich. Man hat aber oft mehr Verbündete als man ahnt: Die Neugier ist bei Menschen ein allzu starker Antrieb. Und Neugier ist ja auch einer der wesentlichen Antriebe für Lernen.

Zu den Beiträgen

Nicht zufällig stehen deshalb die Beiträge von *Gerhard Renner* und *Christian Büttner / Andreas Pfaff* am Anfang des Buches. Neugier ist in vielen Fällen vorhanden, es fehlt jedoch an einem Anstoß im richtigen Augenblick, es fehlt das Angebot zur konkreten Unterstützung und es fehlt überhaupt eine Vorstellung, was da auf den Einzelnen zukommt.

Gerhard Renner, Schulleiter mit weitgehenden Erfahrungen darin, den Computer als Innovationsmotor für schulisches Leben zu nutzen, weist auf die »Schaltstellen« hin, die für den Weg dorthin Beachtung finden müssen. Eine gute Übersicht findet der Leser in den 14 Punkten, mit denen sein Beitrag zur Initiierung einer schuleigenen Arbeit mit PCs in Grundschulen zusammengefasst wird; z.B. wie gelange ich an funktionstüchtige Computer, wie motiviere ich Kolleginnen und Kollegen, brauche ich technisches Fachwissen, wie werden Kompetenzen angebahnt, wer hilft mir bei Problemen mit Hard- und Software?

Genau diesen letzten Punkt greifen auch *Christian Büttner* und *Andreas Pfaff* auf. Sie beginnen mit ihren Ausführungen erfreulicherweise ganz am Anfang: am Anfang »muss es rauschen und auf dem Bildschirm muss sich etwas tun«, woher kommt das Rauschen, was gehört alles zum Computer, wozu sind die einzelnen Geräte da, wie funktionieren sie. Ohne Vorkenntnisse wird man dennoch nicht alles verstehen, wie denn auch die Autoren schreiben: der Beitrag ersetzt keinen Lehrgang, aber er kann Erinnerungsstütze und Ergänzung sein. Und der Leser kann immer wieder einmal nachschlagen und nachschauen, welche Taste z.B. eine Hilfsfunktion bietet, wie ein Programm installiert wird und vor allem, mit welchen Tastenkombinationen das Programm wieder beendet werden kann (erfahrungsgemäß ist dies nämlich ein immer wiederkehrendes und für Anfänger oft schwer lösbares Problem). Fortgeschrittene können nachlesen, wie die Festplatte verwaltet und gepflegt wird. Also: if you need help …

Ebenfalls Hilfe – auf den ersten Blick für eine etwas andere Zielgruppe – bieten die Beiträge von *Horst Eufinger* und *Udo Spindler*. Wie muss eine Fortbildung gestaltet werden, bei der Lehrerinnen in Ruhe, ohne Druck, aber mit Spaß einen Zugang zum PC entwickeln können? Wie weckt man Motivation, welche Erwartungen haben die Teilnehmerinnen und welche grundlegenden Kenntnisse müssen vermittelt werden?

Bei den von *Horst Eufinger* beschriebenen Fortbildungen speziell für Grundschullehrerinnen wird vor allem bedacht, dass Frauen einen völlig anderen Zugang zu Computern finden als Männer. Zwei Aspekte werden in diesen Kursen besonders herausgestellt: Die Möglichkeiten des Computereinsatzes im Unterricht, (aber ebenso wichtig, auch für die Motivation der Teilnehmerinnen) die Nutzung des Rechners als Arbeitserleichterung bei der Unterrichtsvorbereitung und in weiteren schulischen Zusammenhängen (z.B. beim Schreiben der Zeugnisse).

Dennoch richten sich die Aufsätze nicht in erster Linie an Fortbildner (z.B. Rektorinnen und Rektoren), sondern sie geben potenziellen Teilnehmerinnen und Teilnehmern die Möglichkeit herauszufinden, welche Bedürfnisse sie haben (könnten) und welche Anforderungen sie an eine Fortbildung stellen wollen, d.h. sie können ein Stück weit aktiv ihre Weiterbildung mitbestimmen.

Ergänzt wird dieser Bereich durch ein Unterstützungskonzept für Schulen, die sich entschlossen haben, die Möglichkeiten neuerer Informations- und Kommunikationstechnologien zu nutzen. *Thomas Förster* stellt Voraussetzungen, Bedingungen und mögliche Beratungskonzepte am Beispiel Hessen dar. Hessische Schulen erhalten dabei gleich noch nützliche Informationen über die Adressen, bei denen sie sich die beschriebene Unterstützung holen können.

Es ist nun einmal eindeutig: wer kompetent mit einem Computer arbeiten will, muss auch einplanen, dass erst einmal eine mehr oder weniger große Zahl von Stunden benötigt wird, um die grundlegenden Funktionen kennen zu lernen. Es kann dann eigentlich nur noch darum gehen, diese Zeit auch wirklich effektiv zu nutzen und vor allem, solche Lernsituationen zu schaffen, in denen das Lernen als sinnvoll, befriedigend und damit auch freudvoll erlebt wird.

Zwei Lehrerinnen, *Birgit Volp* und *Elke Schwichtenberg*, die zunächst einmal ganz andere Erfahrungen gemacht hatten, beweisen mit ihren Praxisberichten: neugierig sein und beharrlich bleiben lohnt sich. Trotz Frustration durch erfolglose Computer-Fortbildungen und der daraus resultierenden Blockaden haben beide schließlich ihre Möglichkeiten gefunden, Computer im offenen Unterricht der Grundschule einzusetzen. Diesen Weg, der natürlich gekennzeichnet ist von vielen Ungewissheiten und Problemen, aber eben auch von der Begeisterung und Kooperation der Kinder, beschreiben sie in ihren Beiträgen. »Neulinge« werden sich einige brauchbare Tipps holen können.

Auch einen Erfahrungsbericht, diesmal auf ganz anderer Ebene, liefert *Manfred Kramer*. Selbst tätig im Landesinstitut für Schule und Weiterbildung (Soest) beschreibt er (nach Interviews und mehreren Schulbesuchen) zwei Projekte, bei denen durch Computerprogramme offene Lernsituationen geschaffen wurden, die den Schülerinnen und Schülern die Möglichkeit boten, den Aufgabenschwerpunkt »natürliche und gestaltete Umwelt« selbstständig und selbsttätig zu bearbeiten. Die hier genutzten interaktiven Medien ermöglichten »entdeckendes, eigenaktives und konstruierendes Lernen in Sinn- und Sachzusammenhängen« (van Lück 1996). So sollte Lernen mit Computern stattfinden! Wünschen wir also vielen Schulen Computer, mit denen eine solche hypermediale Arbeitsumgebung geschaffen werden kann.

Inge Blatt sieht die Notwendigkeit, gesicherte didaktische Modelle zur Verfügung zu haben, bevor die neue Technologie auf breiter Basis installiert wird. Von grundlegender Wichtigkeit sind dafür die Erfahrungen, die bisher gewonnen werden konnten, und zwar unter den Fragestellungen: Mit welchen Vorerfahrungen und Einstellungen kommen die Kinder in die Schule? Welche Anforderungen stellt Lesen und Schreiben mit Computer? Welche Unterrichtsziele und didaktisch-methodischen Konzepte sind daraus abzuleiten? Fragen, zu denen sie den derzeitigen Wissensstand in ihrem Beitrag zusammenfasst.

Grundsätzliche Fragen für den Einsatz von Unterrichts-Software behandeln *Knut Künkel* und *Rudolf Peschke*. Passt die Software zu den benutzten Lernarrangements, in welcher Art unterstützt sie den Lernprozess, wie oft arbeiten die Kinder damit, ist sie für Einzelarbeit oder für Kleingruppen konzipiert? Es ist offensichtlich noch nicht selbstverständlich, dass Pädagogen und Programmierer gemeinsam Software-Programme entwickeln. Die Autoren eröffnen dazu verschiedene Sichtweisen: im Vordergrund stehen die Ansprüche von Unterricht und Schule (mit ihren individuellen Lernprozessen), andererseits werden auch die Interessen und Probleme der

Programmierer und des Vertriebs dargestellt. Ein weiteres Feld ist die Beratung, die sich Eltern von Lehrerinnen und Lehrern wünschen: welche Beurteilungskriterien lege ich an, was verbirgt sich hinter dem Begriff Edutainment?

Die Situation der Verlage beschreibt noch einmal ausführlich *Astrid Vietmeier*, Mitarbeiterin in einem Schulbuchverlag. Dass sie den Markt und die unterschiedlichen Produkte so genau im Hinblick auf die Verwendbarkeit in der Schule analysieren kann, liegt sicher auch an den Erfahrungen, die sie während ihrer Lehrtätigkeit gesammelt hat und die sie mit ihrer jetzigen Arbeit verknüpfen kann. Sie fordert die Integration der neuen Medien in den Bereich der Aus- und Fortbildung und die Vermittlung einer umfassenden Medienkompetenz. Was dem jedoch entgegensteht, welche Probleme sich vermutlich auch in absehbarer Zeit nicht lösen lassen werden, ist in ihrem Aufsatz nachzulesen.

Claus Siert arbeitet seit fünf Jahren mit Computern im Primarbereich. Er stellt sehr ausführlich – und mit Unterrichtsbeispielen belegt – die Programme vor, mit denen er an seiner Schule arbeitet. Selbstverständlich kann dies nur ein Ausschnitt aus der Fülle der angebotenen Software sein; es bietet aber Anregungen und gibt Neueinsteigern eine Vorstellung dessen, was überhaupt möglich ist (hilfreich sind auch die Angaben zu der jeweils erforderlichen Hardware-Ausstattung).

Fehlt noch der Blick zu unseren europäischen Nachbarn. In der École Maternelle von *Michèle Froment* erfahren die 2- bis 6-Jährigen, wie man Lernen lernt. Das Konzept will zu forschendem Probieren anleiten; es gibt keine Fehler, ein Irrtum bedeutet lediglich: überlegen und noch mal anfangen. Die Pädagogin hat dazu selbst eine Software entworfen, die diese Ansprüche verwirklicht (dabei hat sie sozusagen bei Null angefangen: »Ich hatte keinerlei Informatikkenntnisse«). *Claude Chrétiennot*, ihre Co-Autorin, beschreibt die Entwicklung und die Umstände, die zu dieser erfolgreichen Arbeit geführt haben, anschaulich und nachvollziehbar. Die einzelnen Bausteine des Programms werden aufgelistet und die didaktische Intention wird kommentiert.

Wenn man sich das Programm »Les Imbattables« daraufhin anschaut, überrascht (und enttäuscht?) es zunächst durch ständige –

nur wenig modifizierte – Wiederholungen. Jedoch ist es wichtig, sich die Adressaten der Software-Programme genau vorzustellen und ihre Fähigkeiten (und damit auch ihre Lernbedürfnisse) einzuschätzen. Wichtig sind darüber hinaus Kenntnisse der motorischen Fertigkeiten, Einschätzung des Wahrnehmungspotentials und die psychische Entwicklung der jeweiligen Altersstufe. Aufgaben, die also durch ihre ständigen Wiederholungen auf den ersten Blick eher langweilig anmuten mögen, haben letztendlich genau den richtigen Anspruch für eine Altersklasse der (bis) 6-Jährigen.

Jack Sanger beschreibt in einem Interview die Situation der Schulen in England. Er beklagt, dass die bisherigen Veränderungen in den Schulen nicht annähernd mit den technologischen Entwicklungen Schritt halten und dass es – aufgrund der finanziellen Engpässe – auch kaum möglich sei, in diesem Bereich voranzukommen. Sein Bericht, Teil einer Studie zur Lebenswelt englischer Kinder, greift viele Facetten der schulischen Probleme auf, die sich in ähnlicher Form auch bei den deutschen Kollegen gezeigt hatten. Das Fazit: die Kinder und Jugendlichen beherrschen die Informationstechnologien fast besser als ihre Lehrerinnen und Lehrer und sie werden in ihrer Entwicklung bei der Anwendung neuer Technologie eher eingeschränkt.

Zum Schluss: die Zeichnungen stammen von den Schülerinnen und Schülern der Klasse 3a der Grundschule Ober-Erlenbach.

Hilfe, wir haben Computer in der Schule

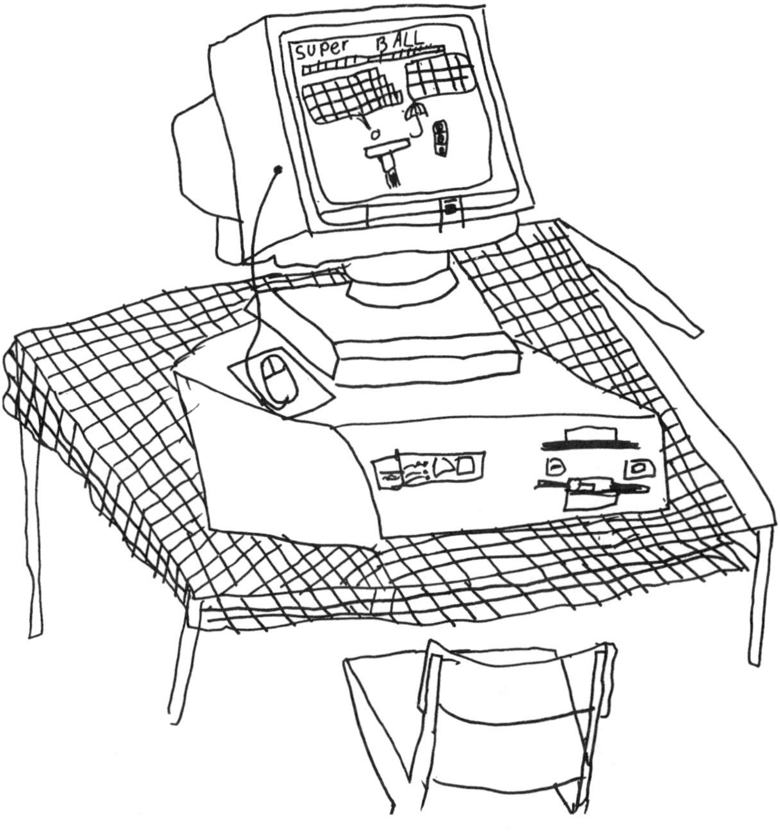

Gerhard Renner

Schulleitung und Computer

Der Computer als Innovationsmotor

Es geht alles – man muss es nur tun. Diese Abwandlung eines Zitates von Erich Kästner kann am ehesten die Erfordernisse beschreiben, vor die sich Schulleitungen gestellt sehen, wenn sie an den Einsatz von Computern in Schulen denken. Von vielen Pädagoginnen und Pädagogen argwöhnisch beobachtet, ist der Computer dabei, über die Bereiche Kreatives Schreiben, Differenzierung und Förderung Einzug in die Didaktik und Methodik der Grundschule zu halten. Obwohl das Herstellen eigener Texte, Hefte und Bücher mittels alter Drucktechniken (z.B. Freinet) in der Primarstufe im Rahmen handlungsorientierten Lernens auch weiterhin seine Berechtigung finden wird, beginnt sich im Zuge der unaufhaltsam voranschreitenden Verbreitung moderner Rechner aber auch das Herstellen eigener Texte mit Computern zu etablieren. Unendlich die Möglichkeiten, mit dem Computer Texte zu verfassen, zu redigieren und zu gestalten. Zum Durchbruch gekommen ist dies freilich noch nicht, fehlen doch den Grundschulen genügend Kolleginnen und Kollegen, die über eine entsprechende Handlungskompetenz verfügen. Darüber hinaus haben noch nicht überall Schulträger und Schulaufsicht die Einsatzmöglichkeiten von Computern in Grundschulen erkannt. Mittel, die es ermöglichen könnten, dass sich auch Grundschulen Ausrüstungen für Computer zulegen können, werden bisher nur selten bereitgestellt. Der Ausweg: Sponsoren müssen gesucht und gefunden werden. Computeranlagen benötigen Wartung, ein normalerweise durchaus kostenintensiver Bereich. Auch hier sind unkonventionelle Lösungen zu bewältigen. Sind alle Hindernisse beseitigt, kann sich der Computer schnell als Innovationsmotor einer Schule erweisen. Im Folgenden sollen Voraussetzungen und Erfahrungswerte dargestellt werden.

Kompetenz erzeugen – der Computer als Innovationsmotor

Innovation setzt immer Menschen voraus, die bereit sind, sich neuen Wegen auch zu öffnen. Es sind nicht selten gerade die Schulleitungen, von denen die Initiative zum Einsatz von Computern an Grundschulen ausgeht. Ist die eigene Entscheidung für den Computer erst einmal gefallen, ist Überzeugungsarbeit bei Eltern und Lehrerinnen und Lehrern zu leisten. Zunächst einmal muss Interesse geweckt und anschließend eine Kompetenz hergestellt werden, die es den Kolleginnen und Kollegen gestattet, die Vorzüge der Arbeit mit Computern kennen zu lernen und für eigene Zwecke zu verwenden.

Grundschullehrerinnen und -lehrer haben in der Regel große Erfahrung in der Gestaltung von Texten. Ihr bisher geläufiges Arbeitsmittel ist oft die Schreibmaschine. So kennen sie auch zur Genüge die leidigen Erfahrungen mit Tippfehlern und ihrer mitunter umständlichen Korrektur. Hier nun sollte die Überzeugungsinitiative ansetzen. Die Präsentation von computergestalteten Texten kann schon das Wunschdenken auslösen, so etwas auch herstellen zu können. Ist das Interesse erst einmal geweckt und der erste Termin der schulinternen Fortbildung »Texte gestalten mit Computern« vereinbart, so ist es empfehlenswert, die Kolleginnen und Kollegen nicht sofort mit technischen Grundbegriffen zu überfordern. Vielmehr erweist sich der Ansatz, ohne weitere Theorievorbereitung sofort an den fertig eingestellten Geräten zu schreiben, oft als richtiger. Die Erfahrung zeigt, dass viele Kolleginnen und Kollegen innerhalb kürzester Zeit die Vorteile gegenüber der archaischen Arbeit mit der Schreibmaschine erkennen und Hemmschwellen überwinden. Mittels weiterer Arbeit am heimischen PC (unbedingte Voraussetzung für Erfolg) kann sich dann relativ schnell die Kompetenz herausbilden, Texte mit modernen Programmen selbst zu gestalten.

An der Wendelinusschule Steinau sind Kolleginnen und Kollegen inzwischen dazu übergegangen, ihre Arbeitsblätter und Unterrichtshilfen mittels moderner Textverarbeitungsprogramme wie z.B. Winword 6.0 selbst zu gestalten. Nicht zuletzt der persönliche Erfolg, etwas Neues erfolgreich gemeistert zu haben, das man sich bisher vielleicht nicht zugetraut hatte, mag dazu beigetragen haben, dass sich das Kollegium auch anderen Bereichen der täglichen pädagogischen Arbeit noch weiter geöffnet hat. Zur Optimierung der Textverarbeitung wurde als Schul- und Heimlizenz das unter dem Programm *Windows* installierte umfangreiche *Schriftenpaket der pädagogischen Werkstatt Mühlacker* erworben (Kosten für Schul- und Heimlizenz ca. DM 1000,–) Mit diesen Schriften können Arbeitsblätter in den gängigen Schulausgangsschriften erstellt werden. Lückentexte und Spiegelschriften sind ebenso leicht in Form gebracht wie Texte mit Symbolen und mathematischen Formeln. Besondere Freude haben die Kinder unserer Schule bei der Arbeit mit dem Programm *Creative Writè* von *Microsoft*, das zur Zeit günstig (DM 49,–) als Auslaufsoftware auf dem Markt erworben werden kann. Es kombiniert in einer kindgemäß gestalteten Oberfläche in beinahe idealer Weise Elemente von Textverarbeitungs- und Grafikgestaltungsprogrammen. Die Anwendungen sind wesentlich einfacher und effektvoller zu bedienen als in den Originalsoftwareprogrammen, die bei der Entwicklung von *Creative Writer* Pate gestanden haben müssen.

Computer herbeischaffen – aber wie?

Die leidige Kostenfrage für den Erwerb von Personalcomputern lässt sich angesichts leerer »öffentlicher Hände« unkonventionell lösen. Im Zuge der sich ständig beschleunigenden Entwicklung der Datenverarbeitung veralten Computer immer schneller und werden so für die Wirtschaft oder Privatnutzer uninteressant. Um es vorweg zu sagen: Schulen können nicht die Entsorgungsplätze für veraltete Computer sein. Dennoch: Ein Personalcomputer der Baureihe 386 (Betriebssystem MS-DOS 5.0 oder höher) mit 100 Megabyte (MB) Speicherfähigkeit auf der Festplatte sowie mindestens 4 MB Arbeitsspeicher reicht absolut aus, um Programme wie *Windows 3.1* und *Winword*, aber auch modernere Lernsoftware laufen zu lassen. Auf Schnelligkeit kommt es dabei nicht unbedingt an. Da die Schulträger in der Regel für Grundschulen keine Mittel für eine PC-Ausrüstung zur Verfügung stellen können oder wollen, sollten zu ortsansässigen Banken und Firmen Kontakte aufgenommen werden.

Für die Wendelinusschule war dies der richtungweisende Weg. Nach einem ersten Kontakt zu einer Bank standen der Schule bereits nach wenigen Tagen Original IBM-Computer einer älteren Baureihe zur Verfügung. Da diese z.T. nicht mehr ganz funktionsfähig waren, entwickelte sich ein Kontakt zu IBM-Deutschland. Im Rahmen eines gemeinsamen Projektes »Computer in der Grundschule« konnten ausnahmsweise funktionsfähige Ersatzteile bzw. komplette Geräte aus der Entsorgungsabteilung von IBM übernommen werden. Die Instandsetzung und Wartung führte ein begeisterter Vater durch. Gearbeitet wurde mit dem alten DOS-Textverarbeitungsprogramm *Microsoft-Word 3.0*, das andere Schulen des Kreises nicht mehr benötigten. *Microsoft-Deutschland* steuerte eine Testversion von *Word 6.0* für DOS bei. Nun schrieben Kinder des 4. Schuljahres ihre erste Schülerzeitung mit den Computern von IBM.

Mittlerweile ist die Computerlernwerkstatt Steinau mit ausrangierten, aber voll funktionstüchtigen Personalcomputern der Typenreihen 486 und Pentium von IBM ausgestattet. Die Softwareprogramme für Textverarbeitung (*Windows 3.1/ Winword 6.0*) sowie das Grafikprogramm *Corel Draw 3.0* wurden aus Spendenmitteln (z.B. Elternspende) besorgt. Im Rahmen des Schulversuches »Computer in der Grundschule« kam darüber hinaus eine Kooperation mit dem Hessischen Landesinstitut für Pädagogik, Regionalstelle Wiesbaden (HeLP) zustande. Vom HeLP wurde das Grund- und Sonderschulsoftwarepaket »HIBSPACK« zur Verfügung gestellt, notwendige Zusatzausstattung wie Computermäuse, Druckerverteilerschalter und -kabel konnten mit Unterstützung des Hessischen Landesinstitutes für Pädagogik, Regionalstelle Fulda erworben werden, das darüber hinaus auch funktionsfähige 486er und Pentium Computer zur Verfügung stellte. Alle Geräte konnten mittlerweile miteinander vernetzt werden. Die dafür notwendige Software *Windows 95* wurde über Mittel der Comenius-Förderung der Europäischen Union beschafft, die auch das Textverarbeitungssystem *Microsoft Office 97* zur Verfügung stellte, damit die Schüler der Wendelinusschule mit ihren Partnerschulen in Kuhmo/Finnland und Èpila/Spanien kompatibel Texte per E-mail austauschen können.

Inzwischen sind auch alle Klassenräume über die Sachspende einer Frankfurter Bank mit je einem 486er Computer ausgestattet worden, der neben *Windows 95* und *Office 97* mit dem »HIBSPACK« bestückt ist. Die darin enthaltenen Lern- und Förderprogramme (z.B. *Budenberg*, *Capito-Lesewelt*, *Capito-Rechenwelt*) sind ansprechend und doch einfach bedienbar. Unnötiger Luxus anderer moderner Lernprogramme wurde weggelassen. Alle Programme des »HIBSPACK« laufen auch auf 286er Computern (Voraussetzung: Farbgrafikadapter [so genannte Grafikkarten] bzw. Farbmonitore der Typen EGA oder VGA). Erfolgversprechend für den Leselernprozess ist der Einsatz des Programms *Capito-Lesewelt*, das inzwischen in überarbeiteter Version auch mit Sprachausgabe über Soundkarte per Lautsprecher oder Kopfhörer betrieben werden kann. Mit diesen Lernprogrammen erfolgt schon im Anfangsunterricht eine gezielte Förderung schwacher und leistungsstarker Schülerinnen und Schüler. Mit dem Schreibprogramm *Minitext* von *Budenberg* verfassen bereits Kinder des ersten Schuljahres eigene Texte. Für den Computerbetreuungslehrer besonders erfreulich: Die Schüler der 4. Klasse formatieren mittlerweile selbst ihre Schülerzeitung mit dem Textverarbeitungsprogramm *Winword 6.0*. Vorbei die Zeiten, als man die Gestaltung der Schülertexte noch selbst besorgen musste und sich mit Uraltprogrammen wie *Word 3.0* die Nächte um die Ohren schlug.

Problematischer gestaltete sich die Beschaffung der Drucker, die wesentlich schwieriger als gebrauchte Objekte durch Sachspenden beschafft werden können. Durch Teilnahme am Projekt »Öffnung von Schule« des Hessischen Kultusministeriums konnte 1994 eine Zusammenarbeit mit einer lokalen Computervertriebsfirma hergestellt und ein Anfangsbestand von drei Druckern für die Schule erworben werden. Weitere Drucker konnten als Sachspenden dem Inventar der Computerlernwerkstatt zugeführt werden. Im Computerraum wurden darüber hinaus durch Verteilerboxen immer vier Computer mit einem Drucker verbunden. Die Erfahrung zeigte bald, dass der Einsatz automatischer Druckerverteilerschalter große Vorteile gegenüber den günstigeren Handschaltern hatte. Nach Bereitstellung automatischer Schalter konnten Bedienungsprobleme reduziert werden. Dennoch ist es gerade immer der Betrieb der Drucker, der Kolleginnen und Kollegen wie auch den Kindern die größten Probleme bereitet. Häufige Fehlerquellen sind: Papiereinzug, online-/offline-Betrieb (ein Drucker muss zur Annahme eines Druckauftrages »online« geschaltet sein). Als günstig hat sich der Einsatz von Tintenstrahldruckern (z.B. der Baureihe 5xx der Fa. Hewlett-

Packard) erwiesen. Diese konnten schließlich über Elternspenden und Schulträger besorgt werden. Empfohlen werden kann auch die Deaktivierung des so genannten Druckmanagers von *Windows*. Nach mehreren versuchten und misslungenen Druckaufträgen ist das Druckprogramm von *Windows* in der Regel überladen. Die Handhabung zur Entleerung über die so genannte Systemsteuerung von *Windows* ist für Unerfahrene zu kompliziert und erfordert daher eine ständige Ansprache des Computerbetreuers. Nach Deaktivierung des Druckmanagers werden Druckaufträge nur noch einzeln angenommen und ausgeführt.

Administrative Aufgaben und Problemstellungen

Zu einem erfolgreichen Einsatz von Computern in Grundschulen gehören natürlich auch so lästige administrative Aufgaben wie Registrierung und Inventarisierung sämtlicher Geräte und Zubehörteile, nicht zu vergessen die Lizensierung der erworbenen Software. Abgesehen davon, dass sie eigentlich beim ersten Einsatz verpflichtend ist, bietet die Lizensierung bei der Herstellerfirma u.a. die Möglichkeit, günstig an so genannte Update-Versionen (überarbeitete bzw. erneuerte Software-Versionen) zu gelangen oder aber Unterstützung bei Softwareproblemen zu erhalten. Für die betreuende Lehrkraft ist der Einsatz vertrauter Software natürlich von Vorteil. Software lässt sich im Übrigen günstig durch Downloads (Herunterladen) im Internet organisieren, mitunter sogar kostenlos als so genannte »Freeware« oder zwecks Ausprobieren bzw. zur Ansicht als »Shareware«. Hier muss nach einer festgelegten Frist das Shareware-Programm von der Festplatte (auch Harddisk genannt) wieder entfernt oder aber bezahlt werden.

E-Mail – Grundschülerinnen und -schüler im Internet

Zukunftsweisend im Sinne einer planvollen Medienerziehung ist die Teilnahme der Wendelinusschule an Projekten wie »IMMIS« (HeLP) und »Schulen ans Netz« (Telekom). Mittels moderner und schneller Pentium-Rechner, die im Rahmen der Projekte angeschafft werden konnten, ist es nun möglich, mit Grundschulen in Hessen, Deutschland oder anderen Ländern der Welt über eine eigene »Homepage« (ständig über das Internet abrufbare Informationsseite, Adresse der Wendelinusschule: http://www.rhoen.net/Wendelin/) in Kontakt zu treten. Eine Registrierung als bundesweit kommunikative »online-Schule« kann über die Homepage des Deutschen Bildungsservers an der Humboldt-Universität in Berlin erfolgen. Voraussetzung ist die Erstellung einer eigenen Homepage, die ständig abrufbar sein muss (http://www.schulweb.de).

Bei der Arbeit mit dem Internet ist weniger an ein Surfen im weltweiten Netz (engl.: worldwideweb= »www«) gedacht. Vielmehr geht es vordringlich um schriftliche Kommunikation als Weiterentwicklung der kommunikativen Kompetenz auf einer höheren, bisher unbekannten Ebene, die aber bereits schon jetzt ihren unaufhaltsamen Siegeszug angetreten hat. Wir müssen ohnehin inzwischen mit der Erkenntnis leben, dass sogar Grundschulkinder zunehmend zu Hause Kompetenzen erwerben, die vielen unserer Kolleginnen und Kollegen bisher fremd sind. So ist es nur legitim, diese den Grundschülerinnen und -schülern bei Vorhandensein der technischen und menschlichen Voraussetzungen nicht vorzuenthalten, sondern ihnen einen im Interesse einer vernünftigen und zukunftsweisenden Medienerziehung gestalteten Zugang zum E-mailing (Übermittlung elektronischer Post über das Internet) zu ermöglichen. Die Deutsche Telekom AG wird mit ihrer bundesweiten Initiative »Schulen ans Netz« viele Schulen mit den technischen Voraussetzungen (ISDN-Telefonanschluß / Modem als Verbindung des Computers zum Telefonnetz / Multimedia-Computer mit Soundkarte, Verstärker, Lautsprechern und Mikrofon) ausstatten und hier, nicht nur im eigenen Interesse, einen wichtigen Beitrag zur Schulinnovation leisten. In die gleiche Richtung weist der Modellversuch »IMMIS«, der in Hessen vom Hessischen Landesinstitut für Pädagogik, Regionalstelle Wiesbaden gesteuert wird. Darüber hinaus soll den beteiligten Grundschulen die Möglichkeit eröffnet werden, mit dem sich noch im Entwicklungsstadium befindlichen Cornelsen-Softwareprogramm »Winnies Welt – Das grüne Klassenzimmer« Medienerziehung im Sinne von gezielter Informationsentnahme zu betreiben. Das auf

CD-ROM-Datenträger gespeicherte Programm ist im Sachunterricht individuell einsetzbar und leitet die Schülerinnen und Schüler, je nach Kenntnisstand, differenziert durch das als Naturkundelexikon konzipierte Unterrichtswerk.

Wie kann es weitergehen?

Die Erfahrungen mit der Computer-Lernwerkstatt kommen nicht nur unserer Schule zugute. Im Bereich der Arbeit mit Computern wurden die in Steinau gemachten Erfahrungen über die Lehrerfortbildung auch anderen Schulen der Region zugänglich gemacht. Unsere inzwischen alten IBM-Geräte der 1. und 2. Generation konnten im Rahmen eines Patenschaftsprojektes der Computer-Lernwerkstatt an interessierte Grundschulen des Landkreises Fulda ausgeliehen werden und dienen dort als Starthilfe, um auszuprobieren, wie die jeweiligen Lehrerinnen und Lehrer/Schülerinnen und Schüler mit Hard- und Software umgehen können. Begleitend dazu wird ein Computerkurs über die Regionalstelle Fulda des Hessischen Landesinstitut für Pädagogik in den Räumen der Lernwerkstatt Steinau angeboten. Unterstützung erfährt das Patenschaftsprojekt auch über das Regionale Medienkompetenzzentrum (RMZ) der HeLP-Regionalstelle Fulda, die auf Anforderung die Hard- und Softwarekonfiguration übernimmt. Die Lernsoftware wird im Rahmen des Projektes »Computer an Grundschulen« vom HeLP in Wiesbaden auch weiterhin gestellt.

Wichtige Empfehlungen für den Einsatz von Computern an Grundschulen

Abschließend und noch einmal zusammenfassend könnten folgende Empfehlungen bei der Initiierung einer schuleigenen Arbeit mit Computern in der Grundschule hilfreich sein:

- Über Kontakte zu Firmen, Banken und Versicherungen kann man zu Sachspenden funktionstüchtiger Computer gelangen. Hierbei sollte darauf geachtet werden, dass Geräte ab Typ 286, besser noch 386 oder 486 (mit VGA Farbmonitor) gespendet werden. Ältere Geräte eignen sich eigentlich nicht mehr für einen Einsatz, da für diese leicht bedienbare Softwareprogramme nur selten oder gar nicht erhältlich sind. Darüber hinaus erfordern sie einen erheblichen Wartungsaufwand.
- Bei der Werbung für das Computerprojekt in der eigenen Schule sollte der Schwerpunkt auf »Freies Schreiben am PC« gelegt werden. Hier erfährt man am ehesten Zustimmung und Unterstützung durch Kolleginnen und Kollegen, zumal ein Computer in dieser Funktion auch einen Stellenwert für die eigene Arbeit der Lehrerinnen und Lehrer bekommen kann. Die Werbung mit Lernspielen wirkt dagegen mitunter eher abstoßend.
- Kompetenzen werden am ehesten angebahnt, wenn eine schulinterne Lehrerfortbildung durchgeführt wird. Erfolgversprechend

ist die Vermittlung des Einsatzes des Computers als komfortable Schreibmaschine. Die ersten Sitzungen sollten nicht mit zuviel technischem Fachwissen überfrachtet werden. Die Kolleginnen und Kollegen lernen zunächst an fertig eingestellten Geräten.

- Von großer Bedeutung ist die Stellung eines »trouble-shooters«, der den Kolleginnen und Kollegen in und außerhalb der Schule bei der Lösung von Hard- und Softwareproblemen im Sinne von »Hilfe zur Selbsthilfe« zur Verfügung stehen sollte. Die Anfangsprobleme nehmen erfahrungsgemäß schon bald ab.
- An kompetente Mitstreiter im Kollegium können auch Aufgaben wie z.B. Betreuungsfunktionen delegiert werden.
- Die ideelle Unterstützung durch den Schulträger sollte hergestellt werden. Je mehr von der Schule bei der Durchführung von Projekten in Eigeninitiative organisiert wird, desto eher erfährt man im Bereich Zubehör/Wartung auch einmal finanzielle Unterstützung, wenn sonstige Mittel erschöpft sind.
- Bewerbungen bei landes-, bundes- oder gar europaweiten Projekten können Schulen in den Genuss moderner Hard- und Software bringen, wo öffentliche Schulträger keine Mittel mehr anbieten können.
- Support für ein Projekt »Computer« erhält man auch bei der lokalen Lehrerfortbildung.
- Experten in der Elternschaft sollten gesucht und angesprochen werden. Sie können die sonst kostenintensive Wartung der Geräte übernehmen und als Pannenhelfer einspringen, wo die Wartungs-Kompetenz der Schule endet.
- Das Lizenzrecht muss ernst genommen werden. Ausgediente Software von anderen Schulen sollte nur inklusive Lizenzkarten und Löschungsbescheinigung übernommen werden. Auch Software über so genannte »class-in-a-box« Pakete (10–15 Lizenzen) oder Schulversionen ist erschwinglich, z.B. finanziert durch Elternspenden oder Sponsoren.
- Es ist empfehlenswert, den Stundenplan so zu gestalten, dass die Arbeit mit Computern in Blockstunden beliebig erfolgen kann.
- Als lohnend kann sich auch die Kontaktaufnahme zu Lokalzeitungen erweisen, die z.B. durch Projekte wie »Zeitung in der Schule« den Einsatz von Computern in Schulen unterstützen und

diesen mitunter sogar einen kostenlosen Zugang zum Internet ermöglichen können.

- Computer sollten möglichst vom gleichen Typ sein. Dies erleichtert die Wartung. Als Mindestvoraussetzung sollten alle Geräte über die gleiche Version des Betriebssystems MS-DOS/*Windows* verfügen.
- Beim Erwerb und Einsatz von Druckern sollte auf leichte Handhabung geachtet werden. Empfehlenswert ist der Einsatz von Tintenstrahldruckern mit Einzelblatteinzug. Auch hier sollte Wert darauf gelegt werden, Drucker möglichst vom gleichen Hersteller bzw. von verwandten Baureihen einzusetzen.

Christian Büttner / Andreas Pfaff

If you need help press F1*

Erste Schritte mit der PC-Maschine und dem Betriebssystem

Eine Lehrerin, die sich entschlossen hatte, mit einem gespendeten PC in ihrer Klasse zu arbeiten, holte sich bei dem Vater von einem ihrer Schüler Hilfe, weil sich dem nach Einschalten des Gerätes auf dem Bildschirm nichts tat. Die Kinder (!) hatten ihr versichert, dass alle Kabel richtig angeschlossen seien. Ein kurzer Blick des Vaters auf den Monitor zeigte: Die Stromversorgung war nicht richtig fest eingestöpselt. Im Übrigen war der Lehrerin auch nicht klar, was nach dem Einschalten eigentlich zu erwarten gewesen wäre und was man damit und was man dann zu tun habe, und so schloss sich an die Lösung des (banalen) technischen Problems ein Mini-Kurs der ersten Schritte in der Benutzung an.

Wir wollen mit unserem Beitrag ein kleine technische Einführung dazu geben, was denn da eigentlich steht, wenn man einen PC geschenkt bekommt (ohne das Geschenk zu kennen) und dann einen Schritt in Richtung grundsätzliche Anwendungen weiter gehen. Der Beitrag ersetzt keinen Lehrgang oder Kurs. Aber er kann eine Erinnerungsstütze und Ergänzung dazu sein. Und er soll auf mögliche Reaktionen des PC vorbereiten, ob man nun selbst helfend »eingreift« oder sich Hilfe holt.

* Nach einem Interview mit Andreas Pfaff; der Titel geht auf eine Anregung aus »Monty Pythons Complete Waste of Time« zurück, ein CD-ROM-Spiel, das boshaft auf die Zeit anspielt, die viele PC-Enthusiasten mit nutzlosen Versuchen zubringen, die Maschine zum Laufen zu bewegen, nur um sie nach neuen Spielereien wieder zum Absturz zu bringen. Der folgende Text enthält englische Begriffe deshalb, weil die PC-Entwicklung in Amerika angefangen hat.

Die »Hardware«

Damit man sicher sein kann, dass der PC anfängt zu arbeiten, muss es »rauschen«, und auf dem Bildschirm muss sich etwas tun. Dieses Rauschen kommt von dem Ventilator des Netzteils, also der Stromversorgung, sowie von der (von außen nicht sichtbaren) Festplatte, dem Massenspeicher des PC, der aus ständig rotierenden Magnetscheiben besteht. Nach dem Einschalten des Gerätes ist außerdem ein Piepser aus dem PC-Lautsprecher zu hören, an dem man erkennen kann, ob die Elektronik bereit ist, den PC in seinen Betriebszustand zu bringen. Ein weiteres (sägendes) Geräusch kommt von dem Disketten-Laufwerk. Sollten alle diese Geräusche auftreten und trotzdem kein Bild auf dem Monitor erscheinen, dann liegt ein Problem für einen Fachmann vor.

Der PC ist mit den Bestandteilen Tastatur, Bildschirm, Festplatte, Disketten-Laufwerk (das können besonders bei älteren Geräten auch zwei Laufwerke für unterschiedliche Disketten-Größen sein), Lautsprecher und Gehäuse eigentlich bereits komplett, wenn damit auch die Ausgabe dessen, was der PC leisten kann, auf den Bildschirm beschränkt bleibt und die Eingabe auf die Tastatur. Bei neueren PCs mit luxuriöseren und komplizierten Programmen ist noch die »Maus« erforderlich, eine Mini-Tastatur, mit der man auf dem Bildschirm bestimmte Operationen durchführen kann (z.B. auf Knöpfe klicken, die Programme starten). Auf andere so genannte Erweiterungen oder Peripherie-Geräte werden wir zum Schluss eingehen.

Auf der Rückseite des Gerätes gibt es mehrere Anschlussbuchsen, die Kaltgerätebuchse (für ein Netz-Kabel), eine Anschlussbuchse für einen Drucker (eine so genannte parallele Schnittstelle oder Drucker-Port), eine Buchse für das Bildschirmkabel und eine Buchse für eine Maus oder andere Zusatzgeräte wie z.B. ein Modem (eine serielle Schnittstelle oder com-Port), schließlich einen runden Stecker für die Tastatur. Bei einigen Geräten gibt es noch eine zusätzliche Buchse für einen speziellen Maus-Anschluss (PS/2-Maus), und bei neueren Geräten sind die Anschlussmöglichkeiten an zwei serielle Schnittstellen vorhanden. Während bei Drucker und Bildschirm normalerweise die entsprechenden Kabel passen, kann es beim Maus-Anschluss zu Problemen kommen: Mäuse haben einen 9-poligen Stecker, ältere PCs dagegen eine 25-polige Buchse an der seriellen Schnittstelle. Da hilft ein Zwischenstecker, den man im Fachhandel kaufen kann.

Im Inneren des Gerätes arbeiten eine Stromversorgungseinheit und die Festplatte, auf der sämtliche Daten und Programme gespeichert werden (und auch im Normalfall beim Ausschalten des Gerätes nicht verloren gehen). Vor allem aber befinden sich in dem Gehäuse die zentrale Einheit, die das Arbeiten (Rechnen) besorgt, die Hauptplatine (das Mainboard oder Motherboard) mit dem Prozessor (die CPU) und der Haupt- oder Arbeitsspeicher (der RAM-Speicher, dessen Größe in Megabyte angegeben wird). Auf der Hauptplatine befinden sich in der Regel Steckplätze, in die sich Erweiterungen entweder des Hauptspeichers und/oder Peripherie (Zusatzgeräte wie externe Lautsprecher bzw. Kopfhörer, Scanner usw., die eine so genannte Karte mit elektronischen Bauteilen zur Ansteuerung benötigen) einstecken lassen.

(Wer an dieser Stelle alles etwas genauer wissen möchte oder nach visuellen Informationen über das Innenleben eines PC sucht, dem sei das Heft »Fit am Computer – Der PC« 3/97 aus dem Gemini-Verlag (Kufstein) empfohlen. Hier werden nicht nur die Funktionsgruppen erklärt, sondern auch die Schnittstellen, Bustechnologien und Steckkarten.)

Nach dem Einschalten

Was passiert nun eigentlich nach dem Einschalten? Es wird ein POST-power-on-self-Test durchgeführt. Der PC prüft das Vorhandensein und die Funktionsfähigkeit seiner Komponenten und überprüft auch, ob die Konfiguration, die er vorfindet, mit einer vorab eingestellten Konfiguration übereinstimmt. Diese Einstellungen muss man nur dann verändern, wenn sie nicht stimmen und/oder wenn man neue Komponenten an die Hauptplatine anschließt (z.B. ein anderes Laufwerk, Festplatte, Speichererweiterungen, Video-Karte usw.). Dazu benutzt man bei älteren Geräten die zu dem Gerät gehörende Setup-Diskette oder die nach dem Einschalten auf dem Bildschirm angebotenen Möglichkeiten, die Konfiguration (des

BIOS = Basic Input/Output-System) zu ändern. Diese Änderungen sollten unbedingt nur von Fachleuten durchgeführt werden.

Wenn das BIOS nach dem Einschalten die Konfiguration überprüft hat, wird im Normalfall erst auf dem Diskettenlaufwerk und dann auf der Festplatte nach dem Betriebssystem gesucht (wenn der PC nicht von Diskette gestartet wird). Das Laden des Betriebssystems bezeichnet man auch als »Booten«. Am Ende dieses Boot-Vorgangs sollte auf dem Bildschirm links oben ein **C:** zu sehen sein, der so genannte Prompt, mit dem der PC anzeigt, dass er nun bereit ist, die Befehle seines Benutzers entgegen zu nehmen (z.B. das Starten von Programmen, die Eingabe von Befehlen zu Diskettenoperationen u.v.a.m.). Das Aussehen dieses Prompts ist eine Konvention, man kann ihn auch ganz anders aussehen lassen und ihm sogar die Gestalt kleiner Texte geben (z.B. »Bitte rufen Sie den System-Operator«, um den Anschein des Gesperrt-Seins zu erwecken).

Je nach Software-Konfiguration kann nach dem Selbsttest und dem Laden des Betriebssystems auch eine Menü-Oberfläche (z.B. power-menue) erscheinen, die die Auswahl von Operationen und Programmen im Volltext oder mit Buchstaben-Symbolen anbietet. Bei neueren Maschinen und Betriebssystemen (z.B. Windows 95, Windows NT oder OS/2) oder beim automatischen Starten von Windows 3.1 oder 3.11 erscheint grundsätzlich eine Arbeitsoberfläche, die dem Benutzer das Leben mit bunten Bildern, ausführlichen Beschreibungen oder gar einer »bubble-help«-Anzeige erleichtert (die Symbole auf der Arbeitsoberfläche sind mit Sprechblasenanzeigen verknüpft, die z.B. beim Klicken mit einer der Maustasten sichtbar werden).

Auf dem Weg zur Betriebsbereitschaft des PC können (leider) eine Reihe unvorhergesehener Dinge passieren. Ein wesentliches Indiz für einen Fehler ist ein Doppelpieps nach dem Einschalten. Auf dem Bildschirm kann dann bereits ein Hinweis über die Art des Fehlers stehen, manchmal steht aber auch nichts dort. Kurios ist dabei folgende Meldung: »keyboard-error, press F1 to continue«, wenn die Tastatur nicht angeschlossen ist. Wie – bitte – soll man ohne angeschlossene Tastatur F1 drücken? Da hilft nur: Das Gerät ausschalten und die Tastatur einstecken. Man sollte grundsätzlich nur im ausgeschalteten Zustand Kabel einstecken und abziehen, ganz gleich, von welchem Zusatzteil.

Falls die Festplatte defekt sein sollte, dauert es u.U. sehr lange, bis die Fehlermeldung kommt. Das BIOS versucht sehr lange, die bei ihm angemeldete Festplatte zu finden und gibt diese Versuche erst nach einer längeren Zeit auf. Die Zeit bis zur Fehlermeldung – das timeout – kann bei maximal 3 Minuten liegen. Diese Geduld sollte man aufbringen. Wenn dann der Fehler »Harddisk (oder »harddrive«) failure« erscheint, weiß man genau, welcher Fehler vorliegt. Die Festplatte muss dann nicht zwingend kaputt sein, es kann auch im BIOS ein falscher Typ eingetragen sein, so dass die vorhandene Festplatte nicht erkannt worden ist. Hier hilft nur der Fachmann oder die Fachfrau weiter.

Ein weiterer Fehler taucht auf, wenn beim Einschalten des PC eine Diskette eingelegt ist (außer wenn es sich um eine »bootfähige« Diskette handelt, also um eine Diskette, mit der man ein Betriebssystem laden kann). Dann erscheint häufig die Meldung »Kein System oder Laufwerksfehler«. Dieser Fehler geht darauf zurück, dass das BIOS das Betriebssystem zunächst auf einer Diskette, dann auf der Festplatte sucht (Start- oder Boot-Reihenfolge). Ist eine Daten-Diskette eingelegt, die nicht startfähig ist (bootfähig), dann stoppt der Bootvorgang an dieser Stelle, es ist eben kein Betriebssystem auf der Diskette vorhanden. Hier muss man die Diskette herausnehmen und den PC neu starten. Diesen Neustart sollte man zunächst als »Warmstart« vornehmen. Dabei bleibt der PC eingeschaltet und es werden gleichzeitig die Tasten **Strg**, **Alt** und **Entf** (bei manchen Geräten auch **Ctrl**, **Alt**, **Lösch** oder **Ctrl, Alt, Del**) gedrückt. Die zweite Möglichkeit des Neustarts geschieht über eine Reset-Taste (wenn vorhanden). Diese Taste hat die gleiche Wirkung wie ein Ausschalten (ein »Kaltstart«), ohne dass jedoch die Festplatte abgeschaltet wird. Es ist also schonender als das Ausschalten des Gerätes – die radikale Lösung. Beim Ausschalten sollte man so lange warten, bis das Gerät kein Geräusch mehr von sich gibt. Das Neustarten der (noch) laufenden Festplatte kann zu Schäden führen.

Schließlich kann es besonders bei älteren Geräten zu einem Ausfall der Batterie bzw. des Akkus kommen (»CMOS-Battery low«). Die Stromversorgung per Batterie/Akku dient zur permanenten Speicherung der BIOS-Konfigurationsdaten (z.B. Daten der Festplatte, welche Disketten-Laufwerke, welche Grafikkarte,

Größe des Arbeitsspeichers, Datum und Uhrzeit), die ohne Stromversorgung ebenso verloren gehen wie die Daten im Arbeitsspeicher beim Abschalten des PC. Akku bzw. Batterie lassen sich durch einen Fachmann ersetzen, so dass nach erneuter Konfiguration des BIOS der PC wieder betriebsfertig gemacht werden kann.

Das Betriebssystem

MS-DOS (Microsoft Disk Operating System) oder PC-DOS (Personal Computer Disk Operating System von IBM) sind Programme, die ein PC braucht, um von einem Gerät mit mehreren Peripherie-Teilen zu einem Computer zu werden, der Programme ausführen kann. Ursprünglich stammen beide aus dem Hause Microsoft. Laut damaligem Lizenzvertrag mit IBM wurde jeder verkaufte Rechner mit MS-DOS ausgeliefert (wodurch der damals noch junge Firmengründer von Microsoft, Bill Gates, den Anfang seines so außerordentlichen Reichtums begründete). Später dagegen wurden die IBM-Rechner immer mit PC-DOS verkauft.

Das Betriebssystem erlaubt dem Nutzer, mit einfachen Befehlen Operationen durchzuführen und es erlaubt den Programmen, alle Möglichkeiten angeschlossener Bildschirme, Drucker oder sonstiger Peripheriegeräte auszunutzen. Um sich z.B. anzeigen zu lassen, was »auf der Festplatte drauf ist« kann man den Befehl **dir** (für: directory) am Prompt eingeben. Auf dem Bildschirm wird dann der Festplatteninhalt angezeigt. Oder: Um sich anzeigen zu lassen, welche Daten auf einer Diskette gespeichert sind, muss man zunächst das Laufwerk mit dem Befehl **a:** (oder **b:**, **d:** bzw. den Buchstaben des jeweiligen Speichermediums) wechseln. Der Prompt hat dann das Aussehen **A:** (oder **D:**) und danach **dir**.

Die Laufwerke haben eigene Namen, damit sie vom System unterschieden werden können: **C:** für die Festplatte, **A:** bzw. **B:** für Disketten-Laufwerke und **D:** meist für ein CD-ROM-Laufwerk. Bei mehreren Festplatten im System können weitere Buchstaben vergeben werden. Eine große Festplatte kann auch in mehrere Abschnitte (Partitionen) aufgeteilt sein, die ebenfalls einen eigenen Buchstaben zugewiesen bekommen.

Die einzelnen DOS-Befehle können mit Erweiterungen bzw. »Schaltern« angegeben werden, z.B. um eine bestimmte Form der Darstellung eines Festplatteninhaltes anzuzeigen. Mit **dir/p** z.B. wird der Festplatteninhalt seitenweise angezeigt, was günstig ist, wenn die Bildschirmgröße zur Anzeige nicht ausreicht. Mit **dir/w** erfolgt eine ganzseitige Bildschirmanzeige, aber so geordnet, dass sie in den meisten Fällen ebenfalls auf eine Bildschirmseite passt.

Ein weiterer nützlicher Befehl ist **copy**. Damit kann man von einer Diskette Daten auf die Festplatte kopieren und umgekehrt. Dazu ist am Prompt etwa einzugeben: **copy c:\Daten.xyz a:** (d.h. die Daten-Datei Daten.xyz wird von der Festplatte auf eine Diskette kopiert). Disketten müssen zur Verwendung auf dem PC vorbereitet (»formatiert«) sein. Beim Neukauf werden fast ausschließlich bereits formatierte Disketten angeboten. Damit man aber im Zweifelsfall selbst formatieren kann, benutzt man den Befehl **format a:**. Bei neueren DOS-Versionen gibt es einen Abfragedialog auf dem Bildschirm, der selbsterklärend ist. Achtung: *Niemals* **format c:** eingeben, der Effekt wäre der komplette Datenverlust auf der Festplatte!

Zum Feststellen, wie viel Speicherplatz auf der Festplatte vorhanden ist, gibt man **chkdsk** (für: check disk) ein. Die Angaben auf dem Bildschirm zeigen sowohl die Belegung des Festplatten- als auch die Größe des Arbeitsspeichers an. Mit **chkdsk /f** kann man einen eventuell vorhandenen Fehler im Dateisystem der Festplatte beseitigen.

Das Festplattenverwaltungssystem (Dateisystem)

Alle Programme und Daten sind in Dateien gespeichert. Die Vergabe von Namen für solche Dateien folgen einer festgelegten Norm: Die Dateinamen dürfen maximal acht Buchstaben/Zahlen (ausgenommen die Sonderzeichen: *. ?, /, \ sowie Leerzeichen) gefolgt von einem Punkt und weiteren maximal drei Buchstaben/Zahlen (ebenfalls ausgenommen Sonderzeichen) haben. Ein typischer Dateiname ist z.B. lesen.exe (für eine Programm-Datei des Lese- und Rechtschreibmeisters). Zu einem Programm (das Betriebssystem ist auch ein Programm!) gehören normalerweise eine oder mehrere ausführbare Dateien (sie enthalten Ausführungsbefehle) und mehrere Datendateien. Solche Befehle sind z.B.: Mache den Bildschirm blau, schreibe ein bestimmtes Wort an eine bestimmte Stelle oder setze ein bestimmtes Bild an eine bestimmte Bildschirmstelle. Die Datendatei enthält die zur Ausführung notwendigen Inhalte, z.B. Bilder (Grafiken) in dem Programm Lesewelt.

Damit mehrere Programme und andere Datendateien (z.B. Text-Dateien) nicht durcheinander auf der Festplatte zu liegen kommen und man dann nicht mehr herausfinden kann, welche Dateien zu welchem Programm gehören, bietet das Betriebssystem eine Ordnungsstruktur an, die der Ablage in einem Ordnersystem vergleichbar ist. Dateien, die zusammengehören, kann man in einem Ordner (=directory=Verzeichnis) ablegen, in dem man weitere Unterverzeichnisse anlegen kann. In neueren Betriebssystemen sind die Verzeichnisse mit dem Symbol (Icon) eines Hängeordners dargestellt. Auf den Befehl **dir** werden nicht nur die Dateien etwa auf **c:** angezeigt, sondern alle dort vorhandenen Verzeichnisse. Bei neueren DOS-Versionen kann man sich sogar mit dem Befehl **tree** die komplette Verzeichnisstruktur (oder den Verzeichnisbaum) der Festplatte oder einer Diskette (auf der man in gleicher Weise Verzeichnisse und Unterverzeichnisse anlegen kann) anzeigen lassen. Das kann z.B. so aussehen:

```
Auflistung der Verzeichnispfade für Datenträger MS-DOS_6
Datenträgernummer: 20D8-3EE1
C:.
├───DOS
├───AMIPRO
│   ├───DOCS
│   │   ├───ELKE
│   │   │   ├───BRIEFE
│   │   │   ├───SCHULE
│   │   │   │   ├───4A
│   │   │   │   └───A_BLATT
│   │   │   └───SEMINAR
│   │   │       ├───GUTACHT
│   │   │       └───UNTERRIC
│   │   └───CHRISTIA
│   │       ├───AKADEMIE
│   │       ├───AUFSATZ
│   │       ├───BRIEFE
│   │       ├───EFHD
│   │       │   └───SS96
│   │       │       ├───ALTER
│   │       │       └───HEILPÄD
│   │       ├───EUROPA
-- Fortsetzung --
```

```
C:\>dir/w

 Datenträger in Laufwerk C ist MS-DOS_6
 Datenträgernummer: 20D8-3EE1
 Verzeichnis von C:\

[DOS]           [AMIPRO]        [BB]            [HIBSPACK]      [IZVLIGHT]
[MSKIDS]        [MSPUB]         [NETSCAPE]      [PCN]           [PMAIL]
[TOOLS]         [VSCAN]         [WINDOWS]       [WINFAX]        [WINPM]
[ZIP16]         [WWW]           [TEMP]          [WINWORD]       [WORD5]
[SCAN]          [QVP]           [BJPRN]         [MTB30]         [LESRECHT]
[LESEN]         [GUEST]         [SPIELE]        [TETRIS]        [IMBATTW]
[WIN311]        [WIN32APP]      [NC50]          COMMAND.COM     FREEMEM.EXE
BAT1.BAT        B.BAT           BAT2.BAT        BAT3.BAT        BAT4.BAT
BATCHLAV.EXE    DOSMEN.DAT      M.BAT           MENUREAD.ME     PS2.EXE
SD.INI          TREEINFO.NCD    WINA20.386      WINWORD6.REG    CONFIG.SYS
AUTOEXEC.BAK    MOUSE.SYS       COMSPEED.TXT    BJ.BAT          AUTOEXEC.BAT
WASA.BWT        LESETR.CFG      WORTL.BWT       WL_TEXT.DAT
       59 Datei(en)        324.360 Byte
                       104.120.320 Byte frei

C:\>
```

Die Programmdateien kann man an der Dateierweiterung exe (für executable), com (für command) oder bat (für batch) erkennen. Die Datendateien können ebenfalls spezifische Dateiendungen haben, an denen der Fachmann bzw. die Fachfrau erkennen kann, wozu sie wahrscheinlich gut sind. Solche Programm-Dateien sind normalerweise auf Disketten bzw. CD-ROM erhältlich. Damit sie auf der Festplatte ansprechbar werden, muss man das Programm installieren: Entweder werden die Dateien des Programms in ein entsprechend herzustellendes Verzeichnis auf die Festplatte kopiert und das Programm mit der exe-Datei gestartet

z.B.

- ***c:\md lesen*** *(auf* ***c:*** *wird ein Verzeichnis lesen angelegt;* ***md*** *für make directory)*
- ***copy a:*.**** ***c:\lesen*** *(kopiere alle Dateien von der Diskette des DOS-Lese- und Rechtschreibmeisters auf die Festplatte in das Verzeichnis lesen; die Sternchen sind Joker, die für beliebige Datei-Namen und -Erweiterungen stehen können, hier also für alle Dateien auf der Diskette)*
- *zum Programmstart muss man dann mit dem Befehl* ***cd lesen*** *in das Verzeichnis lesen wechseln und*
- ***lesen*** *eingeben (die Endung exe kann man weglassen, da das Betriebssystem alle Dateien mit der Endung exe als ausführbare Dateien erkennt.*

oder es gibt eine Installationshilfe, die meist mit dem Befehl **install** oder **setup** gestartet wird. Dazu wechselt man zunächst auf das Laufwerk, auf dem sich die Programmdateien befinden, also z.B. **a:** oder **d:**, auf dem Bildschirm wird dann das weitere Vorgehen angezeigt. In jedem Fall empfiehlt sich, die den Programmen beigegebenen Installations- und Bedienungshinweise zu lesen und bei der Installation den Standard-Vorgaben zu folgen. Oft gibt es auf den Programm-Datenträgern auch noch so genannte readme-Dateien (readme.txt, liesmich.txt, info.doc etc.), die weitere nützliche Hinweise enthalten. Um diese ansehen zu können, braucht man ein kleines Textverarbeitungsprogramm oder kann bei neueren DOS-Versionen den Befehl **type read.me** eingeben (damit der Text seitenweise angezeigt wird, fügt man den Schalter **|more** hinzu).

In dem Stammverzeichnis, also auf **c:** befinden sich neben den Verzeichnissen und Dateien, die der Benutzer angelegt bzw. gespeichert hat, auch die Betriebssystemdateien: command.com (der Kommando-Interpreter, der die auf der Tastatur getippten Befehle in die Maschinensprache übersetzt), config.sys (die die Konfiguration des Betriebssystems steuert) und autoexec.bat (die die auszuführenden Unter-Programme des Betriebssystems sowie weitere nach dem boot-Vorgang zu startende Dateien enthält und aufruft, z.B. ein Menü-Programm oder Windows). Außerdem sind dort weitere Dateien zu finden, die für die Erweiterungen des Systems von Bedeutung sind, z.B. so genannte Treiber wie z.B. der Maus-Treiber mouse.sys. Alle diese Dateien sollte man als Anfänger niemals anrühren. Werden sie verändert oder gar gelöscht, dann ist der PC nicht mehr einwandfrei bootbar und das Betriebssystem muss neu installiert werden. Wer sich allerdings auskennt, kann allerlei Unsinn damit treiben, weshalb zu empfehlen ist, für eine möglichst gute Sicherung des PC zu sorgen, z.B. indem man diese Dateien mit einem Schreibschutz versieht: **attrib config.sys +r** und **attrib autoexec.bat +r**.

Die Treiber sind kleine Programme, die eine Verbindung herstellen zwischen dem Betriebssystem und einem Peripheriegerät über die Basisausstattung des PC hinaus (Maus, CD-ROM-Laufwerk, Drucker, Scanner, Soundkarte etc.). Diese Treiber-Programme sind meist genau auf das anzusteuernde Gerät abgestimmt, werden mit den Geräten auf Diskette bzw. CD-ROM mitgeliefert oder sind in modernen Programmen bzw. Betriebssystemen (z.B. Windows 95) enthalten und werden bei deren Installation manuell oder automatisch mit eingebunden (»plug and play« oder oft auch ironisch »plug and pray«). Wenn Eltern also z.B. alte Drucker spenden, hängt die Möglichkeit, dieses Gerät zu nutzen davon ab, ob ein entsprechender Druckertreiber in Form einer Diskette mitgegeben oder sonstwie verfügbar ist, z.B. auf den Installationsdisketten von Windows 3.11.

Bei Druckern ist es allerdings nicht unbedingt notwendig den exakt passenden Treiber zu haben, da sich ein gewisser Standard (Geräte-Kompatibilität) durchgesetzt hat. Es lohnt sich im Falle eines nicht passenden Druckertreibers einen Versuch zu machen. Vielleicht steht nicht der volle Leistungsumfang des Druckers mit einem »falschen« Treiber zur Verfügung, aber die Druckresultate mögen ausreichend sein. Im Zweifel helfen hier Fachfrau und Fachmann weiter.

Es ist nicht jedermanns Sache, sich in die Befehlssprache des Betriebssystems einzuarbeiten, zumal man die Befehle wirklich bis auf den Punkt genau eingeben, d.h. kennen muss. Hilfreich haben sich die Betriebssystem-Tools erwiesen wie z.B. der Norton-Commander. Es handelt sich dabei um eine Benutzeroberfläche, in der die wichtigsten Befehle in Tasten-Wahlmöglichkeiten umgesetzt sind und sich damit komfortabler als mit dem »nackten« Betriebssystem alle wichtigen Operationen auf den Datenträgern durchführen lassen. Dieses tool zeigt im Wurzel- oder Stamm-Verzeichnis, also auf **c:** zwei Dateien an, die man mit dem **dir**-Befehl nicht sieht, die so genannten System-Dateien io.sys und msdos.sys. Diese Dateien unbedingt unberührt lassen. Sie sind zwingend notwendig für das Betriebssystem, also nicht weglöschen, etwa »um Platz auf der Festplatte zu schaffen«.

Der Norton-Commander enthält (wie neuere Versionen von MS-DOS) auch die Möglichkeit der Festplattenpflege mit dem Befehl **sd** (für speed disk oder **defrag** in MS-DOS). Diese Befehle starten ein Datei- und Verzeichnis-Sortierprogramm, das die Festplatte – so sie denn auf dem Prüfbildschirm oder in der Programm-Botschaft als ungeordnet erscheint, aufräumt. Wenn man sehr oft neue Dateien speichert und häufig an ihnen arbeitet, kann das Versäumen eines solchen Aufräumungsvorgangs zu Störungen und nicht korrigierbaren Datenverlusten auf der Festplatte führen.

Während das Betriebssystem mit dem PC ausgeliefert und gekauft worden ist, ist der Norton-Commander ein kommerzielles Produkt. Seine Popularität verdankt er – abgesehen von seinen Leistungen – auch den vielen Raubkopien. Wir weisen darauf hin, dass man für dieses Programm (wie im übrigen für alle kommerziellen Programme) eine Lizenz besitzen muss, die man in der Regel mit der Bezahlung des Kaufpreises erwirbt. Wenn allerdings ein PC-Spender versichert, dass die Lizenz eines auf der Festplatte installierten Programmes mit enthalten ist, kann man den PC mit diesem Programm beruhigt verwenden.

Ein Teil von Windows 3.11 entspricht der gleichen Grundidee: das Arbeiten mit dem Betriebssystem einfacher und komfortabler zu machen. Darüber hinaus erweitert es das Betriebssystem und ermöglicht auch das Betreiben so hoch komplexer Programme wie Winword oder Corel Draw, mit denen man eine nahezu professionelle Qualität der Text- und Bildgestaltung erreichen kann.

Allerdings ist Windows 3.11 ein nicht immer stabil laufendes Programm und kann leichter als DOS (auf dem es aufbaut) zu »Abstürzen« führen. Bei einem solchen Absturz reagiert das Programm nicht mehr, es hat sich »aufgehängt«. Das kann durch einen Programmfehler hervorgerufen worden sein (kein Programm ist absolut fehlerfrei!), durch eine unglückliche Kombination, in der zwei konkurrierende Programme dasselbe wollen und sich gegenseitig blockieren oder der PC hat eine Fehlfunktion. In einem solchen Fall sind die noch nicht gespeicherten Daten (Texte, Bilder etc.) verloren, DOS oder Windows muss neu gestartet werden. Man kann sich gegen solche Abstürze bei der Produktion von Texten oder anderen Arbeiten nur durch häufiges Zwischenspeichern schützen. Dies ist besonders bei aufwendigen zeitintensiven Arbeiten zu empfehlen. Abstürze in Spielen sind nicht so problematisch, weil sie nach dem neuerlichen Starten von Windows oder dem Booten des PC einfach ebenfalls wieder neu gestartet werden können.

Es können Situationen auftreten, wo man glaubt, der PC hätte »sich aufgehängt«, dem aber nicht so ist. Manche Funktionen in bestimmten Programmen erfordern sehr viel Rechenleistung. Dies führt besonders bei älteren PCs mit langsamen Prozessoren zu sehr langen Rechenzeiten, in denen der Bildschirm den Eindruck vermittelt, der Computer stehe still. Und in Windows kann von einem Programm versucht werden, eine Komponente des PC anzusprechen, die nicht vorhanden ist; es wird dann immer eine bestimmte vorgegebene Zeit gewartet, bis eine Fehlermeldung kommt. Wartezeiten, die 5 Minuten übersteigen, sind allerdings ein untrügliches Zeichen für einen Absturz.

Ein anderes Problem stellt sich, wenn man die Betriebsanleitung für ein Programm gerade nicht zur Hand hat und auch nicht mehr genau weiß, wie sich das Programm beenden lässt. Bevor man zum Äußersten greift und mit einem Warmstart neu bootet, bieten sich noch einige Möglichkeiten an, die von der Hoffnung getragen sind, dass der Programmierer sich an Konventionen gehalten hat. Da wäre zunächst die **F1**-Taste, die in den meisten Fällen einen Hilfe-Text zur Anzeige bringt. Dieser kann allgemeiner Natur oder kontext-sensitiv sein, d.h. sich genau auf den Punkt des Programms beziehen, an dem man sich gerade befindet. Eine andere Möglichkeit bietet die **esc**-Taste, die einen Programmabbruch bewirken kann. Gängig ist auch das **q** (für quit) zum Verlassen eines Programms, ebenfalls möglich sind die Tasten **Strg** (**Ctrl**) und **c**, **Strg** (oder **Crtl**) und **Ende** (oder **break**) oder **Alt** und **x**. Zum Ansteuern bestimmter Funktionen innerhalb eines Programms werden häufig Kombinationen der **Strg**-Taste mit weiteren Buchstaben genutzt (z.B. in den Budenberg-Programmen: **Strg** und **P** (für Protokoll), **Strg** und **E** (für Ende).

Bei Windows-Programmen kann man sich weitgehend darauf verlassen, dass eine zentrale Funktion des einen Programms durch den gleichen Bedienerschritt ausgelöst wird wie bei einem anderen Windows-Programm. Wer mit einem Programm vertraut ist, kann sich so sehr leicht in ein anderes einarbeiten (look and feel).

Auf Windows gehen wir hier nicht näher ein. Es gibt zur Einführung ein sehr gutes (auf schulische Anwendungen hin geschriebenes) Buch, das wir neben den vielen anderen einschlägigen Einführungen in Windows besonders empfehlen: *Reinhard Dengler: Mit dem PC Unterricht und Schule gestalten. Ein praktischer Leitfaden für DOS- und Windows-Anwender, Donauwörth 1995*. Windows kann erst ab Rechnern mit 386er Prozessoren eingesetzt werden*. Das Programm ist aber komfortabel erst ab einem 486er Prozessor zu bedienen. Mit Windows wird häufig das Textverarbeitungsprogramm Winword 6.0 benutzt. Ähnlich wie Windows kann es bei diesem Programm auch zu ärgerlichen Fehlern kommen (unsauber programmiert!). Vor allem wenn man längere Zeit mit dem Programm am Stück arbeitet, können Fehler auftauchen, die zu Datenverlust führen. Deshalb sollte man in Abständen speichern, Winword schließen und wieder neu starten.

Sicherung des PC und Viren

Eine 100%ige Sicherung ist nur mit sehr teuren und aufwendigen Zusatzprogrammen möglich. Manche Geräte haben einen Passwort-Schutz (z.B. Compaq-Geräte), bei anderen lässt sich die Tastatur mit einem speziellen (allerdings genormten) Schlüssel sperren. Jedes Sicherungsprogramm oder jede mechanische Sicherung ist nur so gut wie die Findigkeit des Knackers oder Hackers, der die Sicherung »austrickst«. Hier hilft nur, die Tastatur (besser: die Festplatte) wegzuschließen oder »in der Aktentasche« mit nach Hause zu nehmen.

In jedem Fall empfiehlt es sich, sich die Möglichkeit der Wiederherstellung des Systems bzw. der Festplattenkonfiguration zu verschaffen (bevor man die Schüler mit dem PC allein lässt), am ehesten mit einem backup-Programm, das in den neueren Versionen von MS-DOS ja enthalten ist. Sollten wichtige Dokumente, Texte, Bilder von Schülerinnen und Schüler bestehen, dann sollte man auf jeden Fall davon eine Sicherungskopie bzw. ein backup machen.

Einen ernsthaften Angriff auf PC und Daten machen dagegen Virenprogramme, die nicht als selbstständige Programme, sondern als sehr kleine Dateianhängsel auftreten. Ein Virus auf einem PC wirkt ganz ähnlich wie ein Virus im menschlichen Körper, er ver-

* Windows 3.1 läuft auch auf einem 286er-PC im so genannten Standard-Modus. Mit dieser Version lässt sich z.B. Winword 2.0 betreiben. Windows 3.11 kennt diesen Modus nicht mehr und läuft deshalb nur auf 386 und höher.

breitet sich unauffällig und wird irgendwann plötzlich aktiv. Inzwischen gibt es drei bekannte Sorten von Viren, den Boot-Sektor-Virus, der sich in dem speziell für das Betriebssystem reservierten Bereich auf der Festplatte bzw. Disketten einnistet. Dieses Virus infiziert grundsätzlich alle Speichermedien, lässt aber die Dateien in Ruhe. Bei der Aktivierung des Virus können bereits beim Booten ganz verschiedene Fehlfunktionen auftreten: im freundlichsten Fall das Spielen einer Melodie, das Entfernen bestimmter Zeichen auf dem Bildschirm, im unfreundlichsten Fall das Formatieren der Festplatte und damit vollständiger Datenverlust. Die zweite Virenvariante befällt ausführbare Dateien (exe- und com-Dateien). Datendateien sind in den meisten Fällen nicht betroffen. Auch diese Viren verbreiten sich automatisch und in rasender Geschwindigkeit. Diese Viren können die Programmausführung z.B. blockieren oder verändern. Der dritte Virus-Typ ist der Makro-Virus, der im Zusammenhang mit den Anwendungen des Microsoft-Office für Windows auftaucht. Diese Programme verwenden eine einer Programmiersprache vergleichbare Makro-Sprache für bestimmte Programmbefehle, die der Benutzer selbst herstellen kann. Auch die Makro-Viren erzeugen ähnliche Effekte wie die übrigen Virentypen.

Gegen Viren schützt man sich am besten durch Viren-Scanner. Der bekannteste ist der McAfee-Virenscanner, der als Shareware erhältlich ist. Man sollte darauf achten, dass jeweils die neueste Virendatei installiert ist (diese Dateien werden in laufenden Aktualisierungen etwa im Internet angeboten). Mit diesem Programm kann man alle Speichermedien auf Viren überprüfen und eventuell vorhandene Viren entfernen. Einen absoluten Schutz bieten aber auch die Viren-Scanner nicht, da sie nur die Viren erkennen, die sie in ihrer Datendatei aufgeführt haben.

Leider werden beim Entfernen der Viren auch meist die Dateien, die von einem Virus befallen sind, zerstört. Um sicher zu sein, dass man eine virenfreie Diskette hat, ist eine grundsätzliche Empfehlung z.B. das Formatieren. Durch diesen Vorgang werden alle Daten gelöscht, also auch alle Viren. Grundsätzlich sollte jede Diskette mit dem Virenscanner überprüft werden, bevor man die Dateien auf die Festplatte kopiert.

Peripherie

Man kann auch ältere PCs für bestimmte Zwecke problemlos erweitern, z.B. mit einem

Modem: ein Gerät, das eine Verbindung zwischen dem PC und dem Telefonnetz (und damit einem anderen Computer) herstellt, mit dem Daten übertragen werden können. Häufige Anwendungen, die ein Modem erfordern, sind: Faxe verschicken und empfangen, BTX*-Operationen (z.B. Banktransaktionen) abwickeln und schließlich die Verbindung zum Internet herstellen.

Drucker: Verschiedene Möglichkeiten bieten sich an: der Nadeldrucker (sehr kostengünstig, aber laut), der Tintenstrahldrucker, der in den modernen Versionen auch farbig drucken kann (teure Tinte!) und der Laserdrucker mit einer sehr hohen Druckqualität und empfehlenswert, wenn man sehr viel zu drucken hat.

Plotter: Mit ihnen lassen sich Zeichnungen anfertigen, sie werden vorwiegend in Bau- und Architekturbüros genutzt.

Scanner: Bilder und Texte lassen sich in den PC »einlesen« und mit Grafikprogrammen (z.B. GEOWORKS 2.0) bearbeiten. Mit dem Scanner erfasstes Material wird in Form einer Grafikdatei eingelesen. Damit ein Text (der ebenfalls als Grafik eingescannt wird), sich in einem Textverarbeitungsprogramm weiter bearbeiten lässt, muss er umgewandelt werden. Dazu gibt es ein (mit den meisten Scannern beim Kauf inzwischen mitgeliefertes) OCR = Optical Character Recognition-Programm.

ZIP-Laufwerk: Ein Massenspeicher, der über den Druckeranschluss (Parallel-Port) am PC betrieben wird und sich wie eine zusätzliche Festplatte verwenden lässt (zur Datensicherung sehr zu empfehlen). Auf eine ZIP-Diskette mit einer Speicherkapazität von 100 Megabyte lassen sich auch Programme kopieren bzw. installieren, so dass

* Heißt jetzt: T-Online.

man diese dann auf einem alten PC, mit dem sie sich sonst nicht installieren lassen, starten kann.

CD-ROM-Laufwerk extern: Auch mit alten Geräten muss man auf CD-Programme (etwa den Mathemeister oder Konrad oder Kerstin) nicht verzichten. Es wird ebenfalls am Druckerausgang angeschlossen.

Soundkarte: Eine in das Gehäuse einbaubare Erweiterung, mit der auch in älteren Geräten die Budenberg-Programme mit Sprachausgabe betrieben werden können.

Netzwerk: Mit alten PCs lässt sich nur sehr bedingt ein Netzwerk aufbauen, es sei denn, man kann ein modernes Gerät als zentralen Computer (file server) einrichten. Dann lassen sich auch Drucker von allen Geräten aus ansteuern. Andere Netzwerkformen ohne Server setzen Windows und entsprechend leis- tungsfähige Maschinen voraus. Drucker lassen sich allerdings auch ohne spezielles Netzwerk von mehreren PCs aus gemeinsam benutzen: mit einer switchbox, die sehr preisgünstig zu kaufen ist, lassen sich bis zu 8 PCs an einem Drucker betreiben. Dies ist allerdings nur bei mehreren PCs in einem Klassen- oder Computerraum sinnvoll, da die Kabellänge zwischen Drucker und PC auf maximal 10 m begrenzt ist.

Computer im Unterricht

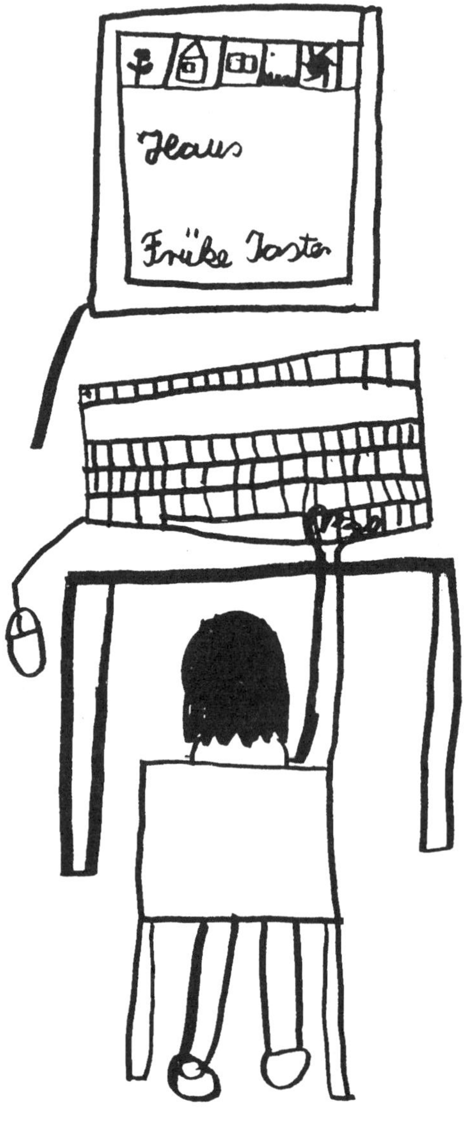

Birgit Volp

Computer im Klassenzimmer?

»Computer für mein Klassenzimmer, das kommt gar nicht in Frage!« So war lange meine Reaktion, wenn ich auf den Einsatz von Computern in der Grundschule angesprochen wurde. Ich hatte keine große Erfahrung im Umgang mit diesem Medium und fühlte mich demzufolge nicht kompetent. Zwar hatte ich mir für meine Arbeit zu Hause einen PC zugelegt, aber die Schwierigkeiten, die ich im Umgang damit hatte, bestätigten nur meine Aversion. Dazu muss man Fachfrau sein, dachte ich. Es gab ständig irgendwelche Schwierigkeiten, denen ich hilflos gegenüber stand. So entschied ich mich für die Teilnahme an einem Computerkurs.

Die Volkshochschule bot eine breite Palette von Kursen an, die für mich als blutige Anfängerin geeignet erschienen und außerdem den Vorteil hatten, am Abend stattzufinden. In den ersten Stunden des Kurses waren meine Motivation und meine Lernbereitschaft groß. Je länger der Kurs jedoch lief, desto mehr nahm beides ab und ich machte die Erfahrung, wie es ist, wenn man als Lernende vom Lernstoff sozusagen überrollt wird. Die Terminologie wurde immer komplizierter und die Lerninhalte einfach zu technisch. Fazit: Ich hatte den falschen Kurs belegt, denn nur wenig von dem, was ich dort lernte, konnte ich für meine Bedürfnisse nutzen.

Mein nächster Versuch steht nun aus und ich werde versuchen einen Kurs zu finden, der stärkeren Bezug zu meiner Arbeit in der Schule hat. Es fehlt an Angeboten qualifizierter Fortbildung für die Arbeit mit Computern im Grundschulbereich.

In der Zwischenzeit verfuhr ich nach dem Prinzip: learning by doing. Das dauerte zwar lange und ich bin auch jetzt noch weit davon entfernt mich als Fachfrau zu fühlen, aber der tägliche Umgang mit meinem häuslichen PC klappte immer besser. Arbeitsblätter und Wochenpläne erstellte ich bald in kurzer Zeit und außerdem machte es mir Spaß. Ich habe erkannt, dass man nicht unbedingt ein Computerspezialist sein muss, um mit einem Computer arbeiten zu können.

Inzwischen hörte und las ich immer öfter über den Einsatz von PCs in der Grundschule und vor allen Dingen brachten mich Erzählungen von Schulkindern, die in ihrer Klasse schon mit einem Computer gearbeitet hatten, dazu, meine Einstellung zu überdenken. Ich fragte mich: Kann man es sich als Lehrerin leisten, an einem Medium, welches auch im Leben der Kinder einen immer höheren Stellenwert einnimmt, achtlos vorüber zu gehen? Sind meine Erfahrungen, dass viele Kinder stundenlang vor dem Computer »geparkt« werden oder nur noch mit dem Computer kommunizieren, so schwerwiegend, dass sie den Einsatz in meinem Unterricht verhindern dürfen?

Oder ist nicht gerade dies eine Aufforderung, den Kindern den sinnvollen Umgang mit diesem Medium nahe zu bringen, liegen hier nicht außerdem Chancen für eine Öffnung des Unterrichtes und eine individuellere Differenzierung? Je intensiver ich mich mit dem Thema auseinandersetzte, desto größer wurde meine Bereitschaft den PC vielleicht doch in der Klasse einzusetzen. Ich schwankte zwischen Vorbehalt, Neugier und auch schon Begeisterung. Noch hatte ich ja nicht einmal eine Computeranlage und so stellte sich mir zunächst die Frage: Wo bekomme ich einen PC her?

Da kam mir ein großer Zufall zu Hilfe. Ein Vater brachte das Thema »Computer im Grundschulunterricht« mit in die Schulkonferenz, verbunden mit dem Angebot, der Schule Computer zur Verfügung zu stellen. Das war meine Chance und ich griff sofort zu. Außer mir waren noch drei andere Kolleginnen bereit, sich auf den Umgang mit dem neuen Medium einzulassen. Eine Kollegin an der Schule hatte schon gute Erfahrungen mit einem PC im 4. Schuljahr gemacht und ermunterte uns. Leider arbeiten wir nicht zusammen bzw. die Einbeziehung und Nutzung der bereitgestellten PCs hat noch nicht bei allen Kolleginnen stattgefunden. Wir befinden uns alle noch sozusagen in der Probephase.

Die angebotenen Computer waren ausgemusterte Exemplare einer Firma, die bereit war, uns die Geräte zur Nutzung zu überlassen.

Die Anlage, die mir nun zur Verfügung steht, besteht aus einem Rechner (386er), einem Bildschirm und einer Maus. Am Anfang hatten wir noch keinen Drucker, das war jedoch nicht weiter schlimm, da ich zunächst noch keinen benötigte.

Mit großer Unterstützung eines Vaters aus meinem 2. Schuljahr wurde auch das Programm (Budenberg/Rechenwelt/Lesewelt*) installiert. Überhaupt machte ich die Erfahrung, dass viele Elternteile bereit waren zu helfen und die Klasse mit persönlichem Einsatz zu unterstützen. Wir begannen mit dem Budenberg-Lern- und Übungsprogramm für die Fächer Deutsch und Mathematik. Es hat den Vorteil, dass es einfach zu bedienen ist und unterschiedliche Schwierigkeitsstufen bietet, ermöglicht also in einem gewissen Rahmen Individualisierung und Differenzierung. Kolleginnen hatten sich dieses Programm angesehen und nach den Informationen, die ich von ihnen erhielt, wollte ich damit den Einstieg wagen.

Jetzt hatte ich also einen PC für das Klassenzimmer. Zunächst musste nun der geeignete Platz gefunden werden.

Weit entfernt von idealen äußeren Bedingungen (große Räume, geeignete Tische, Regale und vieles mehr) stehe ich immer wieder vor dem Problem, mit geringen oder gar keinen Mitteln die neuen pädagogischen Konzepte in die Tat umzusetzen. Nicht selten stehen in Klassenzimmern privat bezahlte Möbel und Lernmittel, wie bei mir auch, zwischen Lese-Ecke, Rechen-Tisch und Ruhiger-Platz fand die Anlage auch noch einen Platz.

Etwas schwierig war, dass das Klassenzimmer nur über eine Steckdose verfügte und es somit nicht viele Möglichkeiten gab den PC zu platzieren. Den gefundenen Platz empfinde ich nach wie vor als ungünstig, da das Tageslicht direkt auf den Bildschirm fällt und es dadurch zu Spiegelungen kommt. Außerdem sollte der PC etwas abseits stehen, damit es nicht zu eng wird, wenn zwei oder drei Kinder davor sitzen.

So hielt der PC Einzug in das Klassenzimmer der 2. Klasse.

* Es handelte sich dabei um Teile einer Programmsammlung, die als »Hibspack« vom Hessischen Institut für Bildungsplanung und Schulentwicklung (Wiesbaden) hessischen Lehrerinnen und Lehrern angeboten wird.

Die Begeisterung der Kinder kannte keine Grenzen: Wann fangen wir an? Wer darf als erster? Ist der für uns oder nur für die Lehrer? Ist der zum Spielen? Was kann der Computer alles? Aber auch mit Kritik wurde nicht gespart: Der sieht aber alt aus! Zuhause haben wir aber einen schöneren! Der hat ja noch nicht einmal Ton!

An den Äußerungen der Kinder erkannte ich, wie unterschiedlich die bisher gemachten Erfahrungen mit einem PC waren. Um mir einen genaueren Überblick zu verschaffen, machte ich in der Klasse eine kurze Umfrage. Daraus ergab sich Folgendes:

Von 25 Kindern hatten: 20 einen Computer im eigenen Haushalt,
10 durften damit alleine umgehen (Spiele),
10 durften nur in Gegenwart von Erwachsenen an den PC,
5 hatten überhaupt keine Erfahrung damit.

Ich war vollkommen überrascht, so ein Ergebnis hatte ich nicht erwartet. Es hatten tatsächlich nur 5 von 25 Kindern keinerlei Erfahrung im Umgang mit einem Computer. Nach intensiveren Befragungen stellten sich 10 Kinder als so genannte Profis heraus. Bis auf die 5 Kinder ohne Erfahrung, waren den Schülern Begriffe wie Maus, Bildschirm, Entertaste usw. bekannt und sie wussten um ihre Funktion. Die Tatsache, dass für fast die Hälfte der Klasse der Umgang mit einem PC kein Neuland war, erleichterte meine weitere Vorgehensweise wesentlich.

Ich wollte so wenig wie möglich theoretisch an die Arbeit mit dem PC herangehen. Eingedenk meiner persönlichen nicht gerade motivierenden Erfahrung wollte ich den Schülern den Zugang zum PC über das eigene Handeln mit diesem ermöglichen. Außerdem wollte ich die Schüler an der Planung der weiteren Vorgehensweise beteiligen. Im Gesprächskreis berieten wir uns und stellten dabei einige Fragen heraus, die zu klären waren.

- Wie bestimmen wir, wer am PC arbeiten darf und wie lange?
- Wie sollen die Schüler, die keine Erfahrung haben, mit dem PC zurecht kommen?
- Welches Programm darf man wählen?

Die Kinder merkten schnell, dass wir klare, für alle gültige Regeln brauchten, um einen reibungslosen Umgang mit unserem Computer zu gewährleisten. Gemeinsam erarbeiteten wir in den weiteren Stunden folgende Regeln:

- Die Benutzerzeit ist auf 15 Minuten beschränkt.
- Die Reihenfolge der einzelnen Benutzer ist durch eine Liste festgelegt. (Die Liste wurde durch Losverfahren erstellt.)
- Am PC ist Partnerarbeit vorgeschrieben.
- Derjenige, der an der Reihe ist, sucht sich frei einen Partner aus, der ihn unterstützt, berät und gegebenenfalls am PC einführt.
- Die Programmwahl ist in der Regel frei und wird ähnlich gehandhabt wie die Arbeit mit den verschiedenen Karteien.
- Das An- und Ausschalten des Computers darf nur von mir erledigt werden.

Schon in der Phase der Vorbereitung war es mir besonders wichtig, dass die Kinder den Stellenwert des PCs innerhalb unseres Unterrichts erkennen sollten. Immer wieder betonte ich, dass die Übungen am Computer eine Möglichkeit neben vielen anderen darstellten. Dabei war es sehr hilfreich, dass die Kinder schon viele Erfahrungen mit Karteiarbeit hatten und innerhalb des wöchentlichen Arbeitsplanes selbstständig arbeiten konnten.

Ich integrierte die Arbeit mit dem PC in die Wochenplanarbeit. Die Arbeitspläne waren auch vorher so von mir gestaltet worden, dass immer genügend Zeit blieb für Arbeiten, die die Schülerinnen und Schüler sich aus einem bestimmten Angebot zusätzlich aussuchen durften. Von Vorteil dabei war, dass die Kinder die gesamte Woche Zugang zum PC hatten und relativ oft an die Reihe kamen. Als Nachteil stellte sich heraus, dass die Kinder die anderen Aufgaben im Arbeitsplan so schnell wie möglich erledigen wollten, damit sie an den PC konnten und somit den Arbeitsplan zu einem Pflichtprogramm reduzierten. Zwar erfuhren die Kinder ja, dass man auf jeden Fall an die Reihe kommen konnte, aber das Problem besteht nach wie vor und ich habe für diesen unbefriedigenden Zustand noch keine Lösung gefunden. Dennoch glaube ich, dass der Einsatz des PCs in diesem Rahmen am besten zu bewerkstelligen ist.

Die Schüler selbst nahmen die Arbeit mit dem PC begeistert auf und vor allen Dingen die Partnerarbeit klappte von Anfang an hervorragend. Positiv stellte sich heraus, dass die Kinder den Partner immer neu und frei aussuchen durften. Waren am Anfang oft die gleichen Kinder im »Partner-Einsatz«, so war bald der so genannte Schneeballeffekt zu beobachten. Die neu erworbenen Fähigkeiten wurden gerne weitergegeben und oft konnte ich Konstellationen beobachten, die es ohne diesen speziellen Anlass nie gegeben hätte. Natürlich gab es auch Partnerschaften, bei denen die Kinder den Computer lahmlegten und sich dann gegenseitig des Versagens beschuldigten, aber solche Störungen waren in der Regel schnell behoben. Zuzugeben, dass man etwas nicht kann und das Wissen des anderen braucht ohne das Gesicht dabei zu verlieren, benötigt ein gewisses Maß an Vertrauen und macht vor allen Dingen Kommunikation notwendig. Selbst später, als die Phase des Einarbeitens vorüber war, hielten die Kinder an der Partnerarbeit fest. Es gab dann auch schon mal Dreiergruppierungen, obwohl das eher die Ausnahme darstellte.

Im Verlauf dieser so genannten Einstiegsphase bot unser Programm ausreichend Übungsmöglichkeiten. Vor allen Dingen waren plötzlich auch Kinder bereit Leseübungen zu machen, die vorher so gut wie gar nicht zum Lesen zu motivieren waren oder sich jetzt auf Rechenübungen einzulassen, die sie vorher gar nicht erst in Angriff genommen hätten. Auf die Dauer gesehen wurde die Arbeit am Computer für die Kinder schon fast zur Routine.

Zu diesem Zeitpunkt wurde unsere Computeranlage um einen Nadeldru- cker und ein Schreibprogramm (Creative Writer) erweitert. Aufgrund dessen konnte ich nun den Computer im Bereich der Texterstellung einsetzen. Die Klasse hatte sich ein paar Wochen vorher einen Klassenpostkasten gebastelt und aufgestellt, der einmal in der Woche geleert wurde. Das motivierte die Schüler sofort, miteinander schriftlich zu kommunizieren. Nun gab es zudem das Angebot dies mit dem Computer zu tun. Die Motivation war ohne weitere Anregungen riesengroß. Die erprobte Partnerarbeit funktionierte weiterhin sehr gut. Da das Schreibprogramm kindgerecht aufgebaut und leicht zu benutzen ist, gab es wenig Probleme mit der Einarbeitung der einzelnen Schüler. Wieder nach dem »Schneeballprinzip«

wurden das erworbene Wissen und die erworbenen Fertigkeiten auf diese Weise weitergegeben.

Die neue Schreibtechnik bot den Kindern immense Vorteile:
- Das Schreiben mit der Tastatur wurde einfacher.
- Fehler konnten spurlos beseitigt werden.
- Der Text konnte jederzeit unterbrochen, gespeichert und wieder abgerufen werden.

Das gemeinsame Erstellen eines Textes (und sei er noch so gering im Umfang) brachte es mit sich, dass sich die Schüler über das Schreiben unterhielten. Sie besprachen die Form, Rechtschreibprobleme und sogar verschiedene Formulierungen. Ich machte die Beobachtung, dass die Schüler mit dem Text experimentierten.

Im weiteren Verlauf blieb es bei einigen Kindern nicht beim Briefeschreiben. Eine Schülerin erstellte innerhalb der Lerneinheit ABC ein Rätselblatt für die ganze Klasse. Zwei Jungen haben nun ein Projekt in Arbeit genommen: Sie wollen ein »Informationsbuch« über ihr Lieblingsthema Wale erstellen. Ein anderer Junge schreibt etwas über seinen Lieblingsfußballverein, um es am schwarzen Brett zu veröffentlichen.

Die Beispiele zeigen, wie aktiv die Schüler wurden, wie sie selbsttätig zum Schreiben kamen und den Computer zu ihrem Nutzen verwandten. Ich hatte und habe zu jeder Zeit Gelegenheit die erarbeiteten Texte zu kontrollieren und mir ein genaues Bild über die Fähigkeiten und Fertigkeiten der Schüler zu verschaffen.

Unsere bisherigen Erfahrungen (die der Schüler und meine) haben gezeigt, dass der Computer im Klassenzimmer eine Bereicherung für den Unterricht darstellen kann. Die Arbeit mit dem Computer war und ist erfolgreich, wenn sie in den Arbeitsplan und die freie Arbeit integriert wird. So benutzt, stellt der Computer ein Mittel unter anderen dar. Auch wenn ich zwischendurch von Zweifeln geplagt wurde, ob ich auf dem richtigen Weg bin und die Kinder kompetent fördere, bin ich vom Einsatz des Computers in der Grundschule überzeugt. Unbedingt notwendig ist jedoch ein größeres Angebot von qualifizierter Fortbildung und Beratung der Grundschullehrer und Grundschullehrerinnen.

Elke Schwichtenberg

Mit dem PC in der Klasse

Erfahrungen und Probleme

Es ist mir lange gelungen, einen großen Bogen um Computer zu machen. Ich hatte wohlwollend zur Kenntnis genommen, dass alle Welt sich damit beschäftigte, stundenlang experimentierte, Erfolgs- wie Verzweiflungsmeldungen äußerte; aber ich hatte meine Schreibmaschine und war völlig zufrieden damit. Daran änderten auch die beiden mehrtägigen Fortbildungen nichts, die ich aufgrund meiner Tätigkeit als Ausbilderin für Lehrer absolvieren musste. Ich stellte dabei – wieder einmal – amüsiert fest, dass auch Erwachsene, wenn sie in eine Schülerrolle gestellt werden, sich genauso verhalten wie Jugendliche oder Kinder, wenn sie keine Lust haben: sie entziehen sich.

Wozu soll ich etwas lernen, was ich sicher nie benötigen werde?

Ich spürte nicht das Fünkchen einer Motivation, am Computer zu arbeiten, freute mich hingegen, die Tage mit netten Kollegen und Kolleginnen verbringen zu können (der Vollständigkeit halber sei erwähnt, dass die Kollegen allesamt versiert waren und uns weiblichen Teilnehmern halfen, uns durchzumogeln).

Wenn ich heute an diese Tagungen zurückdenke (es ist immerhin 6 Jahre her), so erinnere ich mich daran, dass mich diese ersten Versuche durchaus auch beeindruckt haben. Es war eher die Struktur der Fortbildung, die mir keine Chance bot, einen echten Zugang zu finden. Absolute Computerneulinge und versierte Fachleute bekamen gemeinsam den Auftrag, am Computer eine Zeitung zu erstellen (ich schaute einem »alten Hasen« über die Schulter und bewunderte die Zauberkunststücke, die er auf dem Bildschirm vorführte; aber vielleicht hätte das Ausprobieren eines Computerspieles damals schon eine positive Einstellung bei mir entwickeln können, indem es mich aus meiner passiven Rolle herausgelockt hätte).

Eines Tages ging meine Schreibmaschine kaputt. Nun doch ein Computer?

Ich habe lange überlegt und mich dann aus zwei Gründen dagegen entschieden: ich wollte nicht meinen relativ kleinen Schreibtisch mit diesen vielen Geräten verstellen (zumal das Schreiben auf der Maschine nur einen relativ kleinen Anteil an meiner beruflichen Arbeit darstellte) und – ich wollte mich nicht abhängig machen von einem Gerät, das offensichtlich einer launischen Diva eher vergleichbar war als einem soliden Mitarbeiter. Ich hatte zu oft die entsetzten Ausrufe gehört: mein Computer ist abgestürzt, was soll ich jetzt machen? In diese Abhängigkeit wollte ich mich nicht begeben. Und in der Tat: der dann erstandene Schreibcomputer war über Jahre ein zuverlässiger Begleiter meiner beruflichen Arbeit.

Aber auch hierzu noch eine kleine Anmerkung: der Schreibcomputer, eigentlich eine – etwas erweiterte und damit bequemere – Schreibmaschine, verlangt natürlich in der Bedienung einige Arbeitsvorgänge, die der Arbeit am Computer ähnlich sind. Verglichen mit der Fülle der Bedienungselemente, die der Computer verlangt, ist dies jedoch ein so kleiner Ausschnitt, dass das Einarbeiten praktisch nebenher (und ohne Fortbildung) möglich ist. Dennoch war mir dieser »Grundkurs« eine Hilfe, als ich mich später wirklich an meinen ersten Computer setzte. Bis dahin war allerdings noch ein langer Weg. Heute habe ich ein Laptop und einen kleinen Drucker auf meinem Schreibtisch, in meiner Klasse stehen zwei PC, die Schüler arbeiten damit, ich nehme mit Interesse an Computer-Fortbildungen teil.

Wie kam denn nun die Wende?

Bei mir waren es viele kleine Anstöße von außen, die mir Mut machten, ein neues Ziel anzupeilen und mich ihm vorsichtig zu nähern.

Zu einem Zeitpunkt vieler äußerer Veränderungen (Wechsel in ein anderes Bundesland, die damit verbundene Neuorientierung, eine andere Arbeitsstelle, eine neue Lebensform, eine neue Wohnumgebung) steht es an, lieb gewordene (aber damit auch festgefahrene) Gewohnheiten neu zu überdenken, neuen Anregungen offen zu begegnen.

Auf dem Schreibtisch meines neuen Lebenspartners stand ein Computer – und wurde von ihm sehr eifrig und effektiv genutzt. Ich bekam zwar auch am Rande mit, wie viele Stunden intensiver Arbeit nötig waren, um wieder einmal ein neues Programm zu installieren, aber auch ich sah den Computer nun als ein Gerät, das zur beruflichen Grundausstattung eines Menschen gehört, der viele Texte verfassen und schreiben muss (nebenbei waren auf seinem Computer – mit entsprechender Hilfe natürlich – viele ansprechende und witzige Arbeitsblätter für meine Schüler entstanden).

Und dann standen eines Tages vier Computer in unserem Wohnzimmer. Wie es zur Zeit öfter ansteht, hatte das Institut meines Partners diese Computer der alten Generation ausgemustert; sie standen zur Verfügung, um in Schulen Verwendung zu finden. Ich stand vor der Entscheidung, ob ich eins dieser Geräte mit in meine Schule nehmen wollte. Natürlich wollte ich.

Mir war klar, dass die Schülerinnen und Schüler meiner 4. Klasse später in ihrem Berufsleben selbstverständlich mit Computern arbeiten würden, ja dass viele jetzt schon am Computer ihrer Eltern erste Erfahrungen gesammelt hatten. Aufgabe der Schule wiederum sollte es sein, ein Verständnis der unterschiedlichen Erscheinungsformen der Technik in ihren Zusammenhängen und Gesetzmäßigkeiten zu vermitteln und zu einem bewussten und verantwortungsvollen Gebrauch anzuregen.

Nun erlaubt die finanzielle Situation der Schulen es im Allgemeinen nicht (mehr), die eigentlich notwendige Ausstattung mit technischen Geräten zu sichern (wenn Lehrer oder Lehrerinnen z.B. häufiger mit einem Kassettenrekorder arbeiten, weil sie Gespräche aufnehmen wollen oder eine meditative Musik während der Wochenplanarbeit im Hintergrund laufen soll, benutzen sie meist ihre eigenen privaten Geräte). Gefragt ist damit die Kreativität der Schulen, vor allem aber die der einzelnen Kollegen und Kolleginnen, nach Wegen zu suchen, wie sie ohne finanzielle Mittel die notwendigen Geräte auftreiben können. Wenn man ein Gespür dafür entwickelt hat, wo Ansprechpartner zu finden sind (oftmals sind auch Eltern bereit, ausrangierte Geräte zu stiften oder sie wissen, an wen man sich wenden muss), ergeben sich manchmal ungeahnte neue Wege.

Da stand jetzt jedenfalls der Computer zu Hause in meinem Arbeitszimmer und ich fand lange »keine Zeit«, mich mit ihm näher zu beschäftigen.

Um es kurz zu machen: nachdem ich nun lange genug um ihn herumgeschlichen war, beschloss ich, die Arbeit am Computer als einen Punkt für den nächsten Wochenplan in der Schule anzubieten. Meine vierte Klasse hatte ohnehin nur noch vier Monate Zeit, bis alle Kinder auf die verschiedenen weiterführenden Schulen wechseln würden; ich fühlte mich ihnen in gewisser Weise verpflichtet. Es folgten zwei Tage, an denen ich mich intensiv auf die neue Situation vorbereitete.

Mir war klar, dass ich nicht perfekt sein musste. Und ich wollte mich nicht überfordern. So beschloss ich, für den Anfang nur einige wenige Möglichkeiten anzubieten:

- ein Schreibprogramm (die Kinder der 4. Klasse benutzten schon seit einiger Zeit die bereitgestellten Schreibmaschinen, um ihre Texte in einer ansprechenden Form zu veröffentlichen); hier wählte ich den »Creative Writer«, der mir vertraut war, weil ich meine Arbeitsblätter bereits seit einiger Zeit mit diesem Programm erstellte (alle wichtigen Operationen sind leicht fassbar, zudem sind viele kreative Elemente wie Sticker, eigene Zeichnungen oder Verfremdungen in gut überschaubarer Form einsetzbar),
- ein Lernprogramm; das Hessische Institut für Bildungsplanung und Schulentwicklung bietet dafür ein Programmpaket (»Hibspack«) für Grund- und Sonderschulen,
- ein Spiel; da ich zu diesem Zeitpunkt gerade an einem Projekt »Spinnen« arbeitete, bot es sich an, das Spiel »Mamba« zu wählen, bei dem eine Spinne und eine Schlange sich im Wettstreit befinden (ich selbst hatte anfangs mit Hilfe dieses Spiels meine Fertigkeiten am Computer geübt).

Als ich das Gerät schließlich mit in die Schule nahm, war ich noch keineswegs sicher im Umgang mit all den Möglichkeiten und Besonderheiten der eingespeisten Programme. Aber ich hatte mir einen »Spickzettel« vorbereitet, der mir half, mich auch in kritischen Situationen schnell zurechtzufinden und die Ruhe zu behalten.

Dennoch sollte man sich darauf einstellen, dass es dann – trotz aller Vorbereitungen – Situationen geben wird, in denen nicht alle Anfragen gleichzeitig bewältigt werden können. Eine besondere Schwierigkeit liegt darin, dass es manchmal längere Zeit dauert, bis ein Programm so weit aufgerufen worden ist, dass die Schüler mit der Arbeit beginnen können (das liegt daran, dass die alten Computer im Gegensatz zu den Geräten der neueren Generation sehr viel langsamer arbeiten – und meist auch deshalb ausgemustert wurden). Wenn mehr als ein Gerät in der Klasse steht, muss man für den Start also eine gewisse Zeit einplanen (das ist aber je nach Programm verschieden).

Den allerersten Beginn in dieser 4. Klasse hatte ich so geplant, dass jedes Kind einmal das »Spinnenspiel« (Mamba) ausprobieren sollte. Damit würden relativ schnell alle Schülerinnen und Schüler einmal in Kontakt mit dem Computer kommen.

Was würden meine Schülerinnen und Schüler nun also lernen? Zunächst ein wenig Taktik, denn eine hohe Punktzahl erreicht man eher, wenn man dort Flächen für sich reserviert, wo die Mamba gerade nicht auftaucht. Konzentration ist nötig und schnelle Reaktionsfähigkeit; vor allem aber ist das Spiel spannend und macht Spaß. Und darauf kam es mir in dieser ersten Phase an, die Schüler sollten lustvoll ihre allerersten Erfahrungen machen. Die Spielphasen durften nicht zu lange dauern, damit möglichst viele Kinder in den ersten Wochen auch an die Reihe kommen würden, und – das war mir wegen der Organisation recht wichtig – es musste so einfach sein, dass die Schüler schon beim »über die Schulter sehen« begreifen konnten, wie der Ablauf des Spiels vor sich ging. Damit sollte gewährleistet sein, dass die Kinder eine erste Kompetenz im selbstständigen Umgang mit dem Computer erwerben würden, die sich dann schrittweise auch auf die weiteren Bereiche (Lernprogramme, Textverarbeitung) ausdehnen lassen könnte. Und in der Tat regelten die Schülerinnen und Schüler nach dem ersten Tag alles selbstständig: sie sprachen sich ab, wie lange ein Kind spielen durfte (dabei legten sie keine Zeit fest – wie ich das sicher vorgeschlagen hätte –, sondern sie spielten so lange, bis die Mamba dreimal die Spinne gefangen hatte), sie regelten die Reihenfolge und vereinbarten, dass die folgenden Kinder jeweils bei drei Spielen zugesehen haben sollten. Ich habe in dieser ganzen Zeit keinen Streit zwischen ihnen erlebt; meine Aufgabe blieb es, den Computer an- und auszuschalten.

In der weiteren Folge nutzten diese Kinder auch das Schreibprogramm und erstellten ganz fantasievoll illustrierte Sachtexte über Spinnen. Nachdem jedes Kind einmal den Computer ausprobiert hatte, akzeptierten auch alle, dass die Schreibaufgaben Vorrang vor dem Spiel haben sollten.

Viele der Diskussionen, die sich inhaltlich mit dem Computer auseinandersetzen, thematisieren die Befürchtung, dass die Kinder nur spielen und nicht richtig arbeiten würden. Es ist sicher notwendig, den didaktischen und methodischen Stellenwert des Computereinsatzes in seinem eigenen Konzept festzuhalten. Von den in der letzten Zeit veröffentlichten didaktischen Modellen beziehen sich die meisten auf einen weit umfangreicheren und differenzierteren Einsatz der Computer als ich dies für meine eigenen Planungen in Anspruch nehmen wollte.

Meine Entscheidungen hatten folgenden Hintergrund: Man hatte mir einen Computer zur Verfügung gestellt, ein ziemlich altes Modell. Dennoch, er würde sich dazu eignen, ein Schreibprogramm, Spiele und einfache Lernprogramme einzusetzen. Meine Kenntnisse im Umgang mit dem Computer befanden sich zwar noch auf einem recht niedrigen Niveau, reichten jedoch aus, um diese Aufgaben bewältigen zu können. Ich vertraute darauf, dass sich – vor allem auch in der Interaktion mit den Schülern – neue Impulse für die weitere Planung entwickeln würden. Wenn erst einmal der Einstieg geschafft ist, eröffnen sich häufig weitere Wege. Ich wusste z.B., dass es Programme gibt, in denen der aktuelle Lernstoff (beispielsweise die zur Zeit ausgewählten Lernwörter) in unterschiedlichen methodischen Übungsformen verarbeitet werden können.

Mein Ziel war es, mich möglichst bald mit diesen Aufgaben vertraut zu machen und den Computer dann mit zwei Schwerpunkten in der Klasse einzusetzen: die Kinder sollten die Möglichkeit haben, ihre Texte mit Hilfe des Computers darzustellen und grafisch zu bearbeiten und sie sollten – ebenfalls im Rahmen des Wochenplans – eine weitere motivierende Übungsform für das aktuelle Rechtschreiblernen kennen lernen. Die Einführung, das »spielerische« Erproben, sollte von diesen Aufgaben dann abgelöst werden.

Wie wichtig der Einstieg für eine Klasse ist (und dass die Arbeit am und mit dem Computer nicht unbedingt von Anfang an positiv verlaufen muss), weiß ich aus einem der vielen Gespräche, die ich in meiner Funktion als Ausbilderin mit vielen Kolleginnen führe.

Eine Kollegin z.B. hatte in einer 3. Klasse ebenfalls mit einem älteren Gerät begonnen und zunächst ausschließlich ein Lernprogramm installiert. Dieses Programm war jedoch so konzipiert, dass jede Übungseinheit einen längeren Zeitraum beanspruchte. Es kam zu einer ständigen Unzufriedenheit im Umfeld des Computers und zu vielerlei Streitigkeiten, weil natürlich abzusehen war, dass viele Kinder nicht so bald an die Reihe kommen würden. Es gab wenig Widerspruch, als der Apparat nach einer Weile wieder entfernt wurde. Diese Kollegin wird jedoch einen zweiten Versuch starten, sobald sie ihre nächste erste Klasse übernommen hat.

Auch mein Computer verschwand am Schuljahresende für eine Weile im Medienraum, bevor ich ihn nach einigen Monaten, begleitet von einem inzwischen organisierten zweiten Gerät, in meiner neu übernommenen 3. Klasse wieder einsetzte. Zunächst wollte ich jedoch die Grundlagen schaffen, um in dieser Klasse, die bis dahin ausschließlich Frontalunterricht erfahren hatte, einen Unterricht praktizieren zu können, der durch Individualisierung und Differenzierung offene Lernsituationen schaffen und damit den Einsatz des Computers auch möglich machen würde. Für den Einsatz des Wochenplanes sollten die Schüler und Schülerinnen zunächst lernen, Arbeitsanweisungen selbstständig umzusetzen, Ausdauer bei der Erledigung einer Arbeit zu zeigen, mit einem Partner oder in Gruppen auch unbekannte Aufgaben zu lösen, Rücksicht zu nehmen und Absprachen zu treffen.

Als ich dann mit dem Computerangebot begann, waren meine Schüler nicht perfekt in all diesen Verhaltensweisen, aber sie waren auf dem Wege. Ich selbst hatte in der Zwischenzeit ebenfalls dazugelernt; das Wichtigste – im Sinne des Lernzieles, das ich für mich definiert hatte – war ein Lernprogramm (Lese- und Rechtschreibmeister,

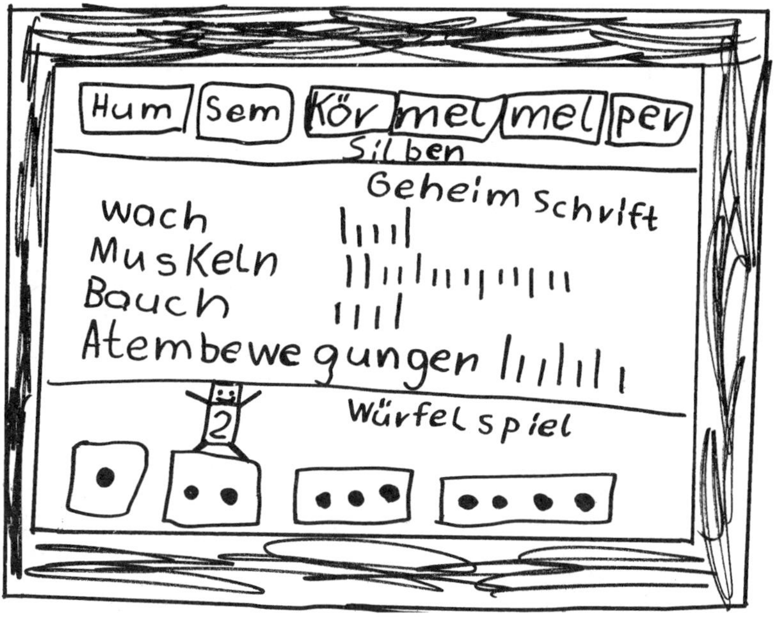

Auer-Verlag), das ausgesprochen leicht zu installieren war (nachdem ein Diktattext eingegeben war, musste man nur noch die Lernwörter markieren und sie tauchten dann in den unterschiedlichen Übungsformen in immer neuen Variationen – vom Zufallsgenerator eingespeist – wieder auf). Nun konnte ich meinen zweiten Versuch starten, diesmal schon mit einem Gefühl größerer Sicherheit.

Es sind oft nicht die großen, sondern eher die nebensächlichen Dinge und Vorkommnisse, die über den Erfolg eines Vorhabens, vor allem aber über meine Befindlichkeit in der Klasse und damit über die gesamte Atmosphäre, mitentscheiden. Kleine Begebenheiten waren mir zwar während meiner ersten Computerversuche in der jeweiligen Situation wichtig erschienen, ich hatte sie Tage später aber vergessen und sie kamen erst bei entsprechenden Nachfragen von Kolleginnen wieder ins Gedächtnis.

Das hat mich dazu bewogen, über meine ersten Erfahrungen mit den Computern in der neuen Klasse ein Tagebuch zu schreiben. Ich selbst habe dabei gemerkt, dass sich neben den angestrebten Lernzielen viele Situationen von allein ergaben, in denen die Kinder Erfahrungen machen konnten, die nicht vorhergeplant waren (sowohl in den sozialen Bezügen als auch im kognitiven Bereich durch Anregungen und viele zusätzliche Impulse). Es soll aber nicht verschwiegen werden, dass auch immer wieder neue Probleme auftraten; meist resultierten sie aus meiner Unerfahrenheit und der dadurch eingeschränkten Fähigkeit, bestimmte Situationen schon im Vorfeld einschätzen zu können.

Nicht nur bei Schülern sollten die Fehler Stolpersteine des Lernens sein, die uns zeigen, an welchen Stellen wir noch einmal überlegen müssen. Viele Entscheidungen habe ich im Verlauf dieser ersten Tage revidiert und manchmal auch mit den Kindern zusammen neue Lösungen gefunden. So haben wir *gemeinsam* einen neuen Lernweg beschritten; oft war ich erstaunt, wie hilfsbereit die Schülerinnen und Schüler sich gegenseitig und mir zur Seite standen und auch Verständnis hatten, wenn etwas nicht auf Anhieb funktionieren wollte.

Tagebuch

1. Computertag

> *Natürlich gab es ein großes Hallo, als die Kinder heute Morgen die Computerecke im Klassenraum bemerkten.*

In der letzten Zeit hatten sie mich öfter gefragt, ob sie nicht bald auch am Computer arbeiten dürften, da sie sehr wohl wussten, dass in meiner letzten Klasse bereits einer gestanden hatte. So nutzte ich ein Wochenende, um – mit entsprechender Hilfestellung meines Partners – die beiden Computer zu installieren.

Es ist immer wieder eine Herausforderung, 26 Kinder in einem mittelgroßen Klassenzimmer so unterzubringen, dass Möglichkeiten bestehen, schnell in einen Sitzkreis zu kommen, daneben aber noch Platz für eine Leseecke mit einem Sofa, einen »Thementisch« und nun auch noch für eine Medienecke bleibt. Nach einigem Probieren fand ich eine ganz akzeptable Lösung: auf zwei zusammengestellten Tischen konnten nicht nur die beiden Computer, sondern auch noch die Schreibmaschine so untergebracht werden, dass die Kinder sich nicht gegenseitig behindern würden. Der Drucker, nur an eins der beiden Geräte angeschlossen, stand nebenan im Regal.

Ich kündigte an, dass heute einige Kinder erstmals an den Computern arbeiten dürften und dass sie sich schon mal überlegen sollten, wie wir es regeln könnten, dass es keinen Streit gäbe. In der Pause kam daraufhin Hans zu mir und sagte: »Es gibt 26 Buchstaben und wir sind 26 Kinder, jedes Kind schreibt einen Buchstaben auf ein Los.«

Der Vorschlag wurde später von allen angenommen und durchgeführt; jetzt hängt beim Computer ein Zettel mit dem Alphabet, daneben die Namen. Es wird jeweils nach der Stunde vermerkt, wie viele Minuten und an welchem Gerät ein Kind gearbeitet hat (da auf den Rechnern unterschiedlicher Baureihen verschieden attraktive Programme installiert sind).

Es gab bereits bei der Verlosung ein Problem: Manfred zog gleich zu Anfang das »Z«; da er eigentlich immer der Erste sein möchte, war das schwer für ihn zu ertragen. Völlig die Fassung verlor er aber, als er die Schadenfreude einiger anderer Kinder bemerkte. Da er schließlich zu weinen begann, griff ich die Situation auf (zumal am gleichen Tag schon einmal der Aspekt der Schadenfreude Thema war); die Kinder klärten im Kreisgespräch das Problem und bezogen auch die Gefühle der Betroffenen mit ein. Schließlich wurden zwei Buchstaben getauscht; Manfred war zwar immer noch nicht am Anfang, aber er konnte die Situation jetzt gut aushalten.

Auf den ersten Blick mögen solche »Zwischenfälle« unnötig den Unterrichtsablauf stören; letztendlich sind sie jedoch ein wichtiger Baustein, um das soziale Gefüge der Klasse zu festigen und bilden damit eine Grundlage für meinen gesamten Unterricht (darüber hinaus zeugt die Form solcher Gespräche von viel Einfühlungsvermögen der Kinder und stärkt ihre Bereitschaft, Probleme gemeinsam zu beraten und zu lösen).

Es war richtig, den Beginn der Computerarbeit in eine Doppelstunde zu legen, um der spontanen Neugier Raum geben zu können. Der Zeitpunkt wird meist vermutlich in einer Phase des Wochenplans liegen; dann sollten alle anderen anfallenden Arbeiten mit den Schülerinnen und Schülern soweit geklärt sein, dass die Lehrerin sich in Ruhe mit den Computern und den daran arbeitenden Kindern beschäftigen kann.

Es erschien mir auch ratsam, mich selbst erst einmal gut mit einem überschaubaren Ausschnitt der Software-Programme vertraut zu machen und den Kindern nur ein oder zwei Angebote zur Auswahl zu geben (die Befehle dazu hatte ich mir auf einem »Spickzettel« notiert); so habe ich z.B. mit dem Budenberg-Programm (aus dem Hibspack) begonnen – bei dem die Kinder sehr gern den »Sachunterricht« wählten – und den rechtschreibschwachen Schülerinnen und Schülern empfohlen, die Lernwörter für unser nächstes Diktat zu üben. Die unterschiedlichen Übungsformen dazu (Lese- und Rechtschreibmeister) machten den Kindern viel Spaß, wenngleich das Programm recht langsam arbeitete, da die Taktfrequenz des Prozessors zu niedrig war (»nur« 20 MHZ).

> *Günter rief mich, weil er – offensichtlich durch das versehentliche Drücken oder auch Ausprobieren einer Taste – in einem völlig anderen Programm gelandet war. Ich probierte alles, was auf meinem Zettel stand, nichts funktionierte mehr. Manfred, der hinter mir stand, meinte: »Mein Vater hat mir den Tipp gegeben, wenn ich nicht mehr weiter weiß, soll ich einfach **Strg**. und **Alt**. und **Entf**. drücken und dann bin ich wieder am Anfang«* (Warmstart oder auch »Affenklammergriff«). *Ich habe es probiert und sieh da, er hatte Recht.*

Es gibt meist Kinder, die schon (fast) mehr Erfahrung haben als die Lehrerin und sie sind glücklich, wenn sie ihr Wissen einbringen können. Im Übrigen habe ich den Kindern gesagt, dass ich mit ihnen eine Lernende sein werde, dass wir am Ende des 4. Schuljahres sicher alle zusammen viel mehr über die Arbeit am Computer wissen werden als jetzt.

> *Es standen heute viele neugierige Kinder hinter den beiden ersten »Spielenden«. Ich konnte sie gut verstehen, wollte aber natürlich eigentlich, dass sie an ihrem Wochenplan arbeiteten. So beschloss ich, dass ich sie heute zuschauen lassen würde, dass es aber ein Beratungsthema für die nächste Stunde werden sollte.*

Das Ergebnis dieses Gespräches war: Das Kind, das jeweils als nächstes dran ist, darf in der gesamten Zeit hinter dem »Spielenden« stehen; das hat auch den Vorteil, dass es schon weiß, wie es geht (der Vorgänger bleibt dann noch so lange, bis die »Übergabe« geklappt hat). Damit hoffe ich, dass ich nur noch bei neuen Programmangeboten oder bei Besonderheiten des Schreibprogramms benötigt werde.

Sascha ist ein Kind mit wenig Selbstbewusstsein; er war zwar stolz, dass er schon am ersten Tag mit dem Computer dran war, aber er machte einen etwas ängstlichen Eindruck. Ich bot ihm die Budenberg-Programme an und er wählte Mathematik mit der Begründung, das könnte er noch nicht so gut. Das, was er dann tun musste, konnte er wahrscheinlich schon in der ersten Klasse: Zahlen den passenden Würfeln zuordnen. Aber er musste mit Hilfe der Cursortasten einen Wagen an die passende Stelle fahren, musste danach »Enter« drücken; man sah seinem Gesicht an, dass er konzentriert arbeitete. Das hüpfende Männchen, das bei jeder richtigen Antwort erschien, zauberte ein Lächeln auf sein Gesicht, und nachdem er eine Viertelstunde lang auch die nächsten Aufgaben – diesmal schon unter der Rubrik »schwer« – fehlerlos gelöst hatte, ging er als ein strahlendes und zufriedenes Kind nach Hause. Seine erste Begegnung mit dem Computer war für ihn ausgesprochen positiv.

Es gilt zu berücksichtigen, ob ein Kind bereits Erfahrungen im Umgang mit einem Computer hat. Wenn zunächst das Handhaben der Maus, die motorische Hürde des Doppelklicks oder die Notwendigkeit, bestimmte Handlungsfolgen einzuhalten, im Vordergrund stehen und geübt werden müssen, dürfen dabei die Aufgaben des Software-Programms nicht zu viel an Konzentration binden und sollten sich im Rahmen dessen bewegen, was das Kind mühelos zu leisten vermag (zumal es bei den ersten Versuchen unbedingt das Gefühl eines Erfolges haben sollte). So muss ich gestehen, dass ich anfangs der Meinung war, das Budenberg-Programm sei eigentlich für meine Klasse viel zu leicht, die Kinder könnten ja nichts dabei lernen. Sie lernen schon, aber anders, als ich es geplant hatte, das musste ich so akzeptieren. Für Sascha war es in diesem Fall schon schwierig genug, die Abfolge der Arbeitsschritte am Computer richtig auszuführen und sich auf die neuen, ungewohnten Anforderungen einzustellen.

2. Computertag

Heute bin ich mit dem Ein- und Ausschalten der Programme ganz gut klar gekommen, merke aber, dass ich dazu Ruhe brauche und nervös werde, wenn andere Kinder zwischendurch etwas wissen oder zeigen wollen. Ich habe deshalb mit den Kindern die Vereinbarung getroffen, dass sie mich in der kurzen Zeit, die ich benötige, um für einen Schüler eine neue Aufgabe zu suchen, nicht stören dürfen. In einer Schulstunde können zur Zeit vier Kinder arbeiten, jeweils eine Viertelstunde (den Rest der Stunde brauche ich für den Wechsel, das Ein- und Ausschalten). Zunächst sollen alle Schülerinnen und Schüler mit den vorhandenen Software-Programmen (Budenberg, Lese- und Rechtschreibmeister) ihre ersten Erfahrungen gemacht haben, bevor ich ihnen mit dem Schreibprogramm »Creative Writer« neue Möglichkeiten eröffnen werde.

Es hat sich gerade in meiner letzten Klasse als praktikabel erwiesen, dass die Schüler und Schülerinnen zunächst handschriftlich ihre Texte erstellt haben, danach eine inhaltliche und rechtschriftliche Überarbeitung mit zwei/drei Kindern stattgefunden hat und – nach einer Endredaktion durch mich – dieser Text mit dem Computer gestaltet wurde. Für das Tippen und Bearbeiten eines Textes muss dann aber viel Zeit eingeplant werden. Der Computer mit dem angeschlossenen Drucker ist für diese Aufgaben gedacht, während der zweite Rechner nach wie vor dem Übungsprogramm vorbehalten bleibt.

3. Computertag

Tim hat heute auch das Programm Sachunterricht gewählt (Budenberg). Ich habe beobachtet, dass zeitweilig doch mehrere Kinder hinter ihm standen, aber es wurden intensive Gespräche darüber geführt, wo denn nun Frankfurt liegt, in welchen Fluss der Main fließt usw.

Die Zuschauer lernen mit; am Computer entsteht fast immer eine Kommunikation zwischen mehreren Kindern. Zwischendurch haben wir allerdings auch ein Gespräch darüber geführt, dass es nicht sinnvoll ist, dem »Spieler« etwas vorzusagen, sondern dass gerade eine Hilfestellung viel Kenntnisse und Sensibilität voraussetzt. Dass hinter dem Computer mehr Kinder standen als eigentlich verabredet war, habe ich toleriert und werde es auch weiterhin akzeptieren, solange es in einem – für mich – vertretbaren Rahmen bleibt.

4. Computertag

Heute war Frank an der Reihe, einer von den wenigen Schülern, die noch nie eine »Maus« in der Hand gehabt haben. Für ihn war dieser erste Umgang sehr aufregend. Er gewann aber schnell Sicherheit und beherrschte die gewählte Übung nach kurzer Zeit recht gut.

5. Computertag

Heute war meine Planung ganz anders als das, was sich dann ereignete. Ich hatte einen Computer schon angestellt, aber während ich mich mit dem zweiten beschäftigte, geriet Dieter aus Versehen in das Schreibprogramm. Alles, was ich mir notiert hatte, funktionierte nicht, um aus diesem Programm wieder herauszukommen. Nach einer ganzen Reihe von vergeblichen Bemühungen (auch der versuchte Warmstart brachte nichts), schaltete ich den Computer aus, in der Hoffnung, nach einer gewissen Zeit wieder anschalten und das Programm von vorn starten zu können. Die Hoffnung trog, ich schaltete nach fünf Minuten ein und war wieder an derselben Stelle wie vorher. Dieter war einsichtig, heute konnte er auf den Computer verzichten, vertraute er doch darauf, dass es beim nächsten Mal sicher klappen würde.

Als ich übrigens nach der Stunde noch mal einen Versuch machte, erschien das gewohnte Bild, zu spät zwar, aber doch ganz beruhigend. Woran es gelegen hat, ich weiß es nicht.

Gerade, wenn Kinder noch völlig ungeübt sind, passiert es leicht, dass sie durch unkontrolliertes oder wahlloses Drücken irgendwelcher Tasten in ganz merkwürdige Programme geraten. Ebenso habe ich beobachtet, dass ein Schüler, der gerade nicht dran war, mit der gesamten Hand einmal über die Tastatur wischte. Dann kann es passieren, dass kurze Zeit später das Programm plötzlich »spinnt«. In so einem Fall bleibt einem offensichtlich nichts anderes übrig, (wenn auch **Strg** + **Alt** + **Entf** nichts nützen) als den Computer auszuschalten. Das ist sicherlich erst der letzte Versuch, wenn nichts anderes mehr funktioniert, aber so schlimm, wie manche Leute es darstellen, ist es wiederum auch nicht.

Es kann auch passieren, dass der Prompt (**C:**) durch mehrmaliges Enter-Drücken plötzlich den gesamten Bildschirm ausfüllt. Man sollte sich dadurch nicht irritieren lassen, sondern den nächsten Befehl eingeben, oder – um den Bildschirm frei zu bekommen – **cls** (clear screen).

6. Computertag

Mike wollte gern auch Sachunterricht machen, weil andere es ihm empfohlen hatten. Bei den ersten beiden Aufgaben habe ich neben ihm gesessen und ihm geholfen. Ich merkte dabei aber schon, dass er eigentlich überfordert war. Er wollte unbedingt weiterarbeiten, sagte mir hinterher aber, es sei doch recht schwer gewesen.

Ich hätte Mike eigentlich ein oder zwei andere Programme empfehlen sollen; seine Entscheidung resultierte offensichtlich daraus, dass seine Freunde ihm von ihrer Arbeit erzählt hatten. Beim nächsten Mal werde ich ihn bitten, ein anderes Programm erst einmal auszuprobieren, außerdem muss ich mir Zeit nehmen und noch länger bei ihm bleiben.

Eine weitere Situation: Antje bringt mir eine Diskette mit, die – wie sie sagt – zu unserem Sachunterrichtsthema passt. Sie möchte na-

türlich, dass ich sie sofort anschaue, aber ich habe ihr gesagt, dass ich die Diskette erst mit nach Hause nehmen würde, um sie durch das Viren-Kontrollprogramm laufen zu lassen.

In der Tat sind auf der Diskette Viren. Man sollte, bevor man eine fremde Diskette auf dem Computer benutzt, diese Kontrolle immer erst vornehmen. Ich gebe Antje also eine neue virenfreie Diskette mit und bitte sie zu versuchen, ob sie ihr Programm auf diese Diskette überspielen kann. Eine abschließende Prüfung ist dennoch vor dem Gebrauch noch einmal zu empfehlen.

7. Computertag

Heute konnte ich recht gut beobachten, wie verschieden die Arbeit in den beiden Dreier-Gruppen lief. Die eine Gruppe arbeitete recht intensiv und ich hatte das Gefühl, dass wirklich alle drei Kinder vorankamen (sie erarbeiteten Lernwörter mit der Geheimschrift). Die zweite Gruppe hatte noch Schwierigkeiten; das Kind, das die Arbeit übergeben hatte, drückte nach wie vor ständig auf die Tasten, weil es ihm nicht schnell genug ging, viel mehr Energie floss in die Regelung des Gruppenprozesses als in den Lernvorgang (nach einem kurzen Gespräch war es ihnen dann aber möglich, ihre Zusammenarbeit auch gut zu regeln).

In Dreier-Gruppen zu arbeiten hat mehrere sinnvolle Komponenten: einmal »lernen« auch die zuschauenden Kinder, weil sie z.B. Lernwörter immer wieder vor Augen haben oder antizipieren, zum Zweiten ist es ein soziales Lernziel, dass die Kinder sich bei der Gruppenarbeit in ihrer jeweiligen Rolle zurechtfinden müssen.

8. Computertag

Rainer wollte nicht den vorgeschlagenen Budenberg bearbeiten, sondern es reizte ihn, ein anderes Programm – den Baukasten – zu versuchen. Ich hatte das selbst noch nie ausprobiert, wusste also natürlich nicht, wie es funktionierte, und ich bekam es bei meinen ersten Versuchen auch nicht hin. Als ich merkte, dass ich eigentlich ungeduldig wurde, drückte ich Rainer die Maus in die Hand und bat ihn, ein bisschen zu experimentieren. Es vergingen keine fünf Minuten, da kam er mit einer Erfolgsmeldung. Später hat er mir das Programm erklärt und er war sehr stolz darauf.

Die Kinder erklären uns Lehrern etwas. Das kommt öfter einmal vor, aber meistens wissen wir bereits, was die Schülerinnen und Schüler uns erzählen. Diese Situation war ganz anders: ich profitierte von dem, was Rainer herausgefunden hatte, *ich* lernte von *ihm*.

9. Computertag

Heute sagte Frederik nach zwei Stunden Wochenplan, in denen auch eine ganze Reihe von Kindern in ihren Dreier-Gruppen am Computer gearbeitet hatten: »So macht Lernen Spaß!«

Frederik ist ein Schüler, der zwar bereitwillig, aber wenig zielgerichtet lernt und alle Ablenkungen aufgreift, die sich ihm anbieten. Ihm konnte man anmerken, dass diese Arbeitsformen seinen Fähigkeiten entsprachen und eine starke Lernmotivation auslösten.

Ende des Tagebuches: *Wochenplan* **und** *Computer, das ist immer noch ein bisschen anstrengender für mich, als wenn ich mich auf die gewohnten Abläufe des Wochenplans konzentrieren kann (auch da gibt es ja genug Fragen und Situationen, in denen meine Unterstützung verlangt wird). Aber wenn ein Kind zu mir sagt: »So macht Lernen Spaß«, dann ist das auch für mich eine starke Motivation, diesen Beginn weiterzuführen. Ich bin den Kindern bei der Eroberung dieses neuen Mediums immer nur um wenige Schritte voraus, aber da wir das alle wissen und akzeptieren, ist die Arbeitsatmosphäre entspannt und wir können alle Möglichkeiten nutzen, die der äußere – zugegebenermaßen eingeschränkte – Rahmen zulässt. So nutze ich den Computer in erster Linie als ein motivierendes Medium: ein Kind steht hinter dem anderen und diskutiert mit ihm* *über die Ergebnisse auf dem Bildschirm. Natürlich brauchte es dazu – eigentlich – keinen Computer; aber ständen die Ergebnisse auf einem Blatt Papier, die Diskussion wäre sicher nicht entstanden.*

Computer in der Schule: Wenn ich die aktuellen Kommentare und Veröffentlichungen dazu lese, dann habe ich die Vision eines neuen Ansatzes von selbstbestimmtem Lernen. Gleichzeitig wird jedoch deutlich, dass die dazu grundlegenden Bedingungen in den nächsten Jahren nicht verwirklicht werden können, weil nur wenige Schulen über die neuen Geräte verfügen und weitere Mittel sehr begrenzt zur Verfügung stehen. Zudem gibt es bisher nur wenig Software, die das entdeckende Lernen fördert und da von den Schulen keine Nachfragen in größerem Umfang kommen, lohnt es sich für Verlage offensichtlich auch nicht, die Kosten für Neuentwicklungen zu übernehmen.

Wie ordne ich in diesem Zusammenhang meine Arbeit ein, meinen Beginn mit zwei alten Computern in einer 4. und einer 3. Grundschulklasse?

Ich sehe das große Interesse und die Motivation, die die Kinder dem Umgang mit den Geräten und damit auch den neuen Lernsituationen entgegenbringen. Die Programme, die ich benutze, sind keine Software, die entdeckendes Lernen begünstigen. So bleiben zwar noch die alten Lernformen, aber die Computer sind interessante Werkzeuge, die genutzt werden können, um den Lernstoff zu bearbeiten. Und vielleicht könnte der Computer in dem einen oder anderen Fall ein Auslöser dafür werden, den Unterricht doch ein wenig offener zu gestalten?!

Manfred Kramer

Computer in der Grundschule

Ein Projekt und seine Akzeptanz bei Eltern, Kolleginnen und Kollegen[*]

> *»Schulkinder und Kinder sind zweierlei, so verschieden voneinander wie das Zootier dem freien Tier ist. Man kann im Zoo manches über Tiere lernen, doch nicht das, was sie von sich aus sind und wollen.* (Wagenschein 1980)

Alle fünf Jahre verdoppelt sich das Wissen, aber nach einem Jahr ist z.B. ein Fünftel des Wissens z.B. eines Elektroingenieurs nicht mehr aktuell. Nicht reines Faktenwissen ist sinnvoll, sondern lebenslanges Lernen in Sinn- und Sachzusammenhängen. Ein solches Lernen ist handlungs- und erfahrungsorientiert und fördert Eigenaktivitäten und Selbstständigkeiten der Schülerinnen und Schüler. Das Verstehen der immer komplexer werdenden Wirklichkeit kann durch Medien unterstützt werden, die diesem Anspruch gerecht werden und Wirklichkeit nicht unnötig didaktisch reduzieren. Hier kann der Computer eine wichtige Hilfsfunktion neben anderen Medien übernehmen.

Vor gut zwei Jahrzehnten wuchsen Kinder und Jugendliche in einer vielleicht noch überschaubaren Medienlandschaft auf. Diese verändert sich in einem rasanten Tempo, in vielen Privathaushalten und Kinderzimmern stehen inzwischen völlig selbstverständlich Computer.

* Dieser Aufsatz entstand auf der Basis mehrerer Schulbesuche sowie eines Interviews mit einer beteiligten Kollegin und den Schulleitern zweier Grundschulen, Karl-Heinz Heyden und Werner Lorenz.

Die Ideale und Werte, die Erkenntnisse und Gestaltungspotentiale unserer Kultur werden mehr und mehr von den Bildschirmmedien gesteuert (Landesinstitut für Schule und Weiterbildung 1997). Entsprechend stellt M. Kleinschmidt-Bräutigam in ihrem Aufsatz »Computer in der Grundschule« (1996) fest, dass sich die Frage nach dem Computer in der Grundschule, seiner Berechtigung oder Hinnahme als etwas Unabweisbares durch die Macht des Faktischen allmählich von selbst beantwortet.

Die gesellschaftlichen Rahmenbedingungen verstärken den Druck auch auf die Grundschulen, über den Computereinsatz nachzudenken: »Schulkollegien müssen zunehmend in Selbstorganisation vielfältige und neue Anforderungen bewältigen. Gleichzeitig unterliegen die Kollegien bei der Gestaltung des Schullebens, bei der Organisation von Zusatzangeboten, bei fächerübergreifenden Aufgaben usw. einem enormen Innovationstempo« (Peschke 1997).

Nachfolgend wird an einem Beispiel aufgezeigt, wie im Rahmen einer Langzeiterprobung und eines Schulentwicklungsprozesses (Kleingeist-Poensgen 1996) Computer an zwei Herner Grundschulen (Grundschule Pantrings Hof und Grundschule an der Schulstraße) mit unterschiedlichem Einzugsgebiet eingeführt wurden. Die bewußte Fokussierung auf die beteiligten Eltern sowie auf die Kolleginnen und Kollegen soll im Kontext des ganzen Projektes erfolgen.

Diagnose der Ausgangslage

Die Leiter der beiden beteiligten Grundschulen, Karl-Heinz Heyden und Werner Lorenz, wurden seitens des Landesinstitutes für Schule und Weiterbildung in Soest gewonnen, eine Langzeiterprobung an ihren Schulen durchzuführen, die sich an den Modellversuch »Computer in der Grundschule« (CompiG) anschloss.

Die Auseinandersetzung mit dem »Grünen Klassenzimmer« brachte sie auf die Idee, an der Grundschule Pantrings Hof in Herne ein Naturgebiet zu gestalten. Dies bot sich an, da hier an der Schule eine große, nicht genutzte Naturwiese vorhanden war. Das Schulgelände der Innenstadt-Grundschule an der Schulstraße ohne entsprechendes Naturgelände wurde sehr stark durch schulfremde Gruppen genutzt, die es arg in Mitleidenschaft zogen.

Der Modellversuch »Computer in der Grundschule« (CompiG): *CompiG war ein Modellversuch des Bundes und des Landes Nordrhein-Westfalen vom 01.08.1988 bis zum 31.03.1989, in dem folgende Fragestellungen untersucht werden sollten:*

- *Auf welche Weise lassen sich Informations- und Kommunikationsmedien unter Beachtung der pädagogischen Ziele der Grundschule im Unterricht einsetzen?*
- *Welche stabilen Auswirkungen hat der Einsatz des Computers auf Lern-, Arbeits- und Organisationsformen im Unterricht der Grundschule?*
- *Welche Auswirkungen auf Kinder, Lehrer und Eltern lassen sich bei einem Einsatz von Informations- und Kommunikationstechnologien im Grundschulunterricht beobachten?*
- *Welche Forderungen ergeben sich aus dem beschriebenen Einsatz des Computers für die Ausstattung der Schulen mit Hard- und Software?*
- *Welche Folgerungen und Konzepte ergeben sich aus dem beschriebenen Einsatz des Computers für die Lehrerfortbildung?*

Die zentralen Erkenntnisse aus dem Modellversuch sind: Mit einer hypermedialen Arbeitsumgebung kann die Qualität des Lernens und Übens generell gesteigert werden. Lernen und Üben werden selbstbestimmter, kommunikativer, kreativer, konstruktiver und eigenverantwortlicher. Lehrerinnen und Lehrer können durch neue Medien nicht ersetzt werden, wohl aber ändert sich ihre Rolle: sie sind mehr Koordinator, Moderator. Die aktive Nutzung der neuen Medien fördert die Medienkompetenz der Schülerinnen und Schüler (Landesinstitut für Schule und Weiterbildung 1994).

Projektorientierten Planungen stand die Grundschule an der Schulstraße, die mit ähnlichen Arbeitsformen bereits vertraut war, offen gegenüber, während an der Grundschule Pantrings Hof doch auch Skepsis und Reserviertheit zu verzeichnen waren. Projektarbeit war zwar für beide Kollegien grundsätzlich nichts Ungewöhnliches; ein Vorhaben, dass sich die Umgestaltung des Schulgeländes zum Ziel gesetzt hatte und zu einem neuen Verständnis von Lernen führen sollte, war jedoch notwendigerweise eine langwierige Sache.

Den Schülerinnen und Schülern war auch der Computereinsatz im Grunde nicht vertraut. Lediglich im Mathematikförderunterricht weniger Klassen fanden Kleincomputer, so genannte Heimcomputer gelegentlich Verwendung. Zumindest hatten die Schülerinnen und Schüler dadurch aber die Erfahrung gemacht, was ein Computer ist und dass man ihn als Werkzeug benutzen kann.

Ziele

> *»Die Einbeziehung der Medien in die Schule soll mit dazu beitragen, Formen des selbstgesteuerten Lernens, neue Möglichkeiten der Wahrnehmung, der Informationsgewinnung und -verarbeitung und Formen der Selbstkontrolle zu entwickeln und zu praktizieren. Medienpädagogik gelingt am besten, wenn sie getragen wird von einer allgemeinen Unterrichtsgestaltung, die offene Arbeitsformen bevorzugt, und von einem Arbeitsklima, das durch individuelle Verantwortung für die eigenen Lernprozesse geprägt ist«* (Bildungskommission NRW 1995).

Die Langfristigkeit des geplanten Projektes machte es notwendig zu berücksichtigen, wie nachrückende Klassen in die Projektarbeit eingeführt werden können. Das impliziert, möglichst weite Teile des Kollegiums und der Elternschaft für diese Arbeitsformen und die dahinter stehenden Vorstellungen vom *Lernen* zu gewinnen: Lernen erfolgt nicht im Gleichschritt aller, sondern hat Prozesscharakter.

In Bezug auf die Kollegien sollten neue Lern- und Arbeitsformen, die den Computereinsatz sinnvoll machen, geübt und gelernt werden.

Hypermediale Arbeitsumgebung:
Eine hypermediale Arbeitsumgebung ist ein themenorientierter, umfangreicher Multimedia-Dokumentenbestand (Texte, Grafiken, Bilder, Töne, Simulationen ...); die Dokumente sind hochgradig miteinander vernetzt, können assoziativ oder begrifflich gesucht werden, in einer »Arbeitsmappe« abgelegt, mit Hilfe von Werkzeugen – z.B. einer Textverarbeitung – bearbeitet, geändert, ausdruckt werden. Individuelle Lernwege sind mittels einer Protokollfunktion jederzeit reflektierbar.

Das »Grüne Klassenzimmer«:
Das »Grüne Klassenzimmer« ist eine solche hypermediale Arbeitsumgebung, die im Rahmen des o.g. Modellversuches CompiG entstand und von Cornelsen Software unter dem Titel »Winnies Welt« vertrieben wird. Vorgesehen sind drei Module:

- *Winnie im grünen Klassenzimmer*
  Informationen zu heimischen Singvögeln, Kleinsäugetieren und Pflanzen
  Gesang der Vögel
  Lieder/Gedichte
  Simulationen zur Vogelpopulation aufgrund von Grundeinstellungen der Schülerinnen und Schüler
- *Winnie spitzt die Ohren (Thema Hören)*
  Straßengeräusche
  Tierstimmen
  Instrumente jeweils in Bild und Ton
- *Winnies Werkzeugkiste (Werkzeuge zum Schreiben, Malen und Rechnen)*

Die Schülerinnen und Schüler können in dieser hypermedialen Arbeitsumgebung stöbern und sich informieren, ihren Lernweg reflektieren, einzelne Dokumente in eine elektronische Arbeitsmappe (Diskette) ablegen und unverändert oder verändert mit Hilfe von Werkzeugen ausdrucken.

Das Vorhaben sollte fachübergreifend in zwei Grundschulklassen eines dritten und einer Klasse eines viertes Jahrganges durchgeführt werden. Da es sich über mehrere Jahre hinziehen würde, sollten in den Klassen Medienecken eingerichtet werden, die die Möglichkeit bieten sollten, die Fortführung der Arbeiten, besonders den erarbeiteten Informationsstand und die Identifikation mit dem Projekt und der Arbeit an jeweils nachrückende Klassen sicherzustellen.

Medienecke:
Eine Medienecke ist ein räumlicher Bereich in einer Klasse, in dem alte (Bücher, Kassettenrekorder, Karten usw.) und neue Medien (digitale Medien, z.B. Computer) zu finden sind. Medienecken bieten sich besonders an für offene Unterrichtsformen; sie werden immer dann von den Schülerinnen und Schülern in Anspruch genommen, wenn alte oder neue Medien eine Hilfe versprechen. Computerräume sind dafür keine Lösung, weil sie einen Ortswechsel verlangen und nicht für jede Kollegin bzw. jeden Kollegen frei zugänglich sind.

Mit Hilfe der Informationen in den Medienecken und weiterer Informationen aus der Stadtbücherei, von zu Hause usw. sollten der Inhalt und der Verlauf des Projektes von den Schülerinnen und Schülern selbst im Rahmen eines projektorientierten Arbeitens in Kleingruppen geplant werden. Ziel war neben der inhaltlichen Auseinandersetzung und Planung die konkrete Gestaltung eines Naturgeländes und die naturnahe Gestaltung des Schulhofes.

Die Dokumentation der gesamten Durchführung sollte durch eine Redaktionsgruppe übernommen werden. Ziel der vorbereitenden Aktivitäten war es, durch Information und Transparenz Schwellenängste auf allen Schulebenen abzubauen und Offenheit für das Projekt herzustellen, damit möglichst die ganze Schule daran Anteil nehmen und daraus lernen könnte. Diese Intention sollte während der Durchführungsphase immer wieder angestrebt werden.

Zur Akzeptanz des Computereinsatzes seitens des Kollegiums

In Anbetracht des Fortbildungsstandes der Kolleginnen und Kollegen bezüglich des Einsatzes neuer Medien im Unterricht und der

Zurückhaltung einiger Kolleginnen und Kollegen diesem Projekt gegenüber wurde im Rahmen einer Lehrerkonferenz über das geplante Vorhaben durch den jeweiligen Schulleiter informiert. Darüber hinaus boten sie den Kolleginnen und Kollegen Fortbildungsveranstaltungen an, um in die Handhabung eines Computers und konkret in das neue Medium »Das grüne Klassenzimmer« einzuführen, Einsatzmöglichkeiten zu skizzieren und offene Lernformen für Schülerinnen und Schüler aufzuzeigen. Zusätzlich wurden den Kollegien Stundenhospitationen bei den Schulleitern angeboten.

Es war nicht möglich, alle Mitglieder der Kollegien zu erreichen. Es muss hier angemerkt werden, dass die allgemeinen Rahmenbedingungen wie Geldmangel im Bildungsbereich sowie die allgemeine Verschlechterung der Unterrichtsbedingungen, Pflichtstundenerhöhung, Verlängerung der Arbeitszeit usw. zu einer reservierten und resignativen Grundhaltung führen und erhebliche Hürden darstellen, Kolleginnen und Kollegen zu motivieren.

Insbesondere die Altersstruktur vieler Kollegien erschwert das Anbahnen eines Paradigmenwechsels vom *Lehren* zum *Lernen*; die Notwendigkeit, vom reinen Belehren zum Organisieren von Lernprozessen zu gelangen, wird nicht hinreichend erkannt. Ängste vor Neuerungen (neue Medien, Technik, neue Unterrichtsformen) lassen Mehrarbeit befürchten und führen zum Rückzug auf die eigene Klasse und den eigenen, vertrauten Unterrichtsstil, der sich häufig seit der Ausbildung vor Jahrzehnten nicht mehr verändert hat. Darüber hinaus haben sich die älteren Kolleginnen und Kollegen häufig schon ein Modell »zurechtgelegt«, wie sie die letzten Jahre bis zur Pensionierung noch schaffen bzw. auch die Frühpensionierung zu erreichen hoffen. Vor diesem Hintergrund fragen sie sich, warum sie sich damit noch befassen sollen.

Diese Lehrerinnen und Lehrer haben von den unterrichtlichen Möglichkeiten, die sich durch den Rechnereinsatz im Unterricht ergeben, häufig klischeehafte Vorstellungen. Sie befürchten, dass Schülerinnen und Schüler den Computer mehr oder weniger als Spielzeug sehen und im Unterricht nur damit herumspielen; sie würden so nicht mehr zum Arbeiten und Lernen kommen. Dass der Computer und gute, d.h. beispielhafte bzw. empfehlenswerte neue Medien Schülerinnen und Schüler in Sinn- und Sachzusammenhängen zum Informieren, zum Überlegen und Entdecken, zum Kommunizieren und Kooperieren anregen könnten und dass diese Tätigkeiten *Lernprozesse* sind, weil sie das vorhandene Wissen der Kinder ergänzen, verändern, neu strukturieren, scheinen sie nicht zu wissen oder sich nicht vorstellen zu können. Diese Kolleginnen und Kollegen sehen keinen Sinn darin, ihren Unterricht grundsätzlich projektorientiert anzulegen.

> »*Die Auffassung, dass ein Lehrer* **Lehrer** *zu sein hat, ist weit verbreitet. Der Lehrer soll im Unterricht lenken und leiten. Er darf nichts aus der Hand geben. Der größte Einwand ist der, dass sie sagen: ›Dann machen die Schülerinnen und Schüler, was sie wollen, auch Krach.‹ Dass das Gegenteil der Fall ist, davon lassen sie sich kaum überzeugen, selbst dann nicht, wenn sie eine Gruppenhospitation gemacht haben. Dann sagen sie eben, dass es eine besondere Situation gewesen sei.*
> *Ganz erstaunlich ist, dass Leute, die von außen kamen und keine Fachleute waren, z.B. die Fernsehleute und Journalisten – an der Grundschule Schulstraße wurden sechs Rundfunkaufnahmen gemacht, an der Grundschule Pantrings Hof sieben Fernsehsendungen gedreht –, dass diese Leute das richtig einschätzen konnten. Die hatten einen Blick dafür und stellten fest, dass es viel ruhiger war und eine ganz andere Arbeitsatmosphäre herrschte als im ›normalen‹ Unterricht. Auch kritische Frageansätze waren massenhaft in vielen Interviews, denen man sich unweigerlich stellen musste, vorhanden. Die positive Grundhaltung auch dieser Journalisten ergab sich innerhalb von einer halben Stunde, nachdem sie den Unterricht einfach gesehen hatten*« (Interview).

Andererseits fiel auf, dass jene Kolleginnen und Kollegen, die neuen Arbeits- und Lernformen, neuen Unterrichtsmedien und auch der Durchführung dieses Projektes sehr offen und interessiert gegenüberstanden – die Protagonisten sozusagen – hohe Erwartungen hatten: Schülerinnen und Schüler sollten mit mehr Spaß und Motivation bei der Arbeit sein, diese Motivation sollte sich auf andere Projektbereiche übertragen, Schülerinnen und Schüler sollten immer selbstständiger arbeiten und in immer stärkerem Grad ihre Lernprozesse auch selbst organisieren.

Geschlechtsspezifische Unterschiede bezüglich der Akzeptanz neuer Medien im Unterricht wurden nicht beobachtet.

> *»Ich habe dieselben Beobachtungen gemacht wie mein Kollege, nämlich, dass es nicht unbedingt geschlechtsspezifische Verhaltensmuster gibt. Z.B. hat sich eine Kollegin, die keine Computerkenntnisse und -erfahrungen hatte, mit dem Rechner auseinandergesetzt und ist jetzt schon sehr gut dabei. Sie hat keinerlei Vorbehalte gegenüber neuen Medien und schon gar nicht gegen den Computer im Unterricht. Sie möchte das sehr gerne über das Projekt hinaus auch im Unterricht in anderen Bereichen einsetzen. So unzulänglich es auch sein mag, setzt sie den Rechner auch im Bereich Mathematik und Sprache ein.*
> *Die andere Kollegin hat gegenüber technischen Medien einen Horror, und trotzdem ließ sich mit ihr das ganze Naturgebiet erstellen. Sie arbeitete lieber mit dem Spaten als mit dem Rechner. Diesen Teil habe ich dann übernommen, um den Schülerinnen und Schülern den Rechner nahe zu bringen. Sie hat von Hause aus eine Abneigung gegen jede Art von Technik. Ich versuchte also ihr klar zu machen, dass sie dann auch einen Bleistift ablehnen müsse, da dies ja auch ein modernes Mittel sei. Man könnte ja auch eine Wachsscheibe nehmen oder ein paar Steine und etwas hineinritzen. Aber das Argument überzeugte nicht. Sie versucht aber, weil sie die Chancen des veränderten Lernens durch den Computer erkannt hat, ab dem 1. Schuljahr schon die Kinder an einen projektorientierten Unterricht heranzuführen«* (Interview).

Zur Akzeptanz des Computereinsatzes seitens der Eltern

Die Eltern wurden regelmäßig im Rahmen von Klassenpflegschaftsabenden über die jeweiligen Klassenlehrerinnen bzw. Klassenlehrer sowie durch die Schulleiter über das beabsichtigte Projekt bzw. über den Stand der Projektarbeiten informiert. Auch ihnen wurden Stundenhospitationen beim Schulleiter angeboten. Ziel war es auch hier, Verständnis und Akzeptanz durch Transparenz und Übertragung von Verantwortung zu erreichen.

Der Computer genießt bei den Eltern hohes Ansehen, ist er doch für sie ein Symbol für sozialen Aufstieg. Die Bedenken, die dennoch einige Eltern gegen den Computereinsatz äußerten, liegen begründet in einem tief verwurzelten und festen Verständnis von Unterricht aus ihrer eigenen Schulzeit im Sinne von *Lehren*. Schule hat danach die Aufgabe, den Schülerinnen und Schülern einen möglichst großen Wissenskanon, »Kreuzworträtselwissen« zu vermitteln. Jede Stunde, die nicht der rein additiven Wissensakkumulation gewidmet ist, erscheint ihnen als verloren. In diesem Sinne genießen Unterrichtsformen wie Kleingruppen-, Projekt- und Freiarbeit und auch der Computer das Ansehen von nicht ernst zu nehmenden Unterrichtsspielchen. Die Eltern haben Ängste, dass durch solche Aktivitäten die Karrierechancen ihrer Kinder verspielt oder zumindest beeinträchtigt werden, weil ihren Kindern Wissen für die weiterführenden Schulen – insbesondere die Gymnasien wurden genannt – fehlen würde. Und durch arbeitsteilige Gruppen- oder Projektarbeit würden die Schülerinnen und Schüler sich ja nur noch mit einem Thema beschäftigen und nicht mehr den gleichen Wissensstand haben. Infolgedessen kamen einige Eltern mit Unverständnis in die Schule. Durch dieses Verhalten der Eltern fühlten sich jene Kolleginnen und Kollegen bestätigt, die anfangs Bedenken gegen das Projekt geäußert hatten.

Diese Vorstellungen von Unterricht und anspruchsvolle Karrierewünsche für ihre Kinder sind besonders bei den Eltern aus den mittleren bis höheren sozialen Schichten ausgeprägt.

»Da muss man schon ein breites Kreuz haben und einiges auffangen. Aus der Unkenntnis heraus, es seien nur naturwissenschaftliche Themen im Sachunterricht behandelt worden und nichts anderes, die Kinder hätten also nur im Gelände herumgewerkelt und mit dem Spaten gearbeitet, kamen diese Eltern zu der Meinung, dass man davon natürlich keine ›Medizin‹ studieren könne. Das ist nicht immer positiv. Inzwischen hat sich das so beruhigt, dass man sehr mit der Arbeit einverstanden ist« (Interview).

Eine Kollegin: »Das Problem liegt in den Köpfen! Von den Gymnasien wird gesagt, das und das wird von den Kindern erwartet.

Andererseits wird nicht zur Kenntnis genommen, dass Gymnasien ja auch neue Richtlinien und Lehrpläne bekommen, die diese Unterrichtsformen fördern [...] Aber es ist doch klar, diese Kolleginnen und Kollegen müssen das ja auch erst verinnerlichen, und das wird einige Zeit dauern, das ist ein Entwicklungsprozess. Ein Gymnasium hier ist auf dem Weg dahin und versucht, unsere Arbeit zu unterstützen« (Interview).

Ein Großteil der Eltern kam morgens in die Schule, sah sich das Arbeiten der Kinder an und hat sich in die gerade tätigen Gruppen integriert, d.h. sie arbeiteten mit am Teich, am Nutzgarten, an der Trockenmauer usw. solange, wie sie Zeit hatten und verschwanden dann still wieder. Diese Eltern spendeten auch Pflanzen, übernahmen notwendige Besorgungen oder der Opa baute mit den Schülerinnen und Schülern Nistkästen und hängte sie mit ihnen auf. Auch die eher skeptischen Eltern kamen und halfen; sie waren von der Arbeit und den Ergebnissen begeistert trotz ihrer oben erwähnten Grundeinstellung.

An der Grundschule Schulstraße wurden die Außenaktivitäten besonders positiv bewertet, weil die Kinder zu Hause kaum Möglichkeiten haben, sich in ähnlicher Weise zu betätigen oder aber die Eltern es nicht dulden, dass die Kinder selbsttätig arbeiten; sie haben die Befürchtung, dass sie es nicht gut genug machen könnten. Trotzdem war es für viele Eltern gewöhnungsbedürftig, dass die Schülerinnen und Schüler nach den Aussenarbeiten schon mal dreckiger nach Hause kamen.

Besonders gute Resonanz fanden die Veranstaltungen zur Öffnung von Schule, die während der mehrjährigen Projektdauer immer wieder durchgeführt wurden. Schülerinnen und Schüler führten Eltern in Gruppen durch das neu geschaffene Naturgelände und durch eine dokumentierende Fotoausstellung. Sie offerierten ihnen die erstellte Broschüre. Auch Ergebnisse aus anderen Vorhaben wurden bei dieser Gelegenheit gezeigt. Solche Aktionen wurden jeweils an den Elternsprechtagen, z.B. bei der Zeugnisausgabe wiederholt.

Durchführung und Ergebnisse

Sieben Kleingruppen mit je sechs bis acht Kindern haben sich nach einem gemeinsamen, gleichzeitig mit Kindern aus zwei Klassen stattfindenden Planungsgespräch gebildet:

- Teich als Lebensraum
- Trockenmauer
- Hecke als Lebensraum
- Nutzgarten
- Gestaltung der Schulhofhochbeete
- Tiere auf unserem Schulgelände
- Pflanzen auf unserem Schulgelände

Vorläufige Vorstellungen, Fragen, Probleme und der augenblickliche Kenntnisstand wurden in Gesprächen geklärt und schriftlich formuliert. Es wurden dann Informationen aus der Literatur und dem »Grünen Klassenzimmer« gesammelt und gelesen, Zeichnungen angefertigt. Die Arbeitsergebnisse wurden in elektronischen Arbeitsmappen gesammelt. Zusätzlich brachten die Kinder von zu Hause und aus der Stadtbücherei weitere Informationen mit. Ein Planungsgespräch aller Gruppen führte zu einer Gebietseinteilung des zur Verfügung stehenden Geländes. Ein genauer Lageplan half, die Wiese auszumessen und die verschiedenen Bereiche abzustecken. Die Kleingruppen arbeiteten nun draußen und im Klassenraum. Die Planungen wurden vor dem Hintergrund des konkreten Fortgangs der Arbeiten überprüft, gegebenenfalls korrigiert, weitergeführt und vervollständigt*. Der Computer mit dem »Grünen Klassenzimmer« war ständig im Einsatz.

Im Rahmen des Projektes wurden alle o.g. Projekte, die von den Kleingruppen geplant wurden, realisiert. Zusätzlich wurde im Nutzgarten eine Kräuterspirale gebaut und der Teich mittels einer selbstgebauten Wasserleitung mit Wasser versorgt. Bei der Gestaltung der Außenarbeiten (z.B. beim Auslegen der Teichfolie) leisteten auch die

* Broschüre »Naturgelände Pantrings Hof, Ein Projekt eigenständig lernender Kinder«, Grundschule Pantrings Hof, Herne.

Eltern aktive Mitarbeit. Die entstandenen Bereiche werden von den Schülerinnen und Schülern selbstständig betreut und weiterentwickelt. Die Schülerinnen und Schüler haben zudem gelernt, mit Rückschlägen fertig zu werden, weil infolge von Zerstörungen einige Arbeiten mehrmals ausgeführt werden mussten.

Rückblick und Ausblick

Bewährt haben sich die Medienecken, die durch Werkzeuge (Spaten, Säge, Stiefel ...) ergänzt wurden. Schülerinnen und Schüler nachfolgender Klassen durchforsteten die Medienecken, ordneten sie nach eigenen Gesichtspunkten, beschrifteten Regale neu, überlegten, wo Merkzettel mit Regeln für die Schreibwerkstatt und die Forschungsarbeiten hingehängt werden sollten usw., d.h. sie arbeiteten sich ein in den Projektstand durch das Schaffen eigener Strukturen.

Die Schülerinnen und Schüler benutzten die Rechner völlig selbstverständlich wie andere Medien auch; ein Run auf die Computer blieb aus. Sie wurden vielmehr als nützliches Unterrichtsmittel akzeptiert. Der Unterschied zwischen dem Schulcomputer (Hilfsmittel) und dem Computer zu Hause (Spiele) wurde als selbstverständlich angesehen.

Bei vielen Schülerinnen und Schülern hat eine Bewusstseinsänderung im Umgang mit der Natur stattgefunden, sie sind sensibler geworden, was auch Auswirkungen auf die nachmittägliche Nutzung des Schulgeländes hat. Pflanzen werden seltener zertreten, weniger Zweige und Äste werden abgeknickt bzw. heruntergerissen, Tiere werden nicht mehr zerquetscht, sondern vorsichtig beobachtet und aufgehoben; es wird überlegt, was damit jetzt zu tun ist. Die Achtung vor der Lebenswelt hat sich bei vielen Kindern gefestigt. Auch die Identifizierung mit »ihrem« Gelände, mit »ihrer« Arbeit, mit »ihrer« Schule ist gestiegen, so dass das Projekt auf der Schülerinnen- und Schüler-Ebene unzweifelhaft ein Erfolg ist.

> *»Gestern lief ein Kind durch die Beete, was von den Kindern, die diese angelegt hatten, beobachtet wurde. Die Kinder stellten den Schüler zur Rede, brachten ihn rein, und man versuchte, eine Lösung zu finden. Da kam von den Kindern der Vorschlag, dass dieses*

Kind mal mitarbeiten solle, um zu sehen, wie das ist mit den Pflanzen und Tieren. Heute gingen einige ins Naturgelände und fragten sofort, ob sie den Schüler jetzt holen sollten. Nachdem der Schüler eine Stunde mitgearbeitet hatte, sagte er: ›Das ist ja eine ganz tolle Sache, und ich habe das gesehen und das und das.‹ Dies war eine erste Reaktion, aber dieser Schüler hat plötzlich Leben wahrgenommen, was er sonst einfach mit Füßen getreten hat und darüber hinweggelaufen ist.« (Interview)

Alle Klassenlehrerinnen und -lehrer, auch die anfangs eher skeptischen, haben Hochachtung vor den Schülerinnen und Schülern bekommen, die gelernt haben, mit Rückschlägen fertig zu werden.

In vielen Klassen werden jetzt häufig biologische Themen aufgegriffen, Schwerpunkte ändern sich: Es wird mit Pflanzen experimentiert, Frühblüher werden gezogen, alles Dinge, die Kolleginnen und Kollegen sich vorher nicht zugetraut hatten. Schülerinnen und Schüler bringen solche Themen in den Unterricht hinein, und die finden dann auch Berücksichtigung.

Veränderungen gab es in der Unterrichtsorganisation: Schülerinnen und Schüler einer Gruppe wählten ihren Arbeitsschwerpunkt selbst, reflektierten zu Beginn einer Projektphase ihren Arbeitsstand und teilten ihr weiteres Vorgehen der Klasse mit.

Diese offenen Arbeitsformen vertragen keinen lehrerzentrierten Unterricht. Die beteiligten Lehrerinnen und Lehrer erlebten sich in einer veränderten Rolle als Koordinator bzw. Moderator von Lernprozessen. Als störend wurde der 45-Minuten-Stundenrhythmus empfunden, der so weit wie möglich durch zusammenhängende Projektphasen abgelöst wurde. Darüber hinaus erfuhren die Kolleginnen und Kollegen, dass sich ihre Unterrichtsplanungen immer mehr weg von der eigenen Klasse hin zu einem gemeinsamen Schulprogramm entwickelten (Delegation von Verantwortung und Partizipation an Verantwortung für die Schule).

Technikängste und Barrieren können durch arbeitsteilige Zusammenarbeit von Kolleginnen und Kollegen und durch Teamteaching vermieden werden. So genannte »Computerspezialkenntnisse« von Schülerinnen und Schülern erwiesen sich nur als temporäres Problem, bis die Lehrerinnen und Lehrer ihre Ängste abgebaut hatten.

Die Erfahrungen aus CompiG, dass projektartiges Arbeiten eine sinnvolle und notwendige Voraussetzung für das Arbeiten mit neuen Medien ist, wurden bestätigt.

Zur Implementation neuer Medien und neuer, projektartiger, offener, schülerorientierter Unterrichtsformen (neues Lernen) muss viel stärker auf breiter Plattform publik gemacht werden, dass dieses veränderte Lernen erfolgreicher ist. In diesem Sinne sind regelmäßige Fortbildungen der Kolleginnen und Kollegen notwendig. Auch die Universitäten und Ausbildungsseminare müssten stärker dieses Wissen vermitteln.

Die in und mit Schule befassten Menschen sind individuelle Persönlichkeiten mit unterschiedlichen Wertvorstellungen, Erfahrungen usw. Deshalb können Veränderungen Ängste, Unsicherheiten, Widerstände bei den Beteiligten hervorrufen. Diese Ängste und Widerstände enthalten Botschaften, die ernst genommen werden müssen. Hinhören, Ernstnehmen von Einwänden, Führen von Auseinandersetzungen, Verständigen und sich Zeit nehmen sind richtige und wichtige Kommunikationsformen. Das muss sich jede Schule immer wieder klarmachen.

Infolgedessen dürfen die o.g. Projektphasen nicht einfach mechanisch abgearbeitet werden, eine scheinbare Selbstverständlichkeit. Eine wichtige Funktion dabei kann eine temporäre Steuergruppe übernehmen, die aus Mitgliedern aller beteiligten Interessengruppen bestehen sollte, so dass jeder das Gefühl hat, ernst genommen zu werden. Das kann die Bereitschaft zur Mitarbeit und die Motivation erhöhen. Keinesfalls darf eine solche Gruppe nur aus den Protagonisten und aus Schulleitungsmitgliedern bestehen!

Wichtig für solche Projekte ist nicht nur Transparenz innerhalb der eigenen Schule, sondern es muss das gesamte Schulumfeld (Gemeinde, weiterführende Schulen usw.) mit einbezogen werden. Die weiterführenden Schulen und auch die Wirtschaft müssten die Sinnhaftigkeit solchen Lernens verdeutlichen und unterstützen, fordern sie doch Qualifikationen wie Teamfähigkeit, Flexibilität und die Bereitschaft zu lebenslangem Lernen.

Breite Öffentlichkeit wurde hergestellt durch die Teilnahme an Umweltwettbewerben, durch Presseveröffentlichungen sowie durch mehrmalige Rundfunk- und Fernsehaufnahmen. Die Resonanz war überwiegend positiv, so dass viele Nachbarschulen und Schulen aus anderen Städten kamen, um sich über das Projekt zu informieren.

Solche Rückmeldungen aufgrund der Öffnung von Schule erhöhen die Verständnisbereitschaft und die Akzeptanz und stärken das Vertrauen und das Selbstbewusstsein auch der Eltern, der Kolleginnen und Kollegen, geben ihnen Halt. Maßnahmen zur Öffnung von Schule sollten deshalb immer auch integraler Bestandteil der Projektplanung sein.

> »*Was ich nicht brauche*
> *Ich brauche kein Unterrichten. Bis jetzt nicht. Ich brauche keine didaktischen Theorien. Nicht solche. Ich brauche keine Schulbücher. Keine, die belehren wollen. […]*
>
> *Was ich brauche*
> *Ich brauche einen Halt. Einen Halt für mich, nicht für die Kinder. Etwas, was mir hilft, Geduld zu haben. Nicht zum letzten Mittel greifen zu müssen. Nicht unterrichten zu müssen.*
> *Ich brauche endlich ein stützendes Konzept. Ich brauche endlich stützende Ideen für Fragen. Ich brauche Vertrauen in das, was ich sehe. Ich brauche die Kraft, Eltern etwas zu erklären, was ich selbst nicht verstehe. Die ersten misstrauen dem System schon. Nicht, weil die Leistung nicht stimmt. Nein, weil ihre Kinder lernen, ohne zu arbeiten*« (Reschel 1997).

Inge Blatt

Der Computer im Deutschunterricht der Grundschule

Müssen Kinder im Computerzeitalter überhaupt noch lesen und schreiben lernen? Oder reicht die mündliche Sprachkompetenz und das Einprägen von Zeichen aus, weil Computer Diktiertes selbstständig aufschreiben, Texte vorlesen, Informationen bildlich darbieten und eine Kommunikation über das Anklicken von Symbolen ermöglichen?

Als Antwort auf solche Fragen zeichnet sich zur Zeit ab, dass gute schriftsprachliche Fähigkeiten angesichts technischer Entwicklungen, wie Fax, E-Mail und Internet wichtiger denn je sind. Die Anforderungen an die »Textkompetenz« (Dehn 1988), d.h. sach-, zweck- und adressatenbezogen zu schreiben und Texte zu verstehen und daraus Informationen zu gewinnen, steigen sogar noch durch die neuen Technologien. Computer mit Sprachfähigkeiten, die an die menschlichen heranreichen, sind Visionen und bleiben es vielleicht auch, wenn man z.B. die bisherigen Fortschritte bei Spracherkennungsprogrammen betrachtet (Storm 1996).

Welche neuen Herausforderungen kommen also auf die Grundschule durch die neuen Technologien zu? Sollen die Kinder möglichst schon im Vorschulalter mit dem Computer umgehen, da sie sonst Gefahr laufen, »Computeranalphabeten« zu werden, wie Klaus Haefner (1982) mutmaßt? Oder gerade im Gegenteil: Soll die Schulwelt der Kinder möglichst computerfrei sein, damit ihre »Wirklichkeit nicht allmählich verschwindet«, wie Hartmut von Hentig (1984) befürchtet?

Unser derzeitiger Wissensstand spricht gegen die beiden Extrempositionen. Erfahrungen von Lehrerinnen und Lehrern und Ergebnisse wissenschaftlicher Untersuchungen stimmen weitgehend darin überein, dass der Computer im Unterricht nur in Verbindung mit dem übrigen Lehr-Lern-Kontext eine Wirkung in die eine oder andere Richtung erbringt.

Wir kennen die Zusammenhänge aber noch nicht allzu gut. Daher erscheint es mir im Sinne der Kinder zu sein, dass die Ausstattung der Schulen mit Computer nur langsam voranschreitet. Vor einem Einsatz auf breiter Basis sollten Lehrkräfte auf gesicherte didaktische Modelle zurückgreifen können. Auf der anderen Seite ist aber auch die »Pionierarbeit« von Lehrerinnen und Lehrern wichtig, die in ihren Klassen sinnvolle Einsatzmöglichkeiten erproben. Nach Untersuchungen in den USA haben gerade ältere erfahrene Lehrerinnen ein großes Geschick, Computer für das Schreiben und Schreibenlernen in ihren Klassen zu nutzen.

Ich fasse in diesem Beitrag den derzeitigen Wissensstand zusammen, der Antworten auf die vier Hauptfragen gibt:

- Mit welchen Vorerfahrungen und Einstellungen kommen die Kinder in die Schule?
- Welche Anforderungen stellt Lesen und Schreiben mit Computer?
- Welche Unterrichtsziele erwachsen daraus für den Deutschunterricht in der Grundschule?
- Welche didaktisch-methodischen Konzepte sind geeignet?

Vorerfahrungen und Einstellungen der Grundschulkinder

Auch wenn in der Presse und in der öffentlichen Meinung häufig davon die Rede ist, dass »die Kinder heute« mit dem Computer aufwachsen, so liegen dazu keine verlässlichen Angaben vor. Wir haben weder Zahlen über die Verbreitung noch über die zeitliche Nutzung des Computers bei Kindern im Vor- und Grundschulalter. Über die Verwendung wissen wir dagegen ziemlich gut Bescheid. An oberster Stelle stehen Computerspiele und spielerische Lernsoftware, die unter den Begriff »Edutainment« fällt. Die wenigsten Kinder verfügen über nennenswerte Schreiberfahrung mit dem Computer. Kritzeln und erste Schreibversuche auf Papier bilden immer noch die Regel.

Die Einstellung von Grundschulkindern zum Computer wird vermutlich vom Elternhaus geprägt. Nach Aussagen von Lehrkräften und nach meinen eigenen Erfahrungen wird das Lernen mit und für den Computer von den Eltern mehrheitlich hoch eingeschätzt. Ein kleinerer Teil vertritt eine tendenziell oder sogar prinzipiell ablehnende Position.

Wie Vorerfahrungen und Einstellungen die Erwartungen der Grundschulkinder und ihre Haltung zum Lesen, Schreiben und Lernen beeinflussen, darüber fehlen gesicherte Erkenntnisse.

Welche Anforderungen stellt Schreiben und Lesen mit dem Computer?

Was ist neu beim Schreiben und Lesen mit dem Computer?* In der Textverarbeitung steht ein elektronisches Schreibwerkzeug zur Verfügung, das vielfältige Möglichkeiten zur Layoutgestaltung bietet. Das Geschriebene erscheint als »flüssiger Text« auf dem Bildschirm, der jederzeit spurlos verändert werden kann. Mit einem Drucker kann der Text beliebig oft vervielfältigt werden.

Der Gebrauch dieses Schreibwerkzeugs verlangt nicht nur eine Beherrschung der Technik, sondern auch die Fähigkeit, eigene Texte zu beurteilen, zu überarbeiten und abzuschließen. Ansonsten besteht die Gefahr, dass die Veränderungen nicht zu Verbesserungen führen und dass Texte »Baustellen« bleiben.

Über E-Mail-Adressen und sogenannte »Webseiten« im Internet können Menschen auf elektronischem Wege schriftlich kommunizieren bzw. Informationen anbieten und austauschen. Weltweite Verbindungen werden darüber in kürzester Zeit hergestellt. Die Nutzung verlangt wiederum technische Kenntnisse. Noch wichtiger ist aber die Fähigkeit, adressatenbezogen zu schreiben. Mails als eine informelle Textsorte führen nach bisherigen Erfahrungen leicht zu Missverständnissen und Missstimmungen.

* Vergl. im Folgenden: Blatt, I./Rockel, H.: Das Füchslein im Internet. In: Grundschule 10/1996, S. 52–56.

Die wohl weitgehendste Veränderung stellt die neue Textsorte »Hypertext« dar. Sie besteht aus einzelnen Informationseinheiten, die über Schlüsselwörter, so genannte Links, netzartig miteinander verknüpft und am Computer dargestellt werden. Die Texteinheiten können auch mit anderen Medien, wie Bild, Grafik, Video und Ton verbunden werden. Dann spricht man von Hypermedia. Bei den sogenannten elektronischen Büchern, wie Multimedia-Lexika auf CD-ROM, handelt es sich um Hypermedia.

Sowohl das Schreiben als auch das Lesen von Hypertexten bzw. Hypermedia stellt hohe Anforderungen. Schreibende müssen auf einer Makro- und Mikroebene operieren und Informationen selektieren, portionieren, komprimieren und semantisch verknüpfen. Leser können auf selbst gewählten Wegen durch einen Hypertext »surfen«, indem sie einen Link mit der Maus anklicken. Dabei können sie sich aber schnell verlieren, wenn sie nicht eigene Ziele bestimmen und daran festhalten.

Um sich in der Überfülle an Informationen zurechtzufinden, die ein Hypertext bietet, benötigen Leser Ansätze zu einem strukturierten Weltwissen. Nur dann können sie sinnvoll die Informationen auswählen, die ihnen weiterhelfen. Das steht im Gegensatz zur weit verbreiteten Auffassung, Schülerinnen und Schüler müssten sich im Informationszeitalter kein inhaltliches Wissen mehr aneignen, sondern nur Wege und Methoden kennen lernen, um Informationen zu gewinnen.

Sich mit Hypermedia zu informieren, setzt zusätzlich die Fähigkeit voraus, Bilder und Grafiken zu interpretieren und die Ergebnisse mit den Informationen aus dem Text abzugleichen.

Darüber hinaus sind Entscheidungsfreude, Zielstrebigkeit, Durchhaltevermögen, Kooperationsfähigkeit und Verantwortungsbewusstsein für das Schreiben und Lesen von Hypertext bzw. Hypermedia nötig.

Leser und Schreiber müssen sich immer von neuem entscheiden, welche Möglichkeiten sie wahrnehmen und wann sie ihre Arbeit für beendet erklären. Das erfordert zielgeleitetes Handeln und Durchhaltevermögen.

Kooperieren ist in mehrfacher Hinsicht notwendig. Die im Beruf erforderliche Zusammenarbeit bei der Lösung von Aufgaben geschieht zunehmend auf elektronischem Weg. Das setzt voraus, dass die Partner in der Korrespondenz aufeinander eingehen, Gedanken aufgreifen und weiterentwickeln. Auch Texte und insbesondere Hypertexte zu erstellen, verlangt in der Regel Teamarbeit. Weiterhin bedürfen computergeschriebene Texte in weitaus höherem Maße einer Fremdkorrektur als handgeschriebene, da Autoren beim Textschreiben mit Computer erfahrungsgemäß viele Fehler übersehen. Das hängt damit zusammen, dass sie mehrmals Änderungen vornehmen und dabei nicht alles löschen.

Verantwortungsbewusstsein ist in elektronischen Medien wegen des weltweiten unmittelbaren Zugriffes, der nicht rechtlich reguliert werden kann, von noch größerer Bedeutung als in Printmedien.

Welche Unterrichtsziele erwachsen daraus für den Deutschunterricht in der Grundschule?

Die spezifischen Ziele des Deutschunterrichts in der Grundschule beziehen sich auf das (schrift-)sprachliche System, die Ausübung des Schreib- und Leseprozesses, die (schrift-)sprachliche Handlungskompetenz, und die technischen Fertigkeiten.

Die neuere Didaktik schenkt der Ausübung des Lese- und Schreibprozesses besondere Beachtung und leitet davon als Hauptziel ab, dass Schülerinnen und Schüler erfahrene Leser und Schreiber werden.* Sie unterscheiden sich von unerfahrenen durch eine routinierte Ausübung des Schreib- und Leseprozesses. Das bedeutet insbesondere, dass sie sich eigene Ziele setzen, den Standpunkt eines Lesers einnehmen, Geschriebenes verstehen und beurteilen können, Teilprozesse, wie die Schreibtechnik und die Rechtschreibung, automatisiert ausüben und den Gesamtprozess überwachen.

Aus dem Vergleich dieser Fähigkeiten mit den in Absatz zwei beschriebenen Anforderungen ziehe ich den Schluss, dass Schreib-

* Zusammenfassung bei Blatt, I.: Schreibprozeß und Computer. Eine ethnographische Studie in zwei Klassen der gymnasialen Mittelstufe. Neuwied 1996, S. 17–41; 55–59.

und Leseerfahrung als Unterrichtsziel auch beim Lesen und Schreiben mit dem Computer ausreichen, wobei die technische Kompetenz hinzukommt und einzelne Komponenten ein besonderes Gewicht erhalten:

- *Teilfertigkeiten automatisieren.* Eine automatisierte Ausübung von Teilprozessen, wie routiniert Schriftzeichen zu produzieren, normgerecht zu schreiben, Wissen zu selektieren und zu organisieren, schafft Raum für die komplexen kognitiven und sprachlichen Aufgaben, die bei der Rezeption und Produktion von Texten und Hypertexten zu bewältigen sind, und für das Erlernen der technischen Fertigkeiten.
- *Ziele bilden.* Diese Fähigkeit hilft Schreibern, bei ihren komplexen Aufgaben, Ideen zu entwickeln, Wissen auszuwählen und das Geschriebene zu überarbeiten, nicht die Leitlinie aus den Augen zu verlieren. Die Zielbildung hilft Lesern, sich einen Weg durch die Überfülle von Informationen zu bahnen und sich nicht zu verzetteln. Zielorientierte Leser und Schreiber unterliegen nicht der Gefahr, sich von der Technik vereinnahmen und von ihrer Aufgabe ablenken zu lassen.
- *Geschriebenes verstehen und beurteilen.* Diese Fähigkeit ist beim elektronischen Lesen und Schreiben von grundlegender Bedeutung, weil ständig neue Entscheidungen verlangt werden, die nur dann sinnvoll getroffen werden können, wenn Texte in ihrer Bedeutung verstanden und inhaltlich und formal sicher beurteilt werden können.
- *Den Standpunkt eines Lesers einnehmen.* Die weltweiten Zugriffsmöglichkeiten und die schnelle Art der Übermittlung verleiht dieser Fähigkeit beim Schreiben ein besonderes Gewicht. Da in vielen wenn nicht in den meisten Fällen die Leser nicht bekannt sind, ist dies ein schwieriges Unterfangen. Der Aufgabe gerecht zu werden, erfordert eine soziale Kompetenz und eine positive Grundhaltung, das Vermögen, sich in andere hineinzuversetzen, und die Kenntnis anderer Kulturen.
- *Lese- bzw. Schreibprozesse überwachen.* Diese metakognitive Fähigkeit entscheidet darüber, wie erfolgreich Leser und Schreiber die Prozesse ausführen. Sie setzt eine Übung im Schreiben und ein

Wissen über den Schreibprozess und seine unterschiedlichen Teilanforderungen voraus.

Sind solche Ziele aber nicht viel zu hoch gegriffen für die Grundschule? Sollen Schreiben und Lesen in elektronischen Umgebungen überhaupt Bestandteil des Grundschullehrplanes werden? Sollen alle Schülerinnen und Schüler befähigt werden, Hypertexte zu schreiben oder reicht eine rezeptive Kompetenz aus?

Konkrete, wissenschaftlich begründete Antworten auf diese Fragen stehen noch aus. Wie sich die einzelnen Kultusministerien entscheiden werden, ist ebenfalls offen. Was aus heutiger didaktischer Sicht sinnvoll erscheint, darauf gehe ich im nächsten Abschnitt ein.

Welche didaktisch-methodischen Konzepte sind geeignet?

Ich stelle zwei Thesen an den Anfang:

These 1 Lesen- und Schreiben-Lernen für das elektronische Zeitalter ist nicht an den Computer gebunden.

These 2 Lesen- und Schreiben-Lernen für und mit dem Computer lassen sich erfolgreich verbinden.

Zu These 1. Ein wirksamer Einsatz des Computers hängt vom didaktisch-methodischen Konzept und seiner Durchführung ab. Die neuere Schreibdidaktik postuliert einen »Schreibunterricht«, der Anfangs-, Rechtschreib-, Grammatik- und Aufsatzunterricht verbindet (Baurmann 1990; Ludwig 1991). Dort sollen Schülerinnen und Schüler die für jede Art von Schreiben grundlegenden Fähigkeiten, Fertigkeiten und Kenntnisse erwerben und diese in und nach der Schule im Hinblick auf eine sich verändernde Schriftkultur zunehmend erweitern und komplexer ausbilden. Der unterrichtliche Weg dahin führt über angeleitetes Schreiben, kontrolliertes Üben und Reflexion (Augst 1988). Ein weiterer wesentlicher Bestandteil des Konzeptes ist die Verbindung von Schreiben und Lesen. Über Lektüre entwickeln Schülerinnen und Schüler eine Vorstellung vom Lerngegenstand Schriftsprache, erwerben zum Schreiben erforderliches Weltwissen, bilden Qualitätskriterien aus und üben sich im Textverstehen ein (Blatt 1996, S. 67–78). Schreiben ist wiederum ein besonderes Erkenntnismittel, das den Erwerb von Schreib- und Lesefähigkeiten wirksam unterstützen kann. Dem Schreibvorgang wohnt ein Verstärkungszyklus inne, da beim Schreiben Hand, Auge und Verstand beteiligt sind, das Schreibprodukt unmittelbar, sichtbar und dauerhaft als Grundlage für weiterführende Überlegungen zur Verfügung steht und wiederholte Analyse- und Synthesetätigkeiten die Gedankenarbeit vorantreiben (Emig 1977). Dies spricht dafür, rezeptive und produktive Schriftsprachkompetenz nicht zu trennen, sondern aufeinander bezogen zu vermitteln.

Weiterhin erwerben Schülerinnen und Schüler anhand der Schriftsprache eine auf Bilder und Töne übertragbare Fähigkeit, Bedeutung aus Symbolsystemen zu erschließen.

Vor dem skizzierten didaktischen Hintergrund gerät die oben gestellte Frage nach den Aufgaben des Deutschunterrichts der Grundschule in ein neues Licht. Entscheidend ist danach nicht, ob Kinder mit dem Computer schreiben, Hypertexte entwerfen und Mutimediasoftware benutzen. Wesentlich ist vielmehr, welche grundlegenden Kenntnisse über das System der Sprache ihnen vermittelt werden, wie sie beim Schreiben und Lesen angeleitet werden, wie anregend die Übungen sind, wie sie an das Verstehen von Texten herangeführt werden, in welchem Maße Interesse am Lesen und Schreiben geweckt werden. Ein solcher Unterricht wird sie befähigen, ihre Kenntnisse weiterzuentwickeln, während der Erwerb rein technischer Fertigkeiten bei der raschen Entwicklung auf dem Computersektor schnell zu veralten droht.

Zu These 2. Meine bisherigen Ausführungen bedeuten aber nicht, dass der Computereinsatz in der Grundschule überflüssig ist. In dem aufgezeigten didaktischen Rahmen können Computer sinnvoll als Lernmedium, Schreibwerkzeug und gegebenenfalls auch als Kommunikations- und Informationsmedium genutzt werden.

Für *Lern- und Übungszwecke* stehen Programme für Lesen, Rechtschreiben und Grammatik zur Verfügung. Darüber hinaus wurde vom Landesinstitut in Soest die neuartige Hypermedia-Arbeitsumgebung »Winnies Welt« (Cornelsen Software) für die Grundschule entwickelt, die vielfältige Lese- und Schreibanlässe im Rahmen von sachkundlichen Themen liefert (Heyden/Lorenz 1996). Wie Ergebnisse einer wissenschaftlichen Begleitforschung zeigen, nutzen Grundschulkinder diese Lernumgebung jedoch nicht in der erwarteten Weise zum selbstständigen Arbeiten (Schampel 1998). Ein solcher Befund spricht dafür, dass Kinder eine Anleitung zum selbstständigen Lernen benötigen, damit sie von den im Medium Computer liegenden Chancen profitieren können.

Das Angebot an Lern- und Übungs-Software nimmt ständig zu. Die Programme unterscheiden sich im Hinblick auf das zugrundeliegende System, die Darbietung, die Aufgabenstellung, die Erklärungen und die Rückmeldung. Es gibt Programme für einfache Computer, die in Anlehnung an Arbeitsblätter konzipiert sind, wie z.B. die E.T. Programme (Eugen-Traeger-Verlag). Sie sind auf Diskette erhältlich. Mittlerweile werden jedoch Multimedia Programme auf CD-ROM schon zur Regel. Sie enthalten Sprachausgabe und Computeranimationen und benötigen leistungsstarke Computer mit CD-ROM-Laufwerk, Soundkarte und eventuell Mikrofon. Dazu zählen Programme für Lesen und (Recht-)Schreiben ab Klasse 1. Das Programm TIM 7 Deutsch (Heureka Klett/Ubisoft) wurde mit dem Softwarepreis »Goldene Maus« ausgezeichnet, der von der Zeitschrift »Eltern for family« gestiftet wird. Weitere Beispiele sind die Rechtschreib-CD-ROM für Klasse 3 und 4 aus dem Duden-Verlag, Alfons (Schroedel) und TAO (Texte für Auge und Ohr, SWETS). Solche Programme liefern eine reichliche Auswahl an systematischen Übungen und Spielen zur Belohnung. Die Kinder können etwa Puzzles zusammensetzen, Melodien auf einem Xylophon nachspielen, Memory spielen oder ein Gespenst jagen. Eine neue Tendenz geht dahin, Fachinhalte ganz in Spielhandlungen einzubinden. Beispiele dafür sind »Meisterdetektive jagen Lork« (Cornelsen) für die 3. und 4. Klasse und Detektiv Langohr (TRIALOGO). Darüber hinaus gibt es ein zunehmendes CD-ROM-Angebot für das Training von Gedächtnis und Wahrnehmung, wie z.B. DuoDiff und MEMOGYM I+II (Prolog) oder AudioLog (flexoft). Speziell für den Nachmittagsmarkt sind die sogenannten Edutainmentprogramme konzipiert, wie z.B. Addy (Sierra Coktel).

Die Lern- und Übungsprogramme liefern den Lernenden eine unterschiedlich gute Rückmeldung. Sie ist entweder rein quantitativ oder aber qualitativ, nach Fehlerart aufgeschlüsselt. In jedem Fall ist das Feedback jedoch insoweit eingeschränkt, als nur das Ergebnis gewertet wird. Tippfehler werden nicht erkannt, und es wird nicht ausgewiesen, ob die Lösung durch einfaches Ausprobieren oder über eine Lernstrategie erreicht wurde.

Von Lehrkräften und Wissenschaftlern wird immer wieder beklagt, dass die meisten Programme die Möglichkeiten des Computers zum interaktiven Lernen nicht ausschöpfen, d.h., dass das Programm abhängig von den individuellen Lernbedürfnissen Aufgaben und Übungen anbietet. Das erscheint mir jedoch für den Bereich Sprache, zumindest aus jetziger Sicht, ein Wunschtraum zu sein, da Computer nicht verstehen, sondern nur aufgrund von Programmvorgaben sprachlich interagieren können. Die sprachlichen Möglichkeiten von Computern konnten in den letzten zehn Jahren zwar stark ausgeweitet und verbessert werden, aber ein grundlegender Durchbruch hin zu einem verstehensgenerierenden System ist der KI-Forschung (Künstliche Intelligenz) nicht gelungen.

Aus meiner mehrjährigen Arbeit mit Computerprogrammen ziehe ich einen anderen Schluss. Überlegungen zum Computereinsatz als Lernmedium im Schreib- und Leseunterricht sollten von der Frage ausgehen, für welche Zwecke und für welche Schülerinnen und Schüler neue Medien eine Verbesserung versprechen. Aus schreibdidaktischer Sicht erscheint Lernsoftware insbesondere für Übungszwecke geeignet mit dem Ziel, dass Grundschulkinder die Teilfertigkeit normgerechtes Schreiben und flüssiges Lesen automatisieren und gleichsam nebenbei eine technische Kompetenz erwerben. Dazu wählt die Lehrkraft aus verfügbaren Programmen Übungen im individuellen und Klassenlernzusammenhang aus. Fast alle Programme bieten die Möglichkeit, Wortschatz und Übungen für die jeweilige Klassensituation zu erweitern. Nach bisherigen Erfahrungen macht Grundschulkindern das Üben am Computer Spaß. Sie entwickeln dabei eine größere Ausdauer als beim Üben mit Papier. Unruhige Kinder können sich am Computer verhältnismäßig gut konzentrieren. Weiterhin geben Computerprogramme langsam lernenden Kindern und Kindern mit speziellen Problemen Gelegenheit, ein Gebiet so lange und so in-

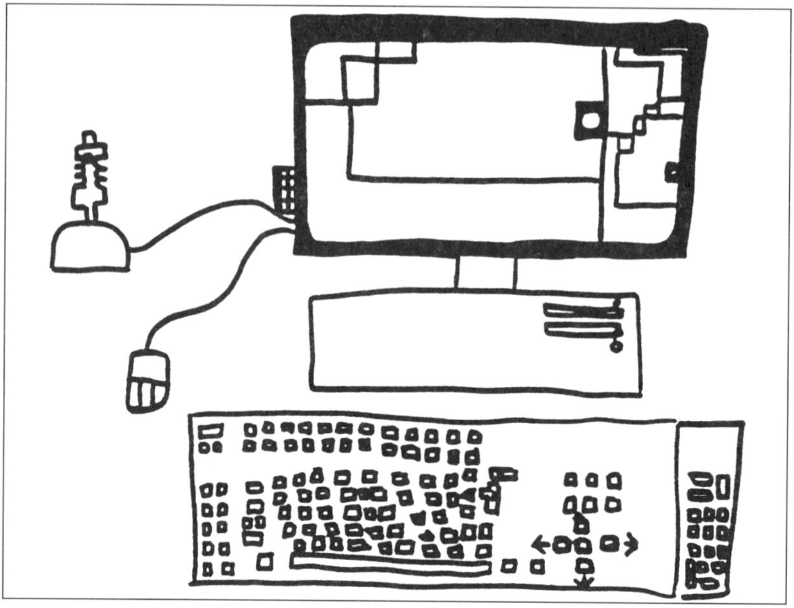

tensiv wie nötig zu üben. Zu Lernverbesserungen kommt es aber nur dann, wenn die Lehrkraft die Kinder beobachtet und leitet. Ansonsten kann die »Arbeit« am Computer in ein ziel- und sinnloses Ausprobieren ausarten. Wichtig ist auch, dass der Computer ein Medium unter anderen im Unterricht ist. Das erreichen Lehrerinnen und Lehrer, indem sie den Kindern dieselben Lerninhalte auf mehreren Medien in einer Art Zirkeltraining anbieten (Fuchs 1995).

Aus schreibdidaktischer Sicht ist entscheidend, dass die Übungen nicht isoliert durchgeführt, sondern in das Schreiben von Texten im Unterricht eingebunden werden. Dafür eignet sich nach bisherigen Erkenntnissen der Computer als *Schreibwerkzeug* in besonderer Weise, da er das Wechselspiel von sozialen, geistigen und technischen Prozessen beim Schreiben positiv beeinflussen kann (Kochan 1993). Schreiben mit Textverarbeitung führt unter bestimmten Bedingungen dazu, dass Kinder den Schreibprozess besser bewältigen, beim Schreiben fruchtbar kooperieren und die spurlosen Korrekturmöglichkeiten zur Arbeit an ihren Texten nutzen. Eine dafür förderliche Lernumgebung entsteht, wenn

- Kinder im Unterricht ausreichend Zeit zum Schreiben erhalten,
- die »innere Sprache« (Wygotski 1991) angeregt wird, etwa über Literatur, Bilder, Musik oder Gegenstände, die Schreibaufgaben emotional ansprechend und kognitiv herausfordernd sind,
- eine vertrauensvolle Atmosphäre in der Klasse herrscht,
- Kinder zusammenarbeiten und
- die Schreibberatung Hilfe zur Selbsthilfe anbietet.

Erfolgreiche Beratung spiegelt den Schreibenden die Wirkung auf den Leser zurück, damit sie lernen, ihre Texte mit den Augen eines Lesers zu lesen. Sie ermuntert die Kinder, eigene Ziele zu bilden und ihre entstehenden Texte unter diesem Blickwinkel zu lesen. Darüber hinaus hilft sie ihnen, ihren Schreibprozess zu überwachen, indem sie im konkreten Fall z.B. den Anstoß gibt, weitere Ideen zu sammeln, den Text zu überlesen und zu bewerten oder bestimmte Aufgaben zurückzustellen.

Wie bisherige Erfahrungen zeigen, schreibt ein Großteil der Kinder sehr selbstständig am Computer, so dass die Lehrkraft besonders diejenigen betreuen kann, denen das Schreiben von Texten schwer fällt. Wichtig ist, auch in diese Kinder das Vertrauen zu setzen, dass sie etwas mitzuteilen oder auszudrücken haben. Dass dies gerechtfertigt ist, kann ich aus meiner Arbeit mit funktionalen erwachsenen Analphabeten nur bestätigen (Blatt/Hartmann 1992). Gelingt es Kindern mit Schreibschwierigkeiten, einen Text zu schreiben, den sie und andere in einem sauberen Computerausdruck lesen können, so trägt dies dazu bei, dass sie ein Selbstbild als »Schreiber« entwickeln. Das hat Auswirkungen. Sie lesen dann auch mit den Augen eines »Schreibers«, was ihre Wahrnehmung für die schriftsprachlichen Normen in der Lektüre erhöht. Davon profitieren sie für ihr eigenes Schreiben. Und vermehrtes Schreiben wiederum fördert den Aufbau von Schreib- und Lesekompetenz.

In der laufenden Diskussion werden Überlegungen zum Hand- und Computerschreiben angestellt. Ich plädiere dafür, dass der Sprachliche Anfangsunterricht an die Schreib- und Kritzelerfahrungen der Kinder anknüpft und mit dem Handschreiben beginnt. Dafür spricht auch, dass die Schreibbewegungen mit der Hand gedankenanregend wirken. Ob dies für das Tippen ebenso gilt, ist noch nicht untersucht. Kindern, bei denen feinmotorische Schwierigkeiten auftreten, die das Schreibenlernen zu gefährden drohen, sollte aber der Computer als Schreibwerkzeug dennoch frühzeitig angeboten werden. Sie können über diesen Umweg auch zum erfolgreichen Handschreiben gelangen (Dehn/Heinrich/Wagner-Lueken/Weber 1991). Der Computer bietet sich für alle Erstklässler etwa ab dem 2. Schulhalbjahr als ein Schreibwerkzeug unter anderen an (Blatt u.a. 1989). Er eignet sich zum freien und angeleiteten Textschreiben und zur Einzel- und Partnerarbeit. Beim Schreiben mit dem Computer sollen die Kinder lernen, ihren Text wiederholt laut zu lesen. Das kann ihnen helfen, sich Schreibweisen zu erarbeiten. Nach bisherigen Beobachtungen machen sie schnelle Fortschritte darin, Wortzwischenräume zu setzen. Aus Sicht des genetischen Lernens empfiehlt es sich, die Kinder vorher mit der Technik des Druckens vertraut zu machen, wenn eine entsprechende Ausstattung vorhanden ist. Eine Schreibmaschine eignet sich zu Demonstrationszwecken, um den Kindern den mechanischen Weg vom Tastenanschlag zum Buchstabendruck erfahrbar zu machen. Zum Computer reicht m.E. die Erklärung aus, dass die Verarbeitung der Tastenanschläge elektronisch geschieht und daher nicht zu sehen ist, vergleichbar dem Anschalten des elektrischen Lichtes.

Wichtig ist, dass Hand- und Computerschreiben nicht konkurrieren, sondern einander ergänzen (vgl. Blatt 1996, S. 48ff., 67ff., 140ff.). Die Handschrift eignet sich besonders für Planungszwecke, der Computer für die Textproduktion. Der jeweilige Nutzen hängt aber auch von den individuellen Schreibstrategien ab. Die Forschung weist unterschiedliche Schreibertypen aus, je nachdem, ob Schreibende ihren Text bereits im Kopf entwickeln und ohne viel Änderungen niederschreiben (Mozarttyp) oder ob sie schreibend denken (Beethoventyp).

Als Textverarbeitungsprogramm sollte ein einfaches und übersichtliches Programm gewählt werden bzw. es sollten überflüssige Funktionen ausgeschaltet oder gar nicht installiert werden. Eine Überfülle an Möglichkeiten behindert die Orientierung auf dem Bildschirm und lenkt die Kinder vom Schreiben ab.

Diese Gefahr besteht vor allem bei so genannten Schreibunterstützungsprogrammen, wie dem »Creative Writer« (Microsoft). Das haben Erfahrungen in einer Hauptschulklasse (Jost 1996) ebenso ergeben wie die Arbeit mit den Studierenden in meinen Seminaren. Zudem liefert dieses Programm großenteils stereotype Schreibanregungen.

Den Gebrauch der Textverarbeitung lernen die Kinder am besten im Learning-by-Doing-Verfahren mit individueller Unterstützung durch Lehrkraft oder Klassenkameraden (Blatt 1992).

Ob und in welcher Form der Computer auch als *Kommunikations- und Informationsmedium* im Deutschunterricht der Grundschule eingesetzt werden soll, darüber lässt sich momentan noch wenig Verlässliches sagen. Erfahrungen aus dem Projekt »Transatlantisches Klassenzimmer«, bei dem Fremdsprachenklassen in Deutschland und USA via E-Mail kommunizieren, zeigen, dass ein elektronischer Briefwechsel als didaktisches Prinzip zu kurz greift, und geben den Anstoß zu einer Veränderung des Konzeptes.* Wie schon beim stichprobenhaften Lesen deutlich wird, verläuft die Korrespondenz nicht selten auf einem inhaltlich und sprachlich einfachen Niveau mit vielfachen Verstößen gegen schriftsprachliche Normen. Es dürfte für die Lehrkraft wegen der Textfülle sehr schwierig sein, darauf im Unterricht angemessen zu reagieren.

Zur Zeit werden im Netz Schülerzeitungen aus Grundschulen veröffentlicht, wie z.B. das »Füchslein« (Blatt/Rockel 1996), an die Leserbriefe via E-Mail geschickt werden können. Inwieweit sich daraus eine lernrelevante Kommunikation entwickelt, darüber wissen wir noch nichts. Grundsätzlich ist zu bedenken, dass die Inhalte von Schülerzeitungen der erweiterten Leserschaft im Netz angemessen sein müssen.

Eine prinzipiell sinnvolle Nutzung von Internet und E-Mail liegt darin, dass Lernende zu bildungs- und schulrelevanten Themen in virtuellen Schulräumen zusammenarbeiten und dabei auf Online-Mediotheken zu dem jeweiligen Themenbereich zurückgreifen können, die von einem redaktionell betreuten Bildungsserver zur Verfügung gestellt werden (van Lück 1996).

Abgesehen davon, dass die erforderlichen Voraussetzungen derzeit nicht gegeben sind, stellt sich die Frage, ob das telekommunika-

* http://www.hh.schule.de/tak/Welcome.html.

tive Lernen schon für Grundschulkinder angemessen ist und wenn ja, in welcher Form.

In den Diskussionen in meinen Seminaren wurden drei Aspekte herausgestellt.

Zum einen ging es darum, dass der Jugendschutz beim Surfen im Internet nicht gewährleistet werden kann. Daher waren die Studierenden mehrheitlich gegen einen Online-Zugang zum Internet im Grundschulunterricht, sondern allenfalls für eine Offline-Nutzung, für die Lehrerinnen und Lehrer ausgewählte Informationen herunterladen.

Zum anderen sahen Studierende im telekommunikativen Lernen eine besondere Chance für integrative Klassen, wenn Kinder wegen spezieller Behinderungen nicht täglich am Unterricht teilnehmen können. In solchen Fällen können Kinder auf schriftlichem Wege zusammen arbeiten, was die Lernchancen für alle sehr fördern kann. Auswertungsergebnisse aus Schreibprojekten, die über elektronische Kommunikation durchgeführt wurden, stützen diese These (Hartmann/Feldner/Blatt 1994; Blatt/Hartmann/Feldner 1997).

Darüber hinaus wurde thematisiert, dass Grundschulkinder über Lesen und Kommunizieren im Internet ein schriftsprachliches Interesse entwickeln können, wenn sie keinen Zugang über Printmedien finden. Das kann für Kinder aus einem schriftfernen Milieu zutreffen, in deren Leben Bücher und Schreiben keinen Stellenwert besitzen, während der Computer mit Prestige verbunden ist.

Ob elektronisches Kommunizieren, Publizieren und Recherchieren die schriftkulturellen Erfahrungen erweitern und besondere Anreize zum Lesen- und Schreiben-Lernen schaffen kann, sollte untersucht werden. Erst wenn fundierte Ergebnisse vorliegen, kann entschieden werden, ob sich der Technikaufwand – Modem, Internetanschluss und leistungsstarker Computer – lohnt, oder ob telekommunikative Projekte in der Sekundarstufe I angesiedelt werden sollen, in der Schulen ohnehin im Rahmen der ITG bzw. IKG* mit entsprechender Technik ausgestattet werden.

* Die informations- und kommunikationstechnische Grundbildung (ITG, IKG) ist nach einem Beschluss der Bund-Länder-Kommission für Bildungsplanung verpflichtender Bestandteil an allgemeinbildenden Schulen und in der Sekundarstufe I angesiedelt. Sie wird im Rahmen unterschiedlicher Fächer vermittelt.

Als elektronische Informationsmedien sind Lexika und Angebote zu verschiedenen Sachthemen auf CD-ROM erhältlich.* Sie bieten Informationen in Wort, Bild, Video und Ton, die über Suchbegriffe, Symbole und Links auszuwählen sind.

Bei der Arbeit mit einem elektronischen Lexikon in meinen Seminaren zeigte sich, dass sich die Studierenden darin schwerer zurechtfanden als in einem Lexikon in Buchform. Dies kann damit zusammenhängen, dass entsprechende Vorerfahrungen mit diesem Medium fehlen. Es kann aber auch die Vermutung nahe legen, dass die Benutzung höhere Anforderungen stellt.

Ein weiteres Problem liegt darin, dass die multimediale Darbietung einzelner Ereignisse sehr knapp und ausschnitthaft ist, aber dennoch die ganze Wirklichkeit suggeriert. Sie kritisch zu rezipieren, verlangt Weltwissen und Lebenserfahrung. Ansonsten besteht die Gefahr, dass sich verfälschte Vorstellungen bilden. Schülerinnen und Schüler müssen daher im Gebrauch elektronischer Bücher methodisch geschult werden.

Erfahrungsberichte aus Unterricht, in dem die speziell für die Grundschule entwickelte Hypermedia-Arbeitsumgebung »Winnies Welt« eingesetzt wurde, zeigen auf, dass Grundschulkinder zur Verfügung gestellte multicodierte Informationen zu unterschiedlichen Themen effektiv nutzen können (Heyden & Lorenz 1996).

Ein sinnvoller Gebrauch von Literatur auf CD-ROM ist aus meiner Sicht in der Sekundarstufe für textanalytische, rezeptionsästhetische und literarhistorische Aufgaben möglich. Die Grundschule sollte sich auf Bücher und Tonträger konzentrieren. Um Kinder für Literatur aufzuschließen, kann Lesen, Vorlesen und Zuhören in einer angenehmen Atmosphäre voraussichtlich mehr beitragen als Literatur vom Bildschirm oder aus dem Computerlautsprecher. Das schließt jedoch nicht aus, dass Kinder auch über Bildschirmangebote erreicht werden können.

* Beispiele für Lexika: LexiKids, Mein erstes Lexikon oder Discovery (Universallexikon von Bertelsmann). Beispiele für Sachthemen im Grundschulbereich: Kuck mal Kunst, Kinder entdecken die Bibel.

Fazit

Der Computer kann als ein neuartiges Schreibwerkzeug und als ein Glied in der unterrichtlichen Medienkette beim Aufbau von Schreib- und Leseerfahrung mithelfen und Kinder gleichzeitig auf die neuen medienbedingten schriftsprachlichen Anforderungen vorbereiten. Kinder schreiben selbst Texte mit Hand und Computer und üben bestimmte Teilfertigkeiten mit Hilfe von Programmen ein.

Der Computer als Schreibwerkzeug entfaltet seine Möglichkeiten insbesondere im Rahmen des projektorientierten und fächerübergreifenden Unterrichts. Schreibprojekte zu literarischen oder sachkundlichen Themen haben aus schreibdidaktischer Sicht einen besonderen Wert, da sie Lesen, Schreiben und Lernen eng miteinander verknüpfen. Wie das in den angelsächsischen Ländern verbreitete »writing across the curriculum« zeigt, ist Schreiben ein wirksames Mittel zum Lernen (Flower et al. 1990). Es unterstützt den Verstehensprozess und trägt zur Klärung und Weiterentwicklung der eigenen Gedanken bei. Daher ist themenbezogenes Arbeiten dem beliebten Herstellen einer Zeitung vorzuziehen, es sei denn, dass Kinder selbst recherchieren und nicht nur über ihnen bekannte Sachverhalte schreiben.

Informationen und Literatur, die im Internet zugänglich sind und multimedial auf CD-ROM dargeboten werden, können in Projekten unter bestimmten Bedingungen, für bestimmte Lernziele und bei bestimmten Lern- und Motivationsproblemen sinnvoll genutzt werden. Ebenso verspricht eine Ausweitung des Unterrichts über elektronische Kontakte Erfolg, wenn dafür geeignete didaktische Konzepte entwickelt und erprobt werden.

Für die freie Arbeitszeit und die so genannten »Inselstunden« der »Verlässlichen Halbtagsschule« erscheint das gezielte Üben mit Lern- und Übungssoftware, das spielerische Erproben von Programmen aller Art, das freie Schreiben mit Textverarbeitung und das Kommunizieren über E-Mail geeignet. In diesem Rahmen können Lehrerinnen und Lehrer auch besonders gut erste Erfahrungen sammeln, zu welchen Zwecken, in welcher Form und für welche Kinder sie in ihren Klassen Computer einsetzen.

Software für die Grundschule

Knut Künkel / Rudolf Peschke

Software für die Grundschule

Schritte zu einer Positivliste

Schon der Hinweis »Schritte zu einer Positivliste« verrät, dass es mit der Unterrichtssoftware für Grundschulen nicht zum Besten bestellt sein kann. Anscheinend befinden wir uns auf dem Weg von etwas »Negativem« hin zu etwas »Positivem«, unternehmen vorsichtige Annäherungsversuche, haben aber das gewünschte Ziel noch nicht erreicht. Das Negative lässt sich mit einigen Zahlen schnell skizzieren: In der bundesweit geführten Datenbank SODIS, in der die Unterrichtssoftware dokumentiert wird, werden etwa 5.000 Programme ausgewiesen, von denen lediglich 70 als beispielhaft bezeichnet werden.

Die Prospekte von Verlagen, Anzeigen in Zeitschriften oder die Offerten auf Messen offerieren ein anderes Bild. Für Eltern und für Schulen gibt es offenbar eine Vielzahl von Angeboten, bezogen auf Fächer, für das Üben oder auch für spielerisches Lernen. Vorausgesetzt, ein Multimedia-PC steht im Klassenzimmer oder zu Hause, am besten noch mit einem Internetanschluss, dann können die Kinder auf die Informationsgesellschaft vorbereitet werden. Bei solchen Verheißungen ist für Lehrkräfte ebenso wie für Eltern eine Orientierung nicht einfach. Wo also steckt das pädagogisch »Gute«, wer befindet darüber und wie komme ich als Lehrperson zu einer konkreten Empfehlung?

Leider werfen solche Fragen eine Reihe von Schwierigkeiten auf, die Beratern ebenso wie den Käufern von Unterrichtssoftware den Weg zu einer Positivliste erschweren. Hinter dem Produkt, das auf dem Ladentisch oder im Versand erhältlich ist, verbergen sich Vorstellungen von Unterricht, von Inhalten und deren Aufbereitung, von Sichtweisen über einen Lerner oder auch Einstellungen zum Lernen, die für den Erwerber nicht unwichtig sind. Gleichzeitig ist Unterrichtssoftware aufgrund der erforderlichen Computerumgebung und Programmierung ein technisches Produkt, das mit seiner Aufmachung allzu leicht die pädagogischen Dimensionen überlagert.

Unterrichtssoftware aus unterschiedlichen Sichten

Unterrichtssoftware ist ein Sammelbegriff für eine Vielzahl von Programmen, die für pädagogische Aufgaben eingesetzt werden können. Schon in den Zeiten des computerunterstützten Unterrichts Ende der sechziger Jahre wurde in Übungsprogramme (drill and practice), tutorielle Programme, Simulation, interaktives Programmieren und lernergesteuerte Programme unterschieden. Heute wird im Zusammenhang mit der Datenbank SODIS dieses Gliederungsschema erweitert auf Typen, die früher nicht vorhanden waren. Beispielsweise werden Werkzeuge zum Schreiben, Rechnen, Recherchieren oder Kommunizieren sowie themenbezogene Datenbanken oder explorative Arbeitsumgebungen hinzugenommen. Trennscharf können solche Einteilungen allerdings nicht sein, weil sich viele Programme nicht eindeutig bestimmten Kategorien zuordnen lassen. Solche Aufgliederungen wollen einen Anhaltspunkt dafür geben, welche Struktur den Programmen unterliegt und in welchen unterrichtlichen Zusammenhängen sie möglicherweise eingesetzt werden können. Für eine Lehrerin oder für einen Lehrer, die sich für Unterrichtssoftware interessieren, sind jedoch weitere Differenzierungen notwendig.

Aus der Sicht von Unterricht und Schule

Aus der Sicht von Unterricht und Schule ergeben sich eher grundsätzliche Fragen an den Einsatz von Unterrichtssoftware:

- Passt die Software überhaupt zur üblichen Art des Unterrichts?
- Können unerwartete und nicht beabsichtigte Widersprüche oder Konflikte im Unterricht auftreten, wenn bestimmte Programme verwendet werden?
- Welches Lernarrangement ist sinnvoll, in dem die Software eingesetzt wird?

- Welche Lernarrangements sind erwünscht, welche sollen unbedingt vermieden werden?
- Wird daran gedacht, beispielsweise alle Schüler einer Klasse, nur ausgewählte Kleingruppen oder einzelne Schüler mit dem Programm lernen zu lassen?

Solche und weitere Fragen stehen im Zusammenhang mit dem Unterrichtsverständnis einer Lehrkraft oder auch mit dem Medienkonzept für einen Jahrgang beziehungsweise für die Schule. Das Interesse an einzelnen Programmen kann hier den Anstoß zu grundsätzlicheren Überlegungen geben mit dem Ziel, eine Verständigung über die gewünschten Lernarrangements oder allgemeiner, über die als sinnvoll erachteten Medienwelten in der Schule herbeizuführen.

Ein Beispiel für grundsätzliche Überlegungen ist die Frage, ob alle Schülerinnen und Schüler zeitgleich am PC lernen sollen oder genügen Medienecken in den Klassenzimmern? Im ersten Fall benötigt die Schule mindestens einen Computerfachraum, in den Klassen oder Gruppen zum Lernen hingehen. Solche herausgehobenen Situationen unterscheiden sich deutlich von der Nutzung einer Medienecke im Klassenzimmer im Rahmen einer Binnendifferenzierung. Natürlich sind mit einer solchen Alternative eine Reihe weiterer Aspekte verknüpft, die sich von der finanziellen Ebene, über unterrichtsorganisatorische Überlegungen bis hin zu Unterrichtsinhalten erstrecken können.

Aus der Sicht von individuellen Lernprozessen

Unterrichtssoftware wird an Lernprozessen des individuellen Lerners ausgerichtet. Sie ist immer dann, wenn sie nicht nur ein offenes Werkzeug ist, ein antizipierter und materialisierter Lernprozess. Insofern hat Unterrichtssoftware ähnliche Elemente wie ein sehr gründlich vorbereiteter Unterricht. Jeder vorbereitete und vorgeplante Unterricht nimmt gedanklich ein Stück Unterrichtsgeschehen vorweg und transformiert diese Unterrichtssequenz in Informationseingabe, Materialien, Sitzarrangements, Zeiteinteilungen, erwartete Schülerbeiträge und Moderationsphasen. Unterrichtssoftware beinhaltet ihrerseits diese Anteile. Mit der Fertigstellung des Produkts ist entschieden, wie mit der Software im Unterricht umgegangen werden kann. Natürlich können je nach Programm sehr viele Freiheitsgrade eingebaut worden sein, zum Beispiel für Voreinstellungen, die von der Lehrkraft vorgenommen werden können, bevor Schüler mit dem Programm lernen, oder für Lernwege, Navigation durch den Lernstoff und Antwortmöglichkeiten der Lernenden. Im Unterschied zum lehrergeführten Unterricht sind beim Einsatz der Unterrichtssoftware jedoch keine spontanen, also nicht vorgedachten Änderungen möglich. Weder können bei Bedarf zusätzliche Informationen eingebracht werden, noch können Schüler situativ emotional und motivierend angesprochen werden.

Während die Lehrkraft bei noch so detaillierter Vorbereitung nicht an der Vorgabe festhalten muss, sondern während des Unterrichtsprozesses auf nicht vorhergesehene Ereignisse reagieren kann, kann es diese Flexibilität bei Unterrichtssoftware nicht geben. Dieser Schwierigkeit begegnet Unterrichtssoftware über die Interaktionsmöglichkeiten, die für Lerner unterschiedlich freizügig eingerichtet werden können. Mit Unterrichtssoftware aus der Kategorie lineare und verzweigte Übungs- und Lernprogramme sind die antizipierten Lernprozesse sogar bis in einzelne Schritte hinein vorüberlegt und vorbestimmt, bei explorativen Arbeitsumgebungen bestehen weit größere Freiheitsgrade und die Lernenden treffen durch ihre Aktionen Entscheidungen für den Verlauf von Lernprozessen. Das Programm stellt in diesem Fall das Lernmaterial zur Verfügung, während der Lernprozess, soweit es das Programm zulässt, lernergesteuert ablaufen kann. Doch alle Freiheitsgrade in einem Programm, selbst durch Hinzunahme eines Internetzuganges, bleiben in einem vorgegebenen Rahmen. Die Möglichkeit zur situativen Einflussnahme auf Lernprozesse durch eine professionelle Lehrkraft wird Unterrichtssoftware nicht erreichen können.

Aus der Sicht des Entwicklers

Bei vielen Programmen ist die Sicht des Programmierers entscheidend für die pädagogische Qualität, aber auch für den Markterfolg. Da bisher Unterrichtssoftware selten durch Auftragsarbeit von Pädagogen an Programmierer entsteht, sondern inhaltlich und technisch von engagierten Individuen entwickelt wird, werden dort auch qualitative Grundentscheidungen getroffen. Die Vorstellungen einzelner Personen zu bestimmten Inhalten, zu Unterricht und zu Lernprozessen bilden sich ab in Sequenzen und Strukturen des Programms. Auf diesem Hintergrund wird auch die Bedeutung von psychologischem und wahrnehmungsbezogenem Wissen über den Lerner deutlich. Je mehr Verständnis über den individuellen Lernprozess vorliegt, umso präziser und effektiver kann Unterrichtssoftware darauf eingehen. Eine Stärke, die dieses Medium gegenüber anderen Lehr- und Lernformen auszeichnen kann. Selbstverständlich spielen informatische Kriterien wie Funktionalität, Benutzeroberflächen, Animationen und insgesamt die Performance des Programms ebenfalls eine wichtige Rolle für die Akzeptanz des Produkts. Trifft der Entwickler den »Geschmack« vieler Lehrkräfte, dann ist ihm der Markterfolg sicher. Programme, die einfach handhabbar sind, die sich leicht und unkompliziert in den üblichen Unterrichtsablauf einfügen lassen, die inhaltlich und methodisch keine besonderen Aufwendungen verursachen, solche Programme lassen sich in größerer Zahl absetzen. Widerspiegelt das Programm die Vorstellung von Unterricht und vom Lernen, die der Erwerber teilt, dann sind weniger Hemmnisse zu überwinden, als wenn das Programm neue Anforderungen transportiert. Sollen bei der Erstellung von Unterrichtssoftware pädagogische, fachliche, psychologische und informatische Aspekte mit hohen qualitativen Ansprüchen berücksichtigt werden, dann wird deutlich, dass die Softwareerstellung ein sehr komplexer und interdisziplinärer Prozess sein kann, an dem sehr unterschiedliche Kompetenzen beteiligt werden müssten. Das noch immer schmale Marktsegment für Unterrichtssoftware bietet für ein solches sehr teures Vorgehen keine Spielräume.

Auf dem Weg zur »Positivliste« ist es schon bedeutsam, dass Unterrichtssoftware dazu beitragen soll, ein qualitativ besseres Lernen zu unterstützen. Programme, die lediglich das substituieren, was im herkömmlichen Unterricht auch passiert, können zwar unter dem Aspekt der Motivation punktuell interessant sein, sie müssen sich aber die Frage nach Aufwand und Nutzen stellen lassen. Erfreulicherweise gibt es zunehmend Programme im Angebot, die Unterricht inhaltlich und methodisch in einer Weise ermöglichen, wie es mit herkömmlichen Methoden nicht oder nur sehr unbefriedigend möglich ist. Für Unterrichtssoftware, die zu neuen Lehr- und Lernformen beitragen können, indem sie Synergieeffekte von Medium und modernen Unterrichtsformen ausloten, wird noch viel Entwicklungsaufwand erforderlich sein.

Unterrichtssoftware aus der Sicht von Beratung

Ebenso wie die Zahl der Computer in den Privathaushalten von Jahr zu Jahr zunimmt, vergrößert sich auch Jahr für Jahr die Zahl derjenigen Grundschullehrer und -lehrerinnen, die sich hilfesuchend an Beratungseinrichtungen wenden. Mitunter widmen ganze Schulen dem Computereinsatz an der Grundschule einen pädagogischen Tag oder eine pädagogische Fortbildung. Die überregionalen Fortbildungseinrichtungen können die gewaltige Menge der Fortbildungshungrigen in diesem Bereich kaum noch bewältigen.

Die unterschiedlichen Vorkenntnisse der Ratsuchenden sind immens. Die Bandbreite reicht dabei von denen, die zu Hause schon einen Computer besitzen und selber nutzen, bis zu denjenigen, die einen PC von Eltern ihrer Schüler gespendet bekamen, aber keinerlei Kenntnis über die Anwendungsbereiche des Computers besitzen.

Von manch Ratsuchendem scheint dem Computer eine Omnipotenz zugeschrieben zu werden: Der Computer wird den Schülern bzw. Schülerinnen das leicht näher bringen, was den Lehrern manchmal so schwer fällt und nicht immer zu gelingen scheint. Der Computer als Fördermaschine, eingesetzt da, wo der Mensch (Lehrer/Lehrerin) scheinbar versagt.

Viele Schulen arbeiten ausnahmslos mit ausrangierten DOS-Computern (auf die sich im Folgenden bezogen wird) spendefreudiger Firmen. Die Spender dieser Geräte sind froh einen Abnehmer gefunden zu haben, der nicht auch noch Gebühren für die Entsorgung der Computer verlangt. Dies bedeutet dann aber, dass diese Computer in der Regel mehrere Jahre alt sind und ihr Standard lange überholt ist. Eine weitere Folge des Alters dieser Geräte kann ein erhöhter Reparaturbedarf sein. Da sie aber alten Standards entsprechen, sind im schnelllebigen Computerzeitalter zum Teil keine Ersatzteile mehr zu bekommen. Glücklich ist dann noch derjenige, der in seiner Asservatenkammer gleichartige Geräte gesammelt und dazu hilfsbereite Eltern an der Hand hat, die bereit und in der Lage sind, aus mehreren defekten einen funktionsfähigen Computer zusammenzubasteln.

Das was wir heute noch Computer nennen, kann morgen schon restlos veraltet und von technischen Entwicklungen überholt sein. Die Veränderung vollzieht sich sowohl im Hardwarebereich als auch im Softwarebereich. Waren vor fünf Jahren 20 Megabyte große Festplatten völlig ausreichend zum Einsatz mehrerer Programme, benötigen manche Programme heute ganz alleine das gesamte Festplattenvolumen. Andere Programme kommen mit diesen Festplatten schon lange nicht mehr aus und benötigen ein Vielfaches dieses Volumens. Zum Teil werden zur Verwendung der Software CD-ROMs benötigt, mit der Folge, dass ein CD-ROM-Laufwerk vorhanden sein muss. Immer häufiger sind Programme sprachunterstützt. Soundkarten mit angeschlossenen Lautsprechern sind daher schon fast durchgängig zwingend erforderlich. Damit Programme mit solch riesigen Datenmengen (zum Beispiel durch die Verwendung bewegter Filmsequenzen), in den Unterricht einbezogen werden könnten, wäre im Augenblick ein Windows-fähiger Rechner mit einem 486er-Prozessor, der mit mindestens 8, besser jedoch mit 16 Megabyte Arbeitsspeicher ausgestattet ist, erforderlich. Schulen, die in Deutschland solch eine Ausstattung vorweisen können, sind aber wahrscheinlich nur selten anzutreffen.

Selbst wenn es erstrebenswert erscheint, mit den neuesten aufwendigen multimedialen Programmen zu arbeiten, sehen die Möglichkeiten für die meisten Grundschulen anders aus. Ein Kriterium für die Softwareauswahl muss daher auch immer die vorhandene Hardware sein.

Alte Geräte

Eine Erleichterung bei der Arbeit mit den »veralteten«, zum großen Teil nicht Windows-fähigen Geräten, ist die Nutzung einer Menüoberfläche. Ein Menü ist eine auf dem Computerbildschirm erscheinende Liste oder eine Ansammlung von grafischen Zeichen, die es dem Benutzer erlaubt, durch Drücken einer Tastaturtaste oder durch Klicken einer Maustaste auf das Element einen Programmaufruf zu veranlassen. Dieses Menü soll auch Computeranfängern den Zugriff auf Programme erlauben, ohne sich mit dem MS-DOS Betriebssystem auseinandersetzen zu müssen.

Es gibt zwei sinnvolle Verfahrensweisen. In dem einen Menüsystem wird jedem installierten Programm ein Buchstabe zugeordnet. Durch Drücken des Buchstabens mit anschließender Bestätigung durch die Enter-Taste wird das Programm aufgerufen. Die zweite Variante besteht aus einer Liste, über die ein farbig hervorgehobener Balken auf das in Frage kommende Programm bewegt wird. Genau genommen wird der Balken natürlich nicht auf das Programm, sondern auf den zum Programm gehörenden Begriff bewegt. Durch Betätigung der Enter-Taste wird dann das Programm aufgerufen. Mitunter gibt es auch schon die sinnvolle Verknüpfung beider Systeme.

Manche Programme werden schon mit einem vorgeschalteten Menü ausgeliefert. Die Einbindung verlagsfremder Programme ist in der Regel nicht vorgesehen, dies wäre jedoch wünschenswert. Für Computeranfänger wäre eine hilfegeleitete Einbindung in das entsprechende System sehr entlastend.

Die an beweglichen Icons orientierte Oberfläche von Windows ist für den Grundschuleinsatz nur bedingt geeignet. Die Probleme liegen in der unbeabsichtigten Veränderbarkeit der Oberfläche und im motorisch schwierig zu handhabenden Doppelklick zum Aufruf der Programme.

Programmstabilität versus Pädagogik

Ob ein Förderprogramm ausschließlich von Programmierern oder ausschließlich von programmierenden Pädagogen erstellt wurde, wird meist sehr schnell erkennbar. Die Software der Pädagogen zeichnet sich manchmal durch Programmiermängel aus, die sich u.a. in einer fehlenden Absturzsicherheit zeigt.

Die Software der Programmierer glänzt hingegen häufig durch eine saubere Programmierung. Die Programme fallen jedoch auch wegen ihrer einfallslosen, undifferenzierten Machart und der Vernachlässigung methodisch-didaktischer Aspekte auf. Häufig sind es gerade diese Programme, die von Kritikern der Übungsprogramme als Begründung für die Ablehnung für solch einen Einsatzbereich an der Grundschule angeführt werden. Software für die Schule muss in Zusammenarbeit dieser beiden Personengruppen entstehen. Erfahrungen aus der Praxis müssen zu einer beständigen Weiterentwicklung der Software führen.

Damit nicht nur »Profis« Software einsetzen können, sollte der Software Begleitmaterial beiliegen. Aus diesem muss hervorgehen, wie das Programm installiert werden kann, welche didaktischen Überlegungen zugrunde liegen und welche programmtechnischen Besonderheiten (Hardwareansprüche, Speicheranforderungen, ...) zu berücksichtigen sind. Diese Informationen können auch Bestandteil des Programmes selber sein, es muss aber dann im vorhinein darauf hingewiesen werden und auch darauf, wie man diese Informationen erhalten kann. Denkbar wäre der Ausdruck über einen Extraprogrammteil.

Ebenso wie das übergeordnete Menü übersichtlich gegliedert sein muss, erfordert das »innere« Programm-Menü Übersichtlichkeit und klare Durchgliederung. Komplizierte und langwierige Voreinstellungen, die die Schüler selber vornehmen müssen, erschweren es, beziehungsweise machen es unmöglich, solche Programme in den Unterricht einzubeziehen.

Edutainment

In den letzten Jahren häufen sich Programme, die unter dem Begriff Edutainment in die Schulen und Familien dringen. Unter Edutainment wird eine Verbindung von Education (Bildung, Ausbildung) und Entertainment (Unterhaltung) verstanden. Bei dieser Art von Programmen, die nicht zufällig häufig von großen Spielsoftwareherstellern vertrieben werden, überwiegt im Programmgeschehen zeitlich und inhaltlich die animierte Spielsituation. Die zu übenden Inhalte sind in der Regel viel zu weit gefasst.

Zielgruppe dieser Programme ist nicht mehr die Schule, sondern sind die Eltern, als zahlungskräftiger, neu zu erschließender Markt.

Dies ist auch erkennbar an dem Ort, an dem diese Produkte erworben werden können, es sind immer weniger pädagogische Einrichtungen oder Fachgeschäfte, sondern zunehmend Kaufhäuser und Großmärkte.

Beurteilungskriterien

Der gegenwärtige unterrichtliche Computereinsatz an der Grundschule betrifft in erster Linie die Bereiche »Einsatz von Lern- und Übungssoftware« und »Gestaltung von Texten«. Für beide Bereiche müssen an die Software bestimmte Minimalanforderungen gestellt werden.

Bei der Bildschirmgestaltung dürfen nur zur Bearbeitung notwendige Details berücksichtigt werden, so dass in jedem Programmteil ein klarer übersichtlicher Bildschirm präsentiert wird. Die dargestellten Programmsymbole müssen ebenso wie die verwendete Sprache dem Lesevermögen und den Fähigkeiten der Schüler entsprechen. Dementsprechend ist es nicht sinnvoll, für einen im Zahlenraum bis zehn übenden, das erste Schuljahr besuchenden Schüler folgende Erfolgsmeldung zu präsentieren: »Hans, das hast du großartig hingekriegt.«

Die benutzten Zahlen und Buchstaben müssen ausreichend groß erscheinen und den ansonsten im Unterricht verwendeten Schrifttypen entsprechen. Die Präsentationszeit muss die Aufnahmefähigkeit der Schüler berücksichtigen.

Alle Teile eines Programmes müssen einen engen didaktischen Rahmen haben. Da wo es sinnvoll ist, z.B. bei der Übung des Klassenwortschatzes, müssen die Programmdaten jedoch zusätzlich durch einen zum Programm gehörenden Editor veränderbar sein. Durch diese Veränderungsmöglichkeit oder Ergänzung der Vorgaben können Programme individuell zugeschnitten werden. Die zum Grundwortschatz gehörenden Wörter sollten optional durch Bilder und die dazugehörenden gesprochenen Begriffe ergänzt werden können.

Rückmeldungen sollten sofort erfolgen. In diesem Zusammenhang ist besonders die Programmreaktion auf Fehleingaben interessant. Findet eine automatische Einstellung auf das Leistungsniveau statt? Wird eine Hilfestellung gegeben? Wie sieht die Hilfestellung aus? Wird nur mitgeteilt, dass die Eingabe falsch war, oder lässt gar in dramatischer Zuspitzung ein außerirdisches Wesen bei Falscheingabe die Fühler hängen, worauf die Aufgabe nach einigen Minuten ohne sonstige Hilfe noch einmal präsentiert wird? Mitunter wird auch zur Lösung mathematischer Gleichungen eine Stelle eines mehrstelligen Ergebnisses im Wert angezeigt. Diese Hilfestellungen sind pädagogisch fragwürdig und nutzen längst nicht die Möglichkeiten, die dieses Medium bieten kann und die Kritiker von Übungsprogrammen zu dem Schluss kommen lassen, dass es keinen Unterschied macht, ob auf einem Arbeitsblatt oder am Computer Übungen durchgeführt werden. Pädagogisch sinnvolle Software sollte Anschauungshilfen geben. Diese Hilfe könnte in Mathematik z.B. in einer Simulation der Rechenvorgänge bestehen. Die Möglichkeiten der grafischen Darstellung von Operationen, die der Computer bieten kann, müssen genutzt werden. Leider geschieht dies noch in viel zu wenigen Programmen.

Eine Protokollierung der Ergebnisse als Datei oder Ausdruck kann im Einzelfall sinnvoll sein, sollte aber überwiegend positiv formuliert werden. Automatische Beurteilungen in Form von Noten erscheinen eher demotivierend und fördern die Konkurrenz statt die Freude am Lernen.

Sicher nicht vorrangig, aber im Schulalltag für Lehrer und Schüler entlastend, ist die Option eines Programmes, den Ton abschalten zu können.

Eine Tastaturverzögerung, die eine Wiederholung des selben Zeichens bei längerem Tastendruck verhindert, ist für viele Grundschüler anfangs sehr hilfreich und erleichtert auch körperbehinderten Schülern die Arbeit am PC.

Auf die Notwendigkeit, dass die zum Einsatz kommende Software den gültigen Lehrplänen entsprechen sollte, braucht hier nicht ausführlicher hingewiesen zu werden.

Die praktische Arbeit am PC wird dadurch erleichtert, dass nicht in jedem Teilbereich mit anderen Programmen, mit zum Teil völlig unterschiedlicher Benutzerführung, gearbeitet wird, sondern indem auf Programmpakete zurückgegriffen wird, die ein breites Spektrum abdecken.

Grundsätzlich gelten in allen Bereichen, in denen der Computer in den Unterricht der Grundschule einbezogen wird, die gleichen Anforderungen an Klarheit des Bildschirmaufbaus und Eindeutigkeit der Menüführung. Für die Einbeziehung der computerunterstützten Gestaltung von Texten gelten für Textverarbeitungen darüber hinaus noch einige besondere Anforderungen, die sich auf den Umfang der Textverarbeitungen beziehen. Für Schreibanfänger reicht es völlig aus, wenn die Textverarbeitung das Speichern, Laden und Drucken von Texten ermöglicht. Die ausreichend groß dargestellten Buchstaben, sollen den im Unterricht verwendeten entsprechen. Die Möglichkeit der Korrektur im Text muss ebenso, wie ein automatischer Zeilenumbruch und eine Leerzeileneinfügung vorhanden sein. Im Prinzip kann eine solche Textverarbeitung für die gesamte Grundschulzeit völlig ausreichen.

Im Laufe ihrer Grundschulzeit können Schüler jedoch auch an die Arbeit mit immer komplexeren Oberflächen und Arbeitsgängen herangeführt werden.

Mit »grafischen« Textverarbeitungen, z.B. unter Windows, können die Schüler lernen, Texte im Sinne eines Layouts, zu bearbeiten. Die Bedieneroberfläche sollte dabei an die individuellen Bedürfnisse anpassbar sein. Text sollte in unterschiedlichen Größen und Schrifttypen abgewandelt werden können.

Die Einbeziehung und Bearbeitung von Bildern kann für verschiedene Projekte (Geschichtenbücher, Plakate, Einladungen ...) einerseits durchaus eine Bereicherung sein, andererseits besteht die Gefahr, dass sich ein Perfektheitsanspruch ausbildet, an dem gemessen die Schüler mit ihren selbst gemalten Bildern nicht mehr zufrieden sind.

Die Benutzung eines Rechtschreibkorrekturprogramms kann durchaus sinnvoll sein, da die Korrektur nicht vollautomatisch erfolgt, sondern hauptsächlich bei der Fehlersuche hilft.

Fazit

Die einzelne Lehrerin oder der einzelne Lehrer, der den Computer im Unterricht einsetzt, kann nicht in der Lage sein, sämtliche auf dem

Markt befindlichen Programme selbst nach oben beschriebenen Kriterien zu überprüfen und die für seinen Verwendungszweck sinnvollen auszuwählen. Hilfreich wäre sicherlich eine Positivliste oder ein Gütesiegel wie bei Stiftung Warentest. Die Komplexität pädagogischer Prozesse wird einem solchen einfachen, weil kontextfreien Verfahren jedoch immer entgegenstehen. Der Unterricht, die Lerngruppe, zuweilen auch der Lehrplan müssen bei der Einschätzung eines Programmes mitgedacht werden, sodass Erfahrungen an der einen Stelle nicht ohne weiteres generalisierbar sind. Dennoch gibt es die Möglichkeit, Eingrenzungen vorzunehmen und die Beliebigkeit einzuengen. So sind auch die »Positivlisten« entstanden, die in den Beratungseinrichtungen der Länder verwendet werden. Sie können auf gezielten Unterrichtserprobungen basieren, Erfahrungen von Lehrkräften berücksichtigen oder auch nur ein gemeinsames Verständnis von Unterricht bündeln. In den Ländern wird deshalb auf Beratung und Information einerseits, aber auch auf Fortbildung und Stärkung der Entscheidungsfähigkeit bei jeder einzelnen Lehrkraft gesetzt.

Astrid Vietmeier

Multimediaentwicklung

Seiltanz zwischen Möglichkeiten und Marktchancen

Als ich vor etwa zehn Jahren an der Hochschule für Bildende Künste Braunschweig begann, mich mit der Frage der Bedeutung des Computers für die Medienerziehung und Kunstpädagogik zu befassen und die ersten Computer dort Einzug hielten, ging ein Aufschrei durch die »heiligen Hallen der Kunst«. Computer und Kunst wurden zum Widerspruch schlechthin erklärt. Es wurde uns unterstellt, wir wollten das Fach Kunst, die letzte Domäne von Kreativität, Sinnlichkeit und Materialerfahrung, der seelenlosen Maschine opfern, dem flimmernden Monitor, dem Mief von warmem Plastik und dem Klicken mit der Maustaste als einzige haptische Erfahrung. Wir wurden von Kollegen, Studenten und Lehrern als Technologieapostel und Handlanger der Wirtschaft beschimpft.

Die Diskussion war emotional und ideologisch aufgeheizt und spiegelte die öffentliche Auseinandersetzung um das Thema »Computer und Schule«.

Nur langsam wurde erkannt, dass der Computer für Gestalter das Universalmedium schlechthin ist. Heute haben die Computer, wie überall, natürlich auch die Kunsthochschule erobert und sind aus dem Gestaltungs- und Produktionsprozess nicht mehr wegzudenken.

Inzwischen hat die Macht des Faktischen Mahner und Kritiker, die noch vor einigen Jahren die Diskussion um den Einsatz des Computers in der Schule bestimmten, hoffnungslos ins Abseits gestellt. Es geht bei Medienpädagogen und Bildungspolitikern daher schon längst nicht mehr um die Frage, ob überhaupt Computer, sondern nur noch darum, *wie* diese eingesetzt werden sollen, und vor allem, wie verhindert werden kann, dass angesichts von Rotstiftpolitik und leeren Kassen die Kluft zwischen der Wirtschaft, die auf modernste Informations- und Kommunikationstechnologie setzt, und dem Bildungswesen, das dieser Entwicklung hoffnungslos hinterherhinkt, immer größer wird.

Die Läuterung des Computers zur Lernmaschine

Multimedia und Internet sind sogar zu den neuen Zauberworten unserer Bildungslandschaft geworden, Hoffnungsträger für ein neues, anderes, besseres Lernen. Der Computer ist in wenigen Jahren vom Saulus zum Paulus mutiert ... Die Lernmaschine Computer, gestern noch als gefährliches Monstrum, das alle Errungenschaften der modernen Pädagogik zunichte macht, verteufelt, wird heute bereits als unverzichtbares Lern- und Kommunikationsmedium, als Ausdruck moderner, zukunftsweisender Ausbildung und Rettungsanker vor drohender technologischer Analphabetisierung gefeiert.

Ich habe diesen Bewertungswandel aus verschiedenen Blickwinkeln miterlebt, aus Sicht der Mediendidaktik und Lehrerausbildung in der Hochschule, aus Sicht der Lehrerfortbildung und Modellversuchsarbeit am Niedersächsischen Landesinstitut für Lehrerfortbildung (NLI) und nun von Seiten der Multimediaentwicklung in einem Schulbuchverlag. Jeder der Bereiche nimmt zum Thema »Neue Medien« eine andere Haltung ein und hat natürlich ganz andere Prioritäten und Bewertungsmaßstäbe. Gewappnet mit den Erfahrungen und Kriterienkatalogen aus Hochschule und Modellversuchsarbeit, dürfte es doch kein Problem sein, gute Multimedia-Programme in die Tat umzusetzen. Leider musste ich aber feststellen, dass längst nicht alles, was didaktisch sinnvoll und wünschenswert erscheint, auch finanzierbar und zu verkaufen ist. Der Markt hat seine eigenen Gesetze ... aber davon später.

Eine wesentliche Ursache dafür, dass Computer in steigendem Maße als Bildungs- und Gestaltungsmedium akzeptiert werden, liegt in der *Multimediatechnologie*. Multimedia gilt als der bisher größte Quantensprung in der Computertechnik. Aus medienpädagogischer und lernpsychologischer Sicht eröffnet Multimedia ein größeres Potential an neuen Lernmöglichkeiten als einzelne Medien. Durch die fruchtbare Verknüpfung von Text, Bild, Ton und Bewegung verbunden mit interaktiven Handlungsmöglichkeiten kann Multimedia Lerninhalte differenzierter, individueller, schneller, anschaulicher, umfassender, gezielter und motivierender vermitteln und sinnliches und kognitives Lernen verknüpfen.

Die Integration der neuen Medien in den Bereich der Aus- und Fortbildung und die Vermittlung einer umfassenden Medienkompetenz ist die derzeit größte Herausforderung für unser Bildungswesen. Dabei muss nicht nur an die Ausstattung der Schulen gedacht werden. Von Bedeutung ist die Entwicklung von qualitativ hochwertigen Lern- und Lehrmaterialien; denn genauso wenig wie der Overhead-Projektor oder die Videokamera kann Multimedia oder das Internet eine neue Qualität des Lernens garantieren – entscheidend ist die didaktische und mediengerechte Aufbereitung der Inhalte.

Was macht eigentlich gute multimediale Lernsoftware aus?

Beim Blick auf die Angebote folgt oft Ernüchterung. Multimediaprogramme sind bislang leider oft nicht mehr als die Summe ihrer Teile. Das Vorhandensein der technischen Möglichkeiten führte zu einer regelrechten Produktionshysterie und zu einer Fülle falsch verstandener Produkte.

Große Teile der derzeit auf dem Markt befindlichen CDs sind noch nicht einmal technisch gesehen Multimedia-Produkte, sondern bestenfalls »anklickbare Bücher«. Der Grad der Interaktivität beschränkt sich auf das Auswählen von Kapiteln oder Seiten. Noch schlimmer ist es um die Inhalte bestellt. Es kommen nicht selten didaktische Strukturen zum Vorschein, die im Schulbuch seit zehn Jahren überwunden sind.

Dies ist kein Wunder, denn jeder produziert heutzutage Multimedia-Titel. Erstmals in der Geschichte der Marktwirtschaft stehen sich bislang getrennt agierende Unternehmen in direkter Konkurrenz um einen gemeinsamen Markt gegenüber. Computerindustrie, Unterhaltungselektronik, Telekommunikation, Verlage, Film- und Musikbranche, öffentlich-rechtliche Sendeanstalten, Hochschulen etc.: alle produzieren Info- und Edutainment-Titel und wollen gleichzeitig Bildungsinhalte verkaufen.

Bei Kultusministerien, Landesinstituten, Hochschulen existieren auf der Grundlage zahlreicher Forschungsvorhaben und Modellversuche recht klare Vorstellungen, wie gute Lernprogramme auszusehen haben. Weniger die technische Perfektion und das Ziehen aller multimedialen Register als vielmehr lernpsychologisch und pädagogisch relevante Übungen, Aktivitäten und Szenarien sind hier gefragt. Diese Forderungen decken sich weitgehend mit denen der Lehrerinnen und Lehrer, die inzwischen auch die prinzipiellen Möglichkeiten des Computereinsatzes und multimedialer Lernprogramme erkennen und sich Programme für den Unterricht wünschen.

Warum gibt es so wenig brauchbare Programme für den Unterricht?

Das Interesse an Unterrichtssoftware jeder Art, für alle Fächer und Altersstufen nimmt zu. Natürlich richtet sich der Blick auf die Schulbuchverlage, deren Geschäft es nun mal ist, Lehrwerke und Unterrichtshilfen zu entwickeln.

Warum entwickelt ihr nicht endlich vernünftige klassenbezogene und lehrbuchbegleitende Unterrichtssoftware? Die Wünsche sind vielfältig. Sie reichen von Programmen zum Ausgleich von Lese-Rechtschreib-Schwächen, zur Differenzierung im Mathematikunterricht über Förderprogramme für die Sonderschule, Deutsch für Aussiedler, Vokabel- und Grammatiktrainer, Simulationsprogramme für den naturwissenschaftlichen Unterricht oder zur Französischen Revolution bis hin zu geografischen Lernprogrammen und jeder Art von Unterrichtsvorbereitung am Rechner.

Auch mit Anregungen und Vorwürfen halten die Kolleginnen und Kollegen sich nicht zurück. »Was sollen wir mit diesem pseudodidaktischen Spielekram? Der ganze multimediale Firlefanz, alles Quatsch, für die Schule völlig unbrauchbar. Was sollen wir mit CD-ROMs. Wir haben alte 386er und 486er ohne CD-ROM-Laufwerk.

Sound ist im Unterricht sowieso überflüssig! Wo bleiben die Disketten- oder Netzwerkversionen?«

So profan die Antwort erscheinen mag, so zwingend ist sie zugleich. So lange die Ausstattung der Schulen mit Computern keine nennenswerten Absatzzahlen im schulischen Bereich erwarten lässt, so lange werden Verlage keine Unterrichtssoftware produzieren.

Die Ausstattung der Schulen und die Integration der Neuen Medien im Unterricht gestaltet sich bekanntermaßen sehr mühsam, obwohl der öffentliche Druck auf die Schulen und Kultusministerien zunimmt, die Forderungen von Pädagogen, Eltern, Bildungspolitikern immer lauter werden, die Entwicklung endlich ernst zu nehmen und sie nicht nur den privaten Initiatoren von alternativen Bildungsangeboten und dem Privatbereich zu überlassen.

Dabei gab es viele hoffnungsvolle Ansätze. In vielen Bundesländern sind mit hohem Kosten- und Personalaufwand schon vor Jahren Modellversuche zum Einsatz des Computers im Unterricht durchgeführt, Curricula entwickelt und Lehrerfortbildungsveranstaltungen durchgeführt worden. Aber die Ergebnisse erreichen die Schule nicht und bleiben somit wirkungslos. Die Gründe dafür sind vielschichtig:

- Es fehlt am Geld für die Ausstattung. Schaut man in die Schulen, tun sich Abgründe auf. Viele Grundschulen besitzen noch nicht einmal eine Videokamera, geschweige denn einen Computer, vom Multimediarechner sind sie meilenweit entfernt. Fünf Jahre lang müssten 14 Milliarden DM jährlich investiert werden, um die Schulen mit dem heute erforderlichen Mindeststandard auszustatten, ganz zu schweigen von den Folgekosten für Wartung, Reparatur, Fortbildung (Fachverband für Informationstechnik).
- Es fehlt an flächendeckenden intensiven Qualifizierungs- und Fortbildungsprogrammen für Lehrkräfte. Viele Bundesländer bieten Lehrgänge an, aber diese Maßnahmen verpuffen natürlich, wenn die Lehrkräfte keine Möglichkeit sehen, ihre neuen Erfahrungen im Unterricht umzusetzen.
- Es fehlt aber oft auch an der Bereitschaft seitens der Lehrkräfte – die bekanntermaßen eine außerordentlich innovations- und fortbildungsresistente Berufsgruppe sind.
- Es fehlt eine dringend notwendige Aktualisierung und Entrümpelung der Lehrpläne. Diese scheitert am administrativen Beharrungsvermögen und der Hartleibigkeit der pädagogischen Provinz. Seien wir doch mal ehrlich: Ohne die ausdrückliche Verankerung der Inhalte in die Praxis der Ausbildung, in Lehrpläne, Richtlinien, Studienordnungen bleibt die Behandlung der Neuen Medien und der Einsatz des Computers im Unterricht dem Zufall überlassen.

Dennoch geben Absichtserklärungen der Bundesländer über Investitionsprogramme und Bundesinitiativen wie »Schulen ans Netz« allmählich Anlass zur Hoffnung. Bleibt abzuwarten, in welchem Umfang und welcher Zeit diese umgesetzt werden.

Daneben sind Sammelaktionen von Eltern und Lehrern, Firmenspenden und die Überlassung ausrangierter PCs zur wichtigen Ergänzung der knapp bemessenen staatlichen Förderung geworden.

Situation der Schulbuchverlage

Da aber unabhängig von der miserablen Ausstattungssituation der Schulen die elektronische Aufrüstung der Wohn- und Kinderzimmer munter voranschreitet – in jedem dritten Kinderzimmer steht heute bereits ein Computer –, entwickeln die Verlage zunächst Programme für den so genannten »Nachmittagsmarkt« und für die Unterrichtsvorbereitung der Lehrkräfte.

Die Entwicklung von guten multimedialen Lernprogrammen ist sehr aufwendig und teuer. Die Entwicklungskosten für eine interaktive CD-ROM sind etwa zehnmal so hoch wie die für ein aufwendig farbig illustriertes Buch. Dafür betragen die Vervielfältigungskosten nur einen Bruchteil dessen, was der Fortdruck des Buches kostet. Eine professionelle, sorgfältige Produktion kostet etwa eine viertel Million Mark. Gleichzeitig gehen die Preise für viele CD-ROMs von ca. 100 auf 70 DM zurück. Händlerrabatte liegen bei 40-50%. Lerntitel werden nur zögernd ins Sortiment aufgenommen.

Man muss demzufolge hohe Auflagen erzielen, um die Produktionskosten wieder einzuspielen. Hohe Auflagen sind aber im Multimediabereich nur auf dem Spielesektor zu erzielen, da sich hier eine internationale Vermarktung anbietet. Bei Lernsoftware ist dies nur bedingt möglich. Je stärker sie lehrplan-, schulform- oder sogar schulbuchbezogen ist, desto weniger eignet sie sich für eine Lizenzierung oder Lokalisierung. Bildungs- und Lernprogramme verkaufen sich durchweg eher schlecht. Sehr erfolgreiche CD-ROMs im Edutainmentbereich verkaufen sich etwa 5.000-mal. Um Kosten zu minimieren, setzen viele Verlage trotzdem auf Koproduktionen und Lokalisierungen. Diese sind aber oft didaktisch fragwürdig, kulturell nicht einfach übertragbar und für den schulischen Bereich kaum zu gebrauchen.

Von Pädagogen gefordert und beachtet wird nur die Produktion von *Unterrichtssoftware*, die aber aufgrund der mangelnden Ausstattung der Schulen noch nicht zu verkaufen ist. Bis der Computer so selbstverständlich zur Ausstattung des Klassenzimmers gehört wie die Wandtafel werden noch Jahre vergehen. Die Schulbuchverlage warten auf die elektronische Aufrüstung der Klassenzimmer – die Schulen warten mit Softwareeinkäufen und z.T. sogar mit Computerbeschaffungen darauf, dass die Schulbuchverlage vernünftige Titel auf den Markt bringen. Eine fatale Wechselwirkung.

Bei den Produktionen für den *Nachmittagsmarkt* muss die spielerische Komponente mehr im Vordergrund stehen. Die optische und die akustische Erlebnisqualität bestimmen den Attraktivitätsgrad für die an Computerspiele gewöhnten Kinder und Jugendlichen.

Beim Spagat zwischen Nachmittagsmarkt und Unterricht gehen Zugeständnisse an die spielerische Attraktivität auf Kosten inhaltlicher bzw. pädagogisch sinnvoller Anteile. Das Ergebnis sind oftmals Produkte, die weder den Ansprüchen der einen noch der anderen Zielgruppe genügen. Ein Lernprogramm, das zu sehr nach Unterricht »riecht«, gilt als langweilig.

Für den Nachmittagsmarkt sind vor allem die nachhilfeintensiven Fächer Mathematik, Deutsch, Englisch interessant. In diesem Bereich sind kurz- und mittelfristig die größten Marktchancen zu erwarten. Hier gibt es auch die meisten Konkurrenzprodukte.

Ein Hauptproblem bei der Multimediaentwicklung ist, die kompetenten »Macher« zu finden. Didaktische, gestalterische, medienpädagogische und technische Kompetenz finden sich nicht in einer Person vereint. Neue Projekte lassen sich nur in einem Team von qualifizierten Fachautoren, Gestaltern und Programmierern entwickeln. Autoren, die die neuen Möglichkeiten des Mediums kennen und adäquate Konzepte und fertige Drehbücher liefern, sind bisher nur schwer zu finden.

Nicht selten prallen dann in den Projektteams unterschiedliche Welten aufeinander, die oft nur mühsam zusammenfinden: Klassische Schulbuchautoren, meist Lehrer oder Didaktiker, die keine Ahnung von Multimedia haben, und Multimediaentwickler, meist »Medien- und Technikfreaks«, die das multimediale und gestalterische Know-how mitbringen, aber von Didaktik und Lerninhalten nichts wissen wollen.

Für viele Verlage, die sich im Bereich Multimedia engagieren, führt die Pflicht, in neue elektronische Lerntechniken zu investieren, zur Zerreißprobe. Einige Verlage stellen derzeit ihre Multimedia-Aktivitäten wieder ein. Wenn sich sogar ein Mediengigant wie Bertelsmann aus dem Multimediageschäft zurückzieht, gilt das als böses Omen für die ganze Szene.

Deutlich wird derzeit eine Konsolidierung des Marktes. Schlechte Produktionen verschwinden, nur Verlage, die klare Produktprofile entwickeln und auf Qualität setzen, werden sich behaupten.

Die Strategie für einen Schulbuchverlag kann daher nur sein, didaktisch und medientechnisch hochwertige Programme zu entwickeln, die sich zunächst noch auf das Üben, Vertiefen und Fördern für den Nachmittagsbereich konzentrieren, aber auch zunehmend Einsatzmöglichkeiten im Unterricht bieten sollten. Es werden also künftig Programme entwickelt werden müssen, die weniger »spielerisches Allerlei« enthalten als vielmehr analyse- und instruktionsorientiert sind, eine klare altersgruppen- und themenbezogene Ausrichtung besitzen, am Unterrichtsstoff bzw. am Lehrplan und auch am Lehrbuch orientiert sind.

Es werden aber auf jeden Fall CD-ROMs sein. Die Entwicklung von Diskettenversionen käme einem Rückgriff auf technisch überholte Standards und einer Beschneidung der multimedialen Möglichkeiten gleich, die heute weder wirtschaftlich noch mediendidaktisch zu vertreten ist.

»Unsere Schule – ganz zweifellos eine Buchschule – wird (noch immer) dominiert durch zu Papier geronnene Didaktik« (Ballhorn/Brüggelmann). Der Computer ist vielleicht das erste Medium, das eine ernsthafte Konkurrenz zum Buch darstellen könnte, und Multimedia vielleicht ein echter Schritt in Richtung Evolution des Lernens. Die Möglichkeiten sind noch lange nicht vollständig erkannt und entwickelt. Es ist nur zu hoffen, dass nicht fehlende Mittel, mangelnde Fantasie und Innovationsbereitschaft den Einzug der Neuen Medien in die Schule weiterhin behindern.

Claus Siert

Software und Unterrichtsbeispiele

Der Gedanke, Computer im Unterricht einer Grundschule einzusetzen ist nicht neu, die praktische Umsetzung bedeutet jedoch einen längeren Weg voller Widerstände. Die didaktische Diskussion über den Stellenwert dieses Mediums ist erst in den letzten Jahren voll in Gang gekommen, und mittlerweile scheint sich die Waagschale zugunsten der Befürworter zu neigen. Die meisten Kritikpunkte beziehen sich dabei nicht auf das Medium Computer »an sich«, sondern auf die von ihm vermittelten Inhalte. Diese Inhalte erhält der Computer mittels seiner Software, und ein kleiner Ausschnitt aus dem mittlerweile fast unüberschaubaren Angebot an Lernprogrammen soll im Folgenden näher untersucht werden. Dabei stütze ich mich auf meine nunmehr fünfjährige Erfahrung mit Computern im Primarbereich. Inzwischen steht unserer Schule auch eine gute Hardwareausstattung zur Verfügung. So haben wir in unserer Schule jetzt 17 windows-fähige Computer mit Farbbildschirmen, Maus und Soundkarte. Diese stehen in sechs von 13 Klassenräumen in mobilen Schränken, so dass sie jederzeit in andere Räume bewegt werden können. Zudem haben wir über die Initiative »Schulen ans Netz« den Zugang zum Internet erhalten.

Nach meiner Auffassung basiert der Einsatz von Computern im Unterricht der Grundschule auf zwei Grundgedanken:

- Die Rechner stehen im Klassenraum und sind ein Arbeitsmittel wie ein Karteikasten oder ein Arbeitsblatt. Inhaltlich werden sie nicht zum Selbstzweck, den Umgang mit ihnen lernen die Schüler quasi nebenbei, er wird außer in AGs nicht explizit thematisiert.

- Der Computer kann den/die Lehrer/in nicht ersetzen, er kann seinen/ihren Unterricht aber durchaus sinnvoll ergänzen und bereichern.

Die an weiterführenden Schulen gängige Praxis, alle Rechner in einen Raum zu stellen, ist in der Grundschule nicht sinnvoll. Erstens sind die dafür notwendigen Räumlichkeiten an den wenigsten Schulen vorhanden, zweitens eignet sich die im Moment auf dem Markt vorhandene Software nicht dafür, 22 bis 28 Schüler gleichzeitig zu beschäftigen. Sie ist hierfür in den meisten Fällen auch gar nicht konzipiert. So zeigt die Erfahrung mit Arbeitsgemeinschaften, dass bereits acht Schüler an acht PCs in den ersten Wochen gerade noch von einem Lehrer effektiv zu betreuen waren. Die meisten Lehrerinnen wären zudem der an sie herangetragenen Frageflut (»Was muss ich jetzt tun?« – »Wo ist das große ›Q‹?« – und vor allem: »Wie komme ich hier raus?«) kaum gewachsen, da ihnen eine entsprechende Aus- bzw. Fortbildung leider fehlt. Der hohe Aufforderungscharakter dieses Mediums würde daher zu einer großen Enttäuschung führen. Selbst die diszipliniertеste Schülergruppe wird kaum den Reizen widerstehen können, hier und da einmal mit der Maus herumzuklicken oder diese oder jene Taste auszuprobieren.

Leider ist die Beherrschung selbst der Grundfunktionen trotz aller Softwareherstellerversprechen immer noch nicht kinderleicht und führt erfahrungsgemäß zumindest in den ersten Wochen zu vielen Fragen (nach meiner Erfahrung aus der Erwachsenenbildung wird selbst hier nur selten mit mehr als zehn Rechnern pro Raum gearbeitet).

Als »Werkzeuge« in der »Werkstatt Unterricht« können Computer allerdings sinnvoll in den einzelnen Klassenräumen eingesetzt werden: »Kein Handwerker arbeitet nur mit einem Werkzeug. Ein Tischler definiert sich nicht durch seine Säge, sondern durch die Aufgabe, sein Können und seinen Fachverstand. Und die Säge setzt er – gekonnt – nur an der richtigen Stelle ein« (Siemens 1990). Auf diesem Weg kann man die Differenzierungsmöglichkeiten dieses Mediums optimal nutzen. Moderne Unterrichtsformen wie Teamteaching, Tages- bzw. Wochenplanarbeit oder Freiarbeit bieten viele

Möglichkeiten, den Computer an die jeweiligen Schülerbedürfnisse und -voraussetzungen angepasst einzusetzen.

Der Einsatz dieses Mediums bedingt geradezu die Abkehr von alten Unterrichtsformen! Auch ist die Angst vor Beschädigung der teuren Geräte durch unsachgemäße Handhabung durch die Schüler nicht haltbar. Innerhalb von fünf Jahren waren zwei Tastaturen, zwei Mäuse und eine Festplatte defekt. Letztere war bereits sechs Jahre alt. Ich selbst habe an meinem Gerät zu Hause bereits die fünfte Maus und die dritte Tastatur verschlissen.

Traumvorstellungen von einem rechnergesteuerten Unterricht, in dem das Lernen nur noch am Bildschirm erfolgt, werden in naher Zukunft allein aus Kostengründen wohl kaum Wirklichkeit werden. Ob sie darüber hinaus pädagogisch sinnvoll sind, steht auf einem anderen Blatt. Meines Erachtens gibt es genügend Gründe, die dagegen sprechen. Der sequentielle, gezielte Einsatz von Computern im Unterricht hingegen erscheint gerade in der heutigen Zeit, in der fast monatlich neue Medienangebote auf dem Markt erscheinen, mehr denn je geboten.

In keiner anderen Schulform als der Grundschule – von der Gesamtschule einmal abgesehen – sind in den letzten Jahren so viele Innovationen erprobt und umgesetzt worden. Der überwiegende Teil betraf dabei die Individualisierung bzw. Differenzierung des Unterrichts. Kaum ein Arbeitsmittel fordert in so hohem Maße einen differenzierten Einsatz im Unterricht heraus wie der Computer. Jedes Kind kann bei entsprechender Hilfestellung der Lehrkraft sein Arbeitstempo und seinen Schwierigkeitsgrad selbst herausfinden und bestimmen – vorausgesetzt, die jeweilige Software lässt dies zu! In diesem Sinne eingesetzt kann der Computer eine wesentliche Hilfestellung und Bereicherung des täglichen Unterrichtsgeschehens sein.

Im Folgenden soll eine Auswahl an Lernprogrammen ausführlich vorgestellt werden, mit denen momentan an der *Grundschule Dürerring* gearbeitet wird. Da die einzelnen Programme unterschiedliche Hardware voraussetzen, sind die Minimalanforderungen der Programme jeweils im Anschluss dokumentiert: Als Grundausstattung setze ich einen MS-DOS-Rechner (80286er-Prozessor) mit Farbbildschirm, Tastatur und Maus voraus.

Was steht im
Wald?
trüg die Taste

Unterrichts-Software

1. Die **Budenberg-Programme** für die Fächer Mathematik, Deutsch und (eingeschränkt) Sachunterricht

Diese Programmsammlung ist eines der ältesten und umfangreichsten Softwarepakete für den Grundschulbereich. Ursprünglich für den Sonderschulunterricht entwickelt, wurde es bald von seinem Autor auch für den Primarbereich angeboten. Es enthält insgesamt 44 Unterprogramme, die unter einer einheitlichen leicht zu bedienenden Benutzeroberfläche in die Bereiche Mathematik 1 bis 3, Deutsch 1 bis 3 sowie Sachkunde und Englisch gegliedert sind. Die Oberfläche und sämtliche Unterprogramme können ohne Maus bedient werden. Manche Programme haben eine Sprachwiedergabe optional integriert, die dazu notwendigen Sounddateien können auf Wunsch dazubestellt werden.

Fast alle Unterprogramme gliedern sich ihrerseits wieder in fünf Aufgabengruppen, deren Schwierigkeitsgrad mit jeder Gruppe steigt. Sie sind ferner einer zeitlichen und/oder fehlerabhängigen Beschränkung unterworfen. Am Ende von jedem Programmdurchlauf kann ein Protokoll erstellt werden, das jedoch nur die Anzahl der Fehler (ohne genauere Fehleranalyse) dokumentiert. Die Möglichkeit, zu jedem Unterprogramm passende Arbeitsblätter zu erstellen, ist eine weitere Hilfe (zumal bei den meisten eine Selbstkontrolle vorgesehen ist).

Da das Programmpaket unter MS-DOS läuft, ist es besonders für Schulen interessant, die über keine leistungsstarken Rechner der neueren Generation verfügen. Das gesamte Paket ist sowohl als Sonderschul- wie auch als Grundschulversion erhältlich. Darüber hinaus können auch Teile wie etwa Mathematik 1 oder Deutsch 3 einzeln erworben werden.

Hardwarevoraussetzungen: ein MS-DOS-Rechner, ein Nadel- oder Tintenstrahldrucker für die Arbeitsblätter bzw. die Protokolle, optional eine Soundkarte.

2. **Creative Writer**, das Schreibstudio von Microsoft

Dieses Programm zeichnet sich durch seine kindgerechte Benutzerfreundlichkeit aus. Zum Programmstart wird jedes Kind nach seinem Namen gefragt. Das Programm legt hierauf automatisch ein Verzeichnis an, in dem alle Werke des jeweiligen Anwenders gespeichert werden. Das Wiederauffinden abgespeicherter Arbeiten wird so vorbildlich vereinfacht. Nach einer weiteren Abfrage (ein Lieblingstier wird gewählt) geht es grafisch animiert und mit Sound unterlegt in ein altes Gemäuer, in dessen vier Stockwerken sich eine Bibliothek, eine Schreibwerkstatt, eine Projektwerkstatt und eine Ideenwerkstatt befinden. In der Schreibwerkstatt können die Kinder ihre Texte eingeben. Diese können verschiedenartig illustriert werden: So können mittels diverser Sticker kleine Bildchen eingefügt, die Texte mit einem dekorativen Rahmen versehen und die Überschriften effektvoll gestaltet werden. Abschließend besteht die Möglichkeit, die ausgedruckten Werke dann noch von Hand auszumalen.

Hardwarevoraussetzungen: ein Windows-fähiger Rechner und für die Ausdrucke ein grafikfähiger (Tintenstrahl-)Drucker.

3. **OLLI**, der Osnabrücker Lese-Lern-Instruktor

Olli ist ein computergestütztes Programmpaket zum Trainieren des Lesens und Schreibens einzelner Wörter. OLLI bietet Wörter kurzzeitig visuell auf dem Computerbildschirm und über einen Lautsprecher oder Kopfhörer gleichzeitig auch akustisch dar. Dabei kann die Zeitdauer der visuellen Darstellung variabel eingestellt werden und die akustische Unterstützung abgeschaltet werden. Es gibt eine große Auswahl an Wortlisten, aus denen ausgewählt werden kann. Man kann auch eigene Wortlisten erstellen. Zumindest beim ersten Mal empfiehlt es sich, die akustische Darstellung (falls vorhanden) eingeschaltet zu lassen. Nach jedem Programmdurchlauf kann ein detailliertes Fehlerprotokoll sowohl am Bildschirm eingesehen wie auch ausgedruckt werden.

Hardwarevoraussetzungen: Ein MS-DOS-Rechner mit Soundblasterkarte und Kopfhörern bzw. Lautsprechern.

4. **MatheBlaster**, das abenteuerliche Spiel mit den Grundrechenarten

MatheBlaster ist ein *Multimediaprogramm*, das heißt, Grafik und Sound sind auf dem heutigen Stand der Technik. Es kommt – natürlich – aus den USA und wird vom Klett-Heureka-Verlag vornehmlich für den Heimbereich angeboten und vertrieben. Die Schüler müssen ein kleines vierteiliges Abenteuer bestehen, in dessen Verlauf sie Aufgabenstellungen unterschiedlicher Art lösen müssen. Die Art der Aufgaben und der Schwierigkeitsgrad sind dabei fast beliebig einstellbar. Nach erfolgter Lösung aller vier Level (Schwierigkeitsgrade) kann eine Urkunde ausgedruckt werden. Dieses Programm eignet sich besonders als »Belohnung«, da es einen hohen Motivationsreiz hat und die Schüler gewissermaßen nebenbei ihre Aufgaben lösen. Dieser Effekt ist zwar nicht ganz unumstritten, hat jedoch nach meiner Erfahrung durchaus seine Berechtigung, besonders wenn man erlebt, wie ernsthaft die Schüler versuchen, sich möglichst fehlerfrei durch das Programm zu kämpfen.

Hardwarevoraussetzungen: Ein Windowsrechner – möglichst mit Soundkarte, ein grafikfähiger (Tintenstrahl-)Drucker für die Urkunde.

5. **Cosmo**, Konzentrationstraining im Weltall

Cosmo ist eine Vorabversion, die mir vom Westermann-Verlag zu Testzwecken zur Verfügung gestellt wurde. Die pädagogische Zielsetzung seiner Autoren ist es, Konzentrations- und Ausdauerfähigkeiten zu schulen. Es sind drei Schwierigkeitslevel vorhanden. Die Aufgabe besteht darin, ein Weltraumabenteuer zu bestehen. Dies gelingt jedoch nur, wenn eine zu bearbeitende Abfolge von Aufgaben erfolgreich gelöst wird. So müssen u.a. mittels eines Bordbuches diverse Schalter in eine vorgegebene Position gebracht werden, Teile des Raumschiffes müssen ergänzt werden, eine elektrische Schaltung muss korrekt freigeschaltet werden und eine bestimmte Klangfolge führt das Raumschiff zu fernen Planeten. Bei diesem Programm werden die heutigen multimedialen Möglichkeiten moderner Rechner voll ausgeschöpft. Die grafische Gestaltung und die Soundunterstützung sind auf dem aktuellen Stand der Technik. Dies stellt gleichzeitig eine Stärke wie auch eine Schwäche des Programmes dar, da einerseits visuelle und akustische Aufnahme- und Konzentrationsfähigkeiten trainiert werden, andererseits eine aufwendige Hardwareausstattung vorausgesetzt wird, die die wenigsten Grundschulen aufweisen können.

Hardwarevoraussetzungen: Ein Windows-Rechner (möglichst ein 486er oder besser) mit CD-Laufwerk und Soundkarte.

Beispiele für den Einsatz der Programme im Unterricht

1. Einsatz im Mathematikunterricht einer 3. Klasse
   (*Thema der Unterrichtseinheit: Rechnen mit Geld*)

Eingesetzt wurde das Unterprogramm »Geldscheine« aus der Budenberg-Programmsammlung. Dazu die didaktische Information: Diese Serie trainiert den Mengenbegriff bis 1000 im rechnerischen Umgang mit allen Geldsorten. Sie ergänzt die Programmserie *Geldrechnen*, bei der nur Münzen verwendet wurden. Die vier Einzelprogramme sind wie folgt gegliedert:

GELDSCHEINE 1 (bis 30 DM),
GELDSCHEINE 2 (bis 99 DM),
GELDSCHEINE 3 (bis 300 DM),
GELDSCHEINE 4 (bis 999 DM).

Programm 1 verwendet die Scheine 10, 20 DM.
Programm 2 verwendet die Scheine 10, 20, 50 DM.
Programm 3 verwendet die Scheine 10, 20, 50, 100, 200 DM.
Programm 4 verwendet die Scheine 10, 20, 50, 100, 200, 500 DM.

Gleichzeitig werden alle Münzen ab 5 Pfennig verwendet.

Es wird nur die dezimale Schreibweise mit DM als Bezeichner eingeübt. Die Einübung der Geldmengen ist in eine Einkaufssituation eingebunden. Zum einen sollen die Preise von Artikeln einer Warenliste nach vorgegebenen Scheinen und Münzen notiert werden, und zum anderen soll bei vorgegebenen Preisen die benötigte Geldmenge ausgewählt werden.

Gruppe 1: Die dargestellten Scheine und Münzen sollen der Größe nach sortiert und der Geldwert aufgeschrieben werden.

Gruppe 2: Der Geldwert der vorgegebenen Scheine und Münzen soll ermittelt werden. Das Programm erwartet auch bei Werten ohne Pfennigbeträge die Eingabe des Kommas und der nachfolgenden zwei Leerstellen.

Gruppe 3-5: Ein Artikel soll laut Preisliste bezahlt werden. In der Bildschirmmitte befinden sich verschiedene Geldsorten. Mit Hilfe eines gelben Pfeils – durch Cursor-Tasten bewegt – können die Sorten gewählt und mit ENTER bzw. CURSOR-RUNTER bestätigt werden. Die betreffenden Scheine oder Münzen werden auf das untere blaue Feld platziert. Jede Sorte kann maximal dreimal gewählt werden.

Wird der Preis überschritten, so erfolgt eine Fehlermeldung. Die überzähligen Sorten können wieder mit BACKSPACE oder CURSOR-HOCH entfernt werden. Am Ende der Normzeit (3–5 Min.) oder nach zwölf Aufgaben in Gruppe 1–2 bzw. zehn Aufgaben in Gruppe 3–5 wird ein quantitatives Gruppenergebnis ausgegeben.

Am Ende der 5. Gruppe wird ein Endergebnis auf dem Bildschirm angezeigt und ein Ergebnisprotokoll ausgedruckt. Bei hoher Fehlerzahl kann der Schüler die betreffende Gruppe wiederholen. In der Endbewertung und im Protokoll wird dann nur die Wiederholungsleistung gewertet.

Verlauf: In das Thema »Geldrechnen« wurde mit einem kleinen Kaufmannsspiel eingeführt. Zunächst arbeiteten die ersten sieben Schüler mit dem Programm, während die anderen sich an verschiedenen Stationen mit unterschiedlichen Aufgaben rund ums Thema beschäftigten. Nach 13 Minuten war die erste Schülerin mit der Gruppe 1 fertig. Sie erhielt ein Protokoll (der Lehrer ebenfalls) und wechselte zu einer anderen Station. Nach weiteren sechs Minuten war der erste Wechsel vollzogen, und die zweiten sieben Schüler arbeiteten sich durch das Programm. Da mir der Leistungsstand meiner Schüler bekannt war, gelang es durch entsprechende Wechsel, die Gesamtverweildauer von je drei Schülern pro Rechner an allen sieben Geräten einigermaßen gleich zu gestalten (einem langsamen Schüler folgte ein schneller bzw. umgekehrt). Die Gesamtdauer dieser Unterrichtssequenz betrug 55 Minuten. (Dieses ist natürlich nur möglich, wenn der Unterrichtstakt von 45 Minuten wie an unserer Schule aufgehoben worden ist.)

Als Hausaufgabe gab es ein von dem Programm mitgeliefertes Arbeitsblatt. Die Auswertung der Protokolle ergab, dass fünf Schüler (im Folgenden als Gruppe A bezeichnet) fehlerfrei durch das Programm gekommen waren, ein Mittelfeld von 13 Kindern (Gruppe B) bewegte sich in dem Bereich von zwei bis sieben Fehlern und vier Schüler (Gruppe C) lagen deutlich über zehn Fehlern. Negativ anzumerken bleibt, dass dem Lehrer über das Protokoll nicht mitgeteilt wird, ob und wie oft ein Schüler eine Gruppe wiederholt hat.

Am nächsten Tag wurden die Kinder der Gruppe A bereits mit dem Programm 3 konfrontiert, Gruppe B bearbeitete das Programm 2 und Gruppe C wiederholte Programm 1. Bei Abschluss der Unterrichtseinheit (insgesamt vier Stunden) hatten zumindest alle Schüler das Programm 3 mit weniger als sechs Fehlern bewältigt. Insgesamt hatten die Schüler dabei zwischen 39 und 51 Minuten vor dem Bildschirm zugebracht. Alle Schüler hatten vorher bereits Erfahrungen im Umgang mit dem Programmpaket gesammelt, dessen Unterprogramme sich alle auf die gleiche Art bedienen ließen.

2. Einsatz im Rahmen eines Tagesplanes (*Thema der Unterrichtseinheit Mathematik: Orientierung im Zahlenraum bis 1000)*

Eingesetzt wurde das Unterprogramm »Zahlenstrahl« aus der Budenberg-Programmsammlung. Dazu ein didaktisches Info: Das Programm trainiert die ordinale Zahlerfassung im Zahlenraum 30, 100, 1000. Der Zahlenstrahl wird als teilbezifferte Messlatte dargestellt. Im ZR30 ist er nach oben und unten verschiebbar.

Es werden 3 Unterprogramme mit folgenden Inhalten angeboten:

ZAHLENSTRAHL 30
ZAHLENSTRAHL 100
ZAHLENSTRAHL 1000

Gruppe 1-2: Ein Pfeil soll mit Hilfe der Cursortasten bis zu einer vorgegebenen Position bewegt und mit ENTER bestätigt werden.

Gruppe 3: Die mit dem Pfeil angezeigte Position soll als Zahl eingegeben werden.

Gruppe 4: Mit dem Pfeil soll die Endposition einer Streckenanweisung gesucht werden.

Gruppe 5: Zu einer vorgegebenen Streckengrafik auf der Messlatte soll die Zahlanweisung eingegeben werden.

Das Programm passt sich in seinen Hilfen dem Leistungsvermögen des Lernenden an. Gestartet wird mit einem mittleren Hilfelevel durch Vorgabe der 10er-Zahlen am Zahlenstrahl. Bei schnellem und fehlerfreiem Arbeiten reduziert sich die Zahlenangabe auf 1 Zehner je 30 Einheiten. Bei fehlerhaften Eingaben jedoch werden zu den Zehnerpositionen noch die Fünferpositionen beziffert. Durch fehlerfreies Lösen mehrerer Aufgaben wird diese Hilfe wieder reduziert.

Wird in Gruppe 4 je Aufgabe mehr als ein Fehler gemacht, so gibt das Programm als Lösungshilfe die Streckengrafik aus. Bei Gruppe 5 kann bei der 1. Aufgabe mit Hilfe von F1 die Lösung gezeigt werden.

Ein Tokensystem in Form von Kugeln soll zu fehlerfreiem Üben motivieren. Jede richtige Lösung wird durch eine in ein Gefäß fallende Kugel belohnt (wegen höherer Schwierigkeit gibt es ab Gruppe 4 zwei Kugeln je Lösung). Bei jedem Fehler fällt eine Kugel wieder aus dem Gefäß heraus. Die Anzahl der gesammelten und herausgefallenen Kugeln zeigt dem Schüler seine Leistung und spornt ihn zu sorgfältigem Arbeiten an.

Am Gruppenende werden die erreichten Kugelmengen in den entsprechenden Gruppenbehälter umgeladen. Der Übende kann, um die Kugelmenge zu vergrößern, die letzte Gruppe wiederholen. Er kann aber auch durch Eingabe der Zahlen 1–5 jede beliebige Gruppe anwählen, um seine Ergebnisse zu verbessern. Im ZR30 wird das Endergebnis in eine Bestenliste eingetragen, um die Schüler zu Übungswiederholungen zu motivieren.

3. Einsatz in einer Unterrichtseinheit Deutsch *(Thema: Satzglieder)*

Eingesetzt wurde das Unterprogramm »Satzbau« aus der Budenberg-Programmsammlung. Dazu ein didaktisches Info: Die Programmserie trainiert Lese-, Sprachverständnis und Wortschatz. Aus vorgegebenen Satzteilen soll ein vollständiger Aussage- bzw. Fragesatz zusammengestellt werden. Mit Hilfe der Pfeiltasten und ENTER setzt der Schüler Teile zu einem Satz zusammen. Bei falscher Auswahl flimmert der Bildschirmrand, und es wird eine differenzierte Fehlermeldung ausgegeben. Bei Artikelfehlern wird der richtige Artikel in Verbindung mit dem Substantiv angezeigt. Mit Hilfe der Löschtaste muss die falsche Eingabe Schritt für Schritt gelöscht werden. Bei der jeweils 1. Aufgabe kann sich der Schüler durch die Hilfstaste F1 ein Satzmuster vorgeben lassen.

Jede Gruppe beinhaltet zwei Übungsformen. Aus den Satzteilen sollen maximal fünf bzw. acht Aussagesätze und danach Fragesätze gebildet werden. Da das Programm normzeitorientiert abläuft, wird der langsame Schüler nur die Aussagesätze, der schnelle Schüler aber zusätzlich die Fragesätze bearbeiten können.

Zum Programmstart kann Level 1 oder 2 gewählt werden (Ziffereingabe oder Cursor links oder rechts). Das 2. Level hat nicht nur eine höhere Zahl von Aufgaben, sondern verlangt je nach vorgegebener Antwort eine bejahende oder verneinende Aussage bzw. Frage. Bei einer Fehlerquote von über 30% wird der Schüler gebeten, die betreffende Gruppe zu wiederholen.

4. Im Tagesplan (*mit folgenden Programmpunkten: Mathematik – Orientierungsübungen am Zahlenstrahl, Aufgaben aus dem Mathematikbuch, Programm »Zahlenstrahl«, Deutsch – Übungen zum Satzbau, Aufgaben aus dem Sprachbuch, diverse Karteikarten, Programm »Satzbau«, Hausaufgaben – Arbeitsblatt zum Programm »Zahlenstrahl« und zum Programm »Satzbau«)*

Da einerseits jedem Schüler die Bearbeitungsreihenfolge freigestellt war, andererseits die meisten mit dem Computer beginnen wollten, wurde eine Reihenfolge ausgelost. Es zeigte sich, dass die meisten Schüler wenig Schwierigkeiten bei der Arbeit mit dem Programm »Zahlenstrahl« hatten, nur zwei kamen über die Gruppe 2 nicht hinaus. Das Programm »Satzbau« erwies sich als relativ einfach in Level 1. Das bewog mich, später einigen leistungsstarken Schülern gleich das Level 2 anzubieten. Diese Vorgehensweise erwies sich als überwiegend richtig, da nur einer dieser Schüler offensichtlich überfordert schien. Dieser erhielt in der nächsten Stunde Gelegenheit, seine Leistungen zu verbessern. Hierbei waren die über das Programm auszudruckenden Arbeitsblätter eine große Hilfe.

5. Einsatz im Wochenplan (*zum Einsatz kam hier das Textverarbeitungsprogramm »Creative Writer«; eine Aufgabe des Wochenplanes sah vor, zuvor geschriebene Texte einzugeben und zu gestalten)*

Die Schüler waren mit einem dermaßen großen Feuereifer dabei, ihre Werke einzutippen – was durchaus seine Zeit dauerte – und sie anschließend grafisch aufzuwerten, dass eine Woche nicht ausreichte, bis alle fertig waren. Es war unbedingt erforderlich, dass der Lehrer hilfreich zur Seite stand. Hierbei erwies sich die Tatsache, dass an unserer Schule in manchen Stunden mit Teamteaching gearbeitet wird, als sehr hilfreich, da die Teamerin die übrigen Schüler betreuen konnte. Zudem kam das Helfersystem zum Einsatz, das heißt, »erfahrene« Schüler halfen den »Neulingen«. Die kleinen Kunstwerke wurden anschließend von den Schülern dekoriert. Zwar ist es prinzipiell möglich, auch Farbausdrucke zu erstellen, doch sind diese so teuer (zwischen 0,80 DM und 1,50 DM pro Seite), dass diese Möglichkeit nur zu besonderen Anlässen genutzt werden kann. Die Ergebnisse rechtfertigten jedoch den Aufwand, zudem anschließend noch jeweils ein Exemplar im Foyer der Schule und im Klassenraum aufgehängt wurde. Auch wollten viele Schüler noch weitere Kopien erhalten, um diese ihren Freunden oder Verwandten zu schenken.

Entsprechende Erfahrungen beim Einsatz von »Creative Writer« in meiner letzten Klasse zeigten zudem, dass beim zweiten Mal der Lehrereinsatz sich deutlich verringerte. Nach Unterrichtsschluss fragten mehrere Schüler nach, ob sie denn nicht noch einen Brief mit diesem Programm schreiben dürften. Ebenso haben ehemalige Schüler schon angefragt, ob sie nicht mal eben einen kleinen Text mit dem ihnen noch vertrauten Programm erstellen dürfen. Wenn es meine

Zeit zuließ, habe ich das selbstverständlich genehmigt und die vorhandenen Tipp- und Rechtschreibfehler korrigiert. Gerade die Möglichkeit, Fehler spurlos zu beseitigen bzw. von einer Vertrauensperson beseitigen zu lassen, bewegt die Schüler offensichtlich eher dazu, eigene Texte zu erstellen, als dies handschriftlich (mit mehr oder weniger verschmiertem Layout) oder mit einer Schreibmaschine (mit Tipp-Ex-Klecksen) möglich ist.

6. Einsatz im Förderunterricht

Gerade im oft unbeliebten externen Förderunterricht erweist sich der Computer als unschätzbare Motivationshilfe. So werden die »Förderkinder« regelmäßig von ihren Klassenkameraden beneidet, wenn ich sie zum Förderkurs abhole. Inhaltlich bieten dabei besonders die Budenberg-Programmsammlung in den Fächern Mathematik und Deutsch, »OLLI, der Osnabrücker Lesetrainer«, und »MatheBlaster« vielfältige Einsatzmöglichkeiten, von denen ich einige im Folgenden näher beleuchten werde.

Förderunterricht Mathematik / Deutsch / Konzentrationstraining Jahrgangsstufe 3. Teilnehmer: fünf Schüler. Dass der Förderunterricht zwei Fächer und Konzentrations- und Ausdauertraining umfasst, mag ungewöhnlich erscheinen, doch bietet gerade hier der Rechnereinsatz so vielfältige Differenzierungsmöglichkeiten, dass nicht nur innerhalb eines Unterrichtsfaches sondern auch fächerübergreifend gearbeitet werden kann.

Jede/r Schüler/in hat unterschiedliche Problembereiche in denen er/sie entsprechend gefördert wird: Schülerin A. und Schüler B. sollen ihre Schwächen im Einmaleins der 3 und 4 bzw. der 6 und 9 aufarbeiten. Bei beiden scheint vor allem ein Motivationsproblem vorzuliegen, die immer gleichen Aufgaben auswendig zu lernen, daher kommt der »MatheBlaster« zum Einsatz. Da bei diesem Programm das spielerische Element einen starken Anteil hat, ist die Arbeitsfreude der Schüler sehr groß. Sie wollen den entführten Spot unbedingt retten und den Müllfiesling zur Strecke bringen, obwohl ihnen das schon mit anderen Aufgabentypen in früheren Sitzungen gelungen war. Besonders die Aussicht auf eine Urkunde scheint sie erheblich zu beflügeln. Beide schaffen es auch, die ersten beiden Abschnitte erfolgreich durchzuspielen (Zeitdauer 17 bzw. 22 Minuten).

Zu bemängeln ist, dass die Hilfestellungen, die das Programm bietet, nicht wegzuschalten sind, so dass eine Schülerin in unbeobachteten Momenten sich die Lösungen hierüber holt. Nach beiden Abschnitten erfolgte ein mündlicher Kurztest, der bei Schülerin A. eine deutliche Verbesserung ihrer Kompetenzen ergab, Schüler B. hatte nur einen geringen Lernzuwachs zu verzeichnen, er war ganz offensichtlich am Rande seiner Konzentrationsfähigkeit angelangt.

Schüler C. wurde zu mir geschickt, da er erhebliche Schwierigkeiten beim Lesen aufwies. In der Fördersequenz zuvor hatte ich ihn bereits mit dem Programm OLLI vertraut gemacht, wobei die akustische Darstellung der Übungswörter eingeschaltet war. Die visuelle Darbietung erfolgte ½ Sekunde lang. Hierbei hatte er insgesamt fünf Fehler bei 20 Wörtern. Zur genaueren Diagnose wurde nun die akustische Darstellung abgeschaltet. Die Auswertung des Fehlerprotokolls ergab, dass er kaum Schwierigkeiten bei der Erfassung der Wiedergabe von Wörtern mit drei bis vier Buchstaben hatte, seine Fehlerquote bei längeren Wörtern aber in die Höhe schnellte. Zwei Wörter wurden von ihm auch beim dritten Versuch noch falsch wiedergegeben. Er wird in den nächsten Einheiten ein entsprechendes Wahrnehmungstraining erhalten.

Die Schülerinnen D. und E. fielen im Unterricht durch ihre geringe Belastbarkeit und unkonzentriertes Arbeitsverhalten auf. Sie arbeiteten in der Förderstunde mit dem Programm »Cosmo«. Es erwies sich, dass beide durchaus in der Lage waren, sich über eine halbe Stunde zu konzentrieren und dass sie mit geringen Hilfestellungen die gestellten Aufgaben lösen konnten. Auch nicht ganz einfache Anleitungstexte im Bordbuch wurden erlesen und inhaltlich umgesetzt. Zu beobachten war ferner, dass die Bereitschaft sich gegenseitig zu helfen, bei beiden Schülerinnen spontan geweckt wurde und gemeinsam Lösungsstrategien entwickelt wurden. Überhaupt kann festgestellt werden, dass der oft befürchtete »Vereinsamungseffekt« am PC bei Grundschülern nicht zu beobachten ist. Oft versuchen mehrere Schüler ohne Aufforderung der Lehrkraft gemeinsam, ein vom Rechner gestelltes Problem zu lösen.

7. Einsatz im Rahmen von Arbeitsgemeinschaften

Ganz andere Absichten verfolge ich mit dem Einsatz der Rechner in meinen Arbeitsgemeinschaften für die Schüler der Stufen 3 und 4. Hier wird auch mal ein Rechner aufgeschraubt, eine (defekte) Festplatte untersucht oder die Funktionsweise eines CD-Laufwerkes erläutert. Das Programm »Bits und Bytes für Kids« leistet mir dabei wertvolle Hilfe. Die einzelnen Hardwarekomponenten werden von einem lustigen Hasen kindgerecht vorgestellt und anschließend real in Augenschein genommen. Außerdem werden Einsatzmöglichkeiten des Computers in verschiedenen Berufen vorgeführt und das Kopieren von Disketten gezeigt. Selbstverständlich wird dieser Vorgang dann auch praktisch nachvollzogen.

Einen anderen Höhepunkt bietet das Programm »Microsoft Filmstudio«. Hier können Zeichentrickfilme erstellt und mit eigenen Tonaufnahmen unterlegt werden. Die Anschaffung eines Kopfhörers mit integriertem Mikrofon erwies sich für diese Arbeiten als sehr vorteilhaft.

Mit dem Programm »The Greatest Paper Airplanes« werden Papierflugzeuge erstellt. Das Programm zeigt den Schülern am Bildschirm in kleinschrittigen Abfolgen, wie man Papierflugzeuge faltet. Jeder Schüler bestimmt sein Arbeitstempo selbst und jeder Arbeitsschritt ist beliebig oft wiederholbar. Leider liegt das Programm nur in einer englischen Version vor; die grafischen Animationen sind jedoch so gut gestaltet, dass auf die Begleittexte auch verzichtet werden kann.

Mit dem Windows-eigenen Malprogramm »Paintbrush« (Windows 3.11) bzw. »Paint« (Windows 95) können erste Gehversuche in Computergrafik unternommen werden.

Das Programm »Tim« stellt hingegen eine ganz andere Herausforderung dar. Hier geht es um erste physikalische Grundbegriffe wie z.B. die Schwerkraft, die man gezielt einsetzen kann, um diverse Maschinen funktionieren zu lassen.

Selbstverständlich darf auch das Element Spiel nicht fehlen. Hier dienen der Klassiker »Sokoban« bzw. eine etwas abwechslungsreicher gestaltete Version namens »Banania«, bei denen ein Männchen Kisten in eine vorgegebene Position schieben (und leider nicht ziehen) muss, ebenso der strategischen Schulung wie auch »DigDogs«, das die Schüler zu Autorennen herausfordert. Doch »leider« kann nur gewinnen, wer die Verkehrsregeln beachtet.

In Phasen, in denen ich den Schülern freistelle, welches Programm sie sich aussuchen, wird interessanterweise oft »MatheBlaster« gewählt und eine »Extraeinheit« Mathematik durchaus gerne in Kauf genommen. Aber auch andere Programme werden freiwillig durchstöbert, und ein Ausfall der AG bedeutet für viele eine schwere Enttäuschung. Als sehr hilfreich (besonders in den ersten Wochen) erwies sich, dass Schüler meiner letzten Klasse, die jetzt die Orientierungsstufe besuchen, häufig zu AG-Zeiten vorbeischauten und gerne die Rolle eines »Assistenten« übernahmen, wie überhaupt die Einbindung von Multiplikatoren in den Unterricht immer einerseits eine Entlastung des Lehrers und andererseits einen Motivationsschub für alle Schüler bedeutet. Weiterführenden Schulen kann nur empfohlen werden, diese Erfahrungen aufzugreifen.

***Mindestvoraussetzungen* an Hardware bzw. Betriebssystem für die oben aufgeführten Programme:**

	MS-DOS	Windows 3.1/95	Soundkarte	CD-ROM
Bits + Bytes		X	X	X
Filmstudio		X	X	X
Paper Airplanes		X	X	
Tim		X	X	X
Sokoban		X		
Banania		X	X	
DigDogs	X			

Zum Abschluss

Ich kann Grundschullehrerinnen und -lehrern nur ermutigen, Computer in ihrem Unterricht einzusetzen. Die Pflege der Hard- und Software ist auf Dauer aber nicht ohne entsprechendes Know-how und Engagement entweder von Seiten des Kollegiums oder etwaiger Sponsoren möglich, solange von Seiten des Schulträgers diese Aufgabe nicht übernommen wird. Auch ist leider festzustellen, dass die wissenschaftliche Begleitung von Seiten der örtlichen Universitäten als mangelhaft zu bezeichnen ist. Hier ist noch viel Entwicklungsarbeit zu leisten. Meine diesbezüglichen Erfahrungen mit den Universitäten Braunschweig und Hildesheim haben diesen Eindruck jedenfalls hervorgerufen.

Von Seiten der Schulbuchverlage ist zu erfahren, dass zumindest einige bereit wären, methodisch und didaktisch hochwertige Software zu produzieren, leider jedoch zu wenig Grundschulen die nötige Hardwareausstattung vorweisen können. Diesem Argument kann ich im Grundschulbereich leider (noch!) nicht widersprechen, bei den weiterführenden Schulen ist es jedoch nicht mehr haltbar. Hier liegt die Schwierigkeit eher darin, dass der Schulträger zwar die Hardware zur Verfügung stellt, die Beschaffung geeigneter Software jedoch den Schulen überlässt. Auch scheint hier ein entsprechendes Fortbildungsangebot für die Lehrkräfte zu fehlen.

Festzuhalten bleibt: Trotz hoher Akzeptanz von Seiten der Schüler und Eltern scheint die Institution Grundschule insgesamt – von einigen einzelkämpferischen Ausnahmen abgesehen – eine Entwicklung zu ignorieren, die in weiten Teilen der Bevölkerung bereits als ein unverzichtbarer Bestandteil sowohl des Berufs- wie auch des Privatlebens angesehen wird. Damit verbundenen Fragestellungen adäquate, pädagogisch fundierte Antworten geben zu können, stellt meines Erachtens die Herausforderung der nächsten Jahre dar. Viele Gespräche mit Eltern und Kollegen und Kolleginnen haben mich davon jedenfalls überzeugt.

Es ist wünschenswert, dass auch auf höherer Ebene diesen Forderungen entsprochen wird.

Trotz allem wird nach meiner Überzeugung das Medium Computer – bei aller in unserer Gesellschaft leider oft anzutreffenden Technikfeindlichkeit – über kurz oder lang in breiter Front Einzug in den Grundschulunterricht halten. Zu vieles spricht letztendlich dafür.

Fortbildung

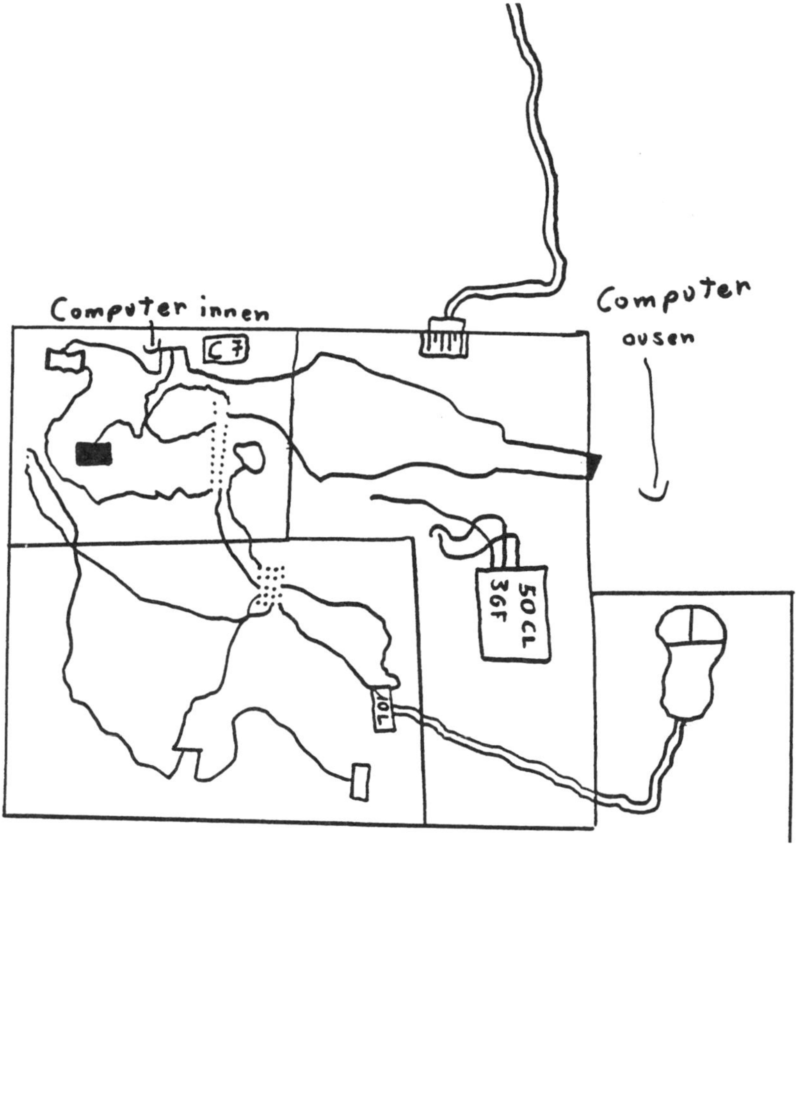

Udo Spindler

Erste Erfahrungen mit dem PC

Ein Lehrgang

Mit dem folgenden Beitrag möchte ich das Konzept und die Ergebnisse eines Lehrgangs darstellen, der Anfänger und Neulinge ermutigen soll, sich im Grundschulunterricht oder auch privat mit dem Gebrauch und dem Einsatz des Computers vertraut zu machen.

Im Lehrgangsteam arbeiteten mit: eine Teilnehmerin eines früheren Computerlehrgangs, eine Programmiererin sowie eine Kollegin, die ebenfalls schon einige Computerlehrgänge geleitet hatte. Ich selbst bin Schulleiter einer Grundschule und befasse mich schon seit über zehn Jahren mit dem Einsatz des Computers als Text- und Grafikmaschine im Grundschulunterricht.

Der Lehrgang war für Anfänger angekündigt* und auf eine Teilnehmerzahl von 20 beschränkt (der große Bedarf an solchen Lehrgängen zeigt sich u.a. auch an der Zahl der interessierten Lehrerinnen und Lehrer: weit über 100!). Der Lehrgang sollte

- einen allgemeinen Überblick über Hard- und Software sowie über bisherige Erfahrungen mit freiem Schreiben auf Computer,
- eine praktische Einführung des Arbeitens am Computer mit der Benutzeroberfläche GEOS 2.0 geben und
- in einem Workshop-Teil mit Einzel- und Gruppenarbeit die Erarbeitung eines grafischen Produktes und eines Textes ermöglichen.

* Der Lehrgang wurde im Lehrgangsheft des HILF für die zweite Jahreshälfte 1996 ausgeschrieben. Er lief unter der Nummer 96/48/40/01, hatte den Titel »Computer in der Grundschule – Eine ›Einstiegshilfe‹ für Neulinge. Workshop: Gebrauch des Computers als Werkzeug (Freie Gestaltung von Texten und Grafik)«, fand in Weilburg statt und dauerte vom 25.11. – 29.11.1996.

Für den Lehrgang standen zur Verfügung: elf Rechner mit Windows 95 im Netzwerk, drei Drucker, ein Einzelrechner (486er) mit Scanner, Soundkarte und CD-ROM-Laufwerk sowie zwei Laptops; auf allen Geräten war die grafische Benutzeroberfläche GEOS 2.0 installiert. Sie dient in unserer Region schon seit längerem als Text- und Grafikverarbeitungsprogramm. Ihre Bedienung ist leicht zu erlernen, hat eine klare Struktur, kann individuell angepasst werden und ab dem Prozessortyp 286 mit Schwarzweiß- und Farbbildschirmen eingesetzt werden.

Der Lehrgang

Die Lehrerinnen und Lehrer hatte u.a. folgende Zielvorstellungen. Alle wollten am Ende des Lehrgangs:

- über Rechner und ihre Komponenten informiert sein,
- möglichst viel angstfrei geübt haben,
- wissen, wie man selbst Texte und Grafiken erstellt,
- wissen, welche Computerhardware für den Einstieg geeignet ist,
- unterschiedliche Lernprogramme kennen gelernt und besprochen haben,
- wissen, wie und mit welchen Methoden und Mitteln man den Computer im Unterricht einsetzt und
- wissen, wo man zukünftig Informationen bekommen kann.

Man sollte außerdem – wie sich bei unserem Lehrgang später zeigte – auf Folgendes vorbereitet sein:

- dass Teilnehmerinnen bzw. Teilnehmer bereits (negative) Lehrgangserfahrung zu dem Thema Computer haben und dennoch einen Neuanfang wagen,
- dass sie unterschiedliche Ausgangserfahrungen haben (damit die Differenzen letztendlich nicht zu groß sind, sollte man auf eine entsprechende Ausschreibung achten) und
- dass man es mehrheitlich mit Frauen zu tun hat (die im Allgemeinen einen anderen Lernzugang zum Thema Computer haben als Männer).

1. Arbeitsschritt:
Zunächst wird ein Überblick über den aktuellen Stand der Arbeit mit Computern im Grundschulunterricht gegeben, dazu Informationen über Computer und den Rahmenplan für die Grundschule* (in den Bundesländern unterschiedlich),

2. Arbeitsschritt:
Eine kurze Geschichte der Entwicklung des Prozessors, »Herz« eines jeden Computers, einzelner Hardware-Komponenten, Aufschrauben eines Computers und Blick ins »Innere«, damit verbunden die »Entzauberung«, Entmystifizierung.

3. Arbeitsschritt:
Mögliche Zukunftsperspektiven, Entwicklungen elektronischer Datenverarbeitung.

4. Arbeitsschritt:
Grundsätzlich notwendige Absprachen zum Arbeiten mit Computern, die auch auf Plakate geschrieben sein sollten:

MIT DER TASTATUR ARBEITET JEDER ALLEIN!
GREIFE NIE DEM PARTNER IN DIE TASTEN!
WIR BEOBACHTEN, WAS DER ANDERE MACHT,
BESPRECHEN UNS UND GEBEN UNS TIPPS!
PROBIEREN MACHT DEN COMPUTER NICHT KAPUTT!
DU KANNST RUHIG FRAGEN, WAS DU NICHT WEISST!

Über die offizielle Zeit im Lehrgang hinaus sollte Gelegenheit gegeben werden, an den Geräten selbstständig zu arbeiten und zu üben. Bei einer grafischen Benutzeroberfläche wie GEOS 2.0 sollten vor allem der Umgang mit der Maus, den Konfigurationsmöglichkeiten sowie einfache Anwendungen geübt werden.

5. Arbeitsschritt:
Im Vordergrund steht die Anwendung des Textverarbeitungsprogrammes GEOWrite. Gelernt werden das Vergrößern und Verklei-

* Der Einbezug des Computers als Arbeitsmedium in den hessischen Rahmenplan für die Grundschule geht u.a. auch auf unsere Computeraktivitäten im Raum Marburg zurück.

nern von Text, das Wechseln der Schriftarten, die Absatzformatierungen und der Gebrauch des Druckers. Dazu werden vorbereitete Beispieltexte zur Verfügung gestellt, die analog von den Teilnehmerinnen und Teilnehmern erstellt werden. Die Ergebnisse lassen sich leicht am Ausdruck überprüfen. Zusätzlich werden kleinere Gedichte, Prosatexte und Plakate gestaltet und es wird mit verschiedenen Formatierungen experimentiert. Während einer der Teamer als »Lehrer« fungiert, stehen die übrigen als Berater zur Verfügung. Sie helfen und erklären individuell, verbessern Fehler, bringen »abgestürzte« Rechner wieder zum Laufen und sind immer da, wenn ein Teilnehmer, eine Teilnehmerin Probleme hat.

6. Arbeitsschritt:
Die Vorstellung geeigneter Lernsoftware für die Grundschule erfolgt durch das Team; Ausprobieren sollen die Teilnehmerinnen und Teilnehmer selbstständig, das Team steht zur Beratung zur Verfügung. Dieser Zugang ist vor allem deshalb sinnvoll, weil die Software z.T. ganz unterschiedlich beurteilt wird. Programme, die von den einen vollständig abgelehnt werden, finden bei den anderen ungeteilte Zustimmung. Anhand der Softwarebeispiele können Kriterien für die Auswahl besprochen werden. Dazu gehören die Beurteilung verschiedener Schwierigkeitsgrade, die Registrierung von Lernfortschritten, die Flexibilität im Hinblick auf die Gestaltung individueller Programmanforderungen und die Selbstkontrollmöglichkeiten für Schülerinnen und Schüler.

7. Arbeitsschritt:
Die Teilnehmerinnen und Teilnehmer werden mit einem Grafikprogramm, GEODraw, bekannt gemacht (einer Komponente von GEOS 2.0). Hier lernen die Teilnehmerinnen und Teilnehmer Grafiken zu laden, Grafiken zu verändern und anzupassen, sie in Texte einzufügen und einzupassen und Grafiken zu erstellen und in einem Sammelalbum abzuspeichern. Ein vorbereitetes Grafikblatt kann nachgearbeitet werden, und das Experimentieren kann beginnen. Auf diese Weise können während des Lehrgangs interessant gestaltete Texte und Plakate entstehen.

Der Workshop

Der Workshop dient zur gezielten Anwendung der im Lehrgang vermittelten Kenntnisse. Als Thema des Workshops haben wir »Werbung« gewählt. Am Ende sollte eine Broschüre mit Beiträgen einzelner Kleingruppen entstanden sein. Diese Gruppen können sich in freier Wahl finden. Die Aufregung, die entsteht, weil manche die Anforderung als zu hoch empfinden, legt sich schnell, wenn sich die Teamer als Helfer und Berater in Erinnerung bringen. Wichtig ist, dass die Teilnehmerinnen und Teilnehmer so viel wie möglich selbst an den Geräten arbeiten und probieren. In diesem Zusammenhang lässt sich auch eine Erweiterung der Möglichkeiten einbringen: Wir boten das mit einem zusätzlichen Rechner installierte Scannen an. Dazu standen »Schnippelbücher« mit zahlreichen grafischen Vorlagen zur Verfügung.

Im günstigsten Fall arbeiten je 3 Lehrerinnen und Lehrer in einer Kleingruppe zusammen und erarbeiten zunächst einmal eine gemeinsame Strategie. Mit der ausgiebigen Hilfestellung einzelner Teamer können die Teilnehmerinnen und Teilnehmer dann am konkreten Arbeitsauftrag ihre Kenntnisse über die Programme und die Hardwaremöglichkeiten vertiefen. So kommen erstaunlich kreative Beiträge zu der Broschüre »Werbung« zustande. Die Lehrerinnen und Lehrer lernen zugleich Methoden des Einsatzes von Computern in ihren Klassen. Darüber hinaus entwickeln sich Wünsche und Motivationen, weitere Möglichkeiten der Programme kennen und anwenden zu lernen. Je nach Schwerpunkt kommen so die Stärken der einzelnen Programmteile zum Tragen.

Vor allem das Scannen kann hier als ein wichtiges Hilfsmittel der Arbeit mit dem Computer erlebt werden. Viele Lehrerinnen und Lehrer lernen so schon nach kurzer Zeit, Grafiken einzuscannen, abzuspeichern und auf ihrem Arbeitscomputer in ihre Texte einzufügen.

Aber auch für die realistische Einschätzung der eigenen Möglichkeiten bietet sich ein solcher Workshop an. Gerade wenn es so viele und scheinbar unbegrenzte Möglichkeiten gibt, erreicht man sehr schnell die persönlichen Grenzen gestalterischer Fähigkeiten. Hier vermittelt der Workshop eine realitätsbezogene Erfahrung der Möglichkeiten des Computers in der Gestaltung von selbst entworfenen Texten.

Abschließende Fragen

Wichtig erscheint die Vermittlung des Stellenwertes der gelernten Inhalte: Wofür ist dieses Programm geeignet? Unter welchen Umständen kann ich es einsetzen? Hier ist vor allem wichtig, dass das Programm, auf dem die neu erworbenen Kenntnisse der Teilnehmerinnen und Teilnehmer beruhen, nahezu universell einsetzbar ist (ab 286er aufwärts), so dass jemand, der »nur« einen 286er mit Schwarzweißbildschirm zur Verfügung hat, genauso damit arbeiten kann wie jemand, dem ein neuerer Computer in der Klasse zur Verfügung steht. Nachfolgend muss die Frage der Beschaffung von Rechnern, die rechtliche Situation bei der Programmanwendung sowie die weitere Fortbildung auf der Agenda stehen.

Offen muss allerdings bleiben, ob und wie die Lehrerinnen und Lehrer Hilfe vor Ort bekommen können, und zwar sowohl bei Hard- als auch bei Softwareproblemen. Hier gibt es noch eine größere Entwicklungsaufgabe – vor allem sollte das Engagement von Schulleiterinnen und Schulleitern für diesen Bereich gefördert werden.

Das wichtigste Anliegen: Ängste vor dem neuen unbekannten Medium abzubauen, kann mit einem »schülerorientierten« Lehrgangskonzept erreicht werden. Entscheidend dabei ist die Zufriedenheit mit dem eigenen Produkt (hier: die Broschüre zum Thema »Werbung«). Wenn dann die Lehrerinnen und Lehrer – vor allem älterer Jahrgänge – sich selbst am Ende eines solchen Lehrgangs einen Computer beschaffen wollen (weil sie erlebt haben, welche Möglichkeiten der Unterrichtsvorbereitung, z.B. der Gestaltung von Arbeitsblättern etc., er bietet), dann ist dies eines der erfreulichsten Ergebnisse der Fortbildungsarbeit.

Horst Eufinger

Grundschullehrerinnen an den PC?!

Vom PC-Kurs für Lehrerinnen zur handlungs- und schülerorientierten Nutzung des Computers im offenen Grundschulunterricht

Bedarf nach regionaler Lehrerfortbildung

Im Jahr 1991 wurde an der Adolf-Reichwein-Grundschule in Neu-Anspach zum ersten Mal ein Computer in offenen Unterrichtsphasen einer Grundschulklasse eingesetzt.

Der alte Apple-Computer mit selbstgeschriebenen Programmen des Lehrers weckte nicht nur die Neugier der Kinder am neuen Medium, sondern in der Folgezeit auch das Interesse der Lehrerinnen, die in der Klasse unterrichteten.

Mit welcher Leichtigkeit gingen die Kinder doch mit dem Gerät um und mit welcher Ernsthaftigkeit organisierten und regelten sie schon bald die Arbeit der Lerngruppe am Computer durch Listen mit Zeiteinheiten und Symbolen für die gewählten Programme. Nichts war auszumachen von vereinsamten Einzelgängern am Computer, sondern freiwillige Gruppenarbeit am Computer und sachlich engagierte Problemlösungsdiskussionen auf hohem Niveau waren beim Spielen und Lernen zu beobachten.

Ein Jahr später wurde in einer Klasse mit gemeinsamem Unterricht einem schwer körperbehinderten Kind zur Unterstützung ein PC mit Drucker über den Schulträger angeschafft. Zum ersten Mal setzte die Schule dabei das Lernprogrammpaket »Budenberg« ein, das alle hessischen Grund- und Sonderschulen über das Hessische Institut für Bildungsplanung und Schulentwicklung kostenlos beziehen können. Das führte auch bei überzeugten Computergegnern unter den Lehrerinnen zu der Meinung, dass Computereinsatz im offenen Grundschulunterricht auch pädagogisch sinnvoll sein kann.

Zur gleichen Zeit wurden von der Schulleitung am privat angeschafften Büro-PC Aushänge, Konferenzvorlagen und Berichte »wie gedruckt« erstellt. Am Infobrett im Lehrerzimmer gab es immer häufiger Gespräche über die bei den Aushängen verwendeten Schriftarten, ihre Wirkung, Ästhetik und Brauchbarkeit für Arbeitsblätter und Elterninfos. Als der nächste Schulanfängerbrief in *mit dem PC gedruckter Vereinfachter Ausgangsschrift* herausgegeben wurde, war das Interesse groß, dies auch zu lernen und für die Unterrichtsvorbereitung und Herstellung von Lernmaterialien nutzen zu können.

Im Herbst 1993 wurde der erste von mittlerweile vier Computerkursen für Grundschullehrerinnen an der Adolf-Reichwein-Grundschule durchgeführt. In der folgenden Schilderung der Fortbildungsveranstaltungen soll der Stellenwert der Verbindung von regionaler Lehrerfortbildung des Hessischen Instituts für Lehrerfortbildung in Friedberg mit schulinterner Lehrerfortbildung gezeigt werden. Deutlich werden soll auch, welche Auswirkungen solche Fortbildungen auf die Innovationskraft eines Kollegiums bei der Nutzung neuer Technologien im offenen Grundschulunterricht haben können.

Fortbildungskurs 1: Der PC in der Grundschule

(Erstkontakt mit dem Computer beim Erstellen von Texten und Ausprobieren von Lernsoftware)

Die Fortbildung fand in den Räumen der Grundschule statt, aus deren Kollegium der Anstoß für die Aufnahme des Themas in das regionale Fortbildungsangebot gekommen war. Dadurch war auch eine gute informelle Ebene zu den Lehrerinnen des Kollegiums vorhanden, die nicht an der Fortbildung teilnahmen.

Die Durchführung des ersten Kurses war geprägt von der Problematik, dass nur drei technisch veraltete PCs zur Verfügung standen, die zu den Fortbildungsveranstaltungen aus den Klassen ins Lehrerzimmer geholt und installiert werden mussten. Bei aller Mühsal vermittelte diese Prozedur manchen Teilnehmerinnen aber auch wichtige technische Grunderfahrungen.

Die geringen Vorkenntnisse, die Ängste und Unsicherheiten im Umgang mit Technik und die bei Pädagogen stark verbreiteten Ressentiments gegenüber Computern sprachen gegen Einzelarbeit der Lehrerinnen an den Geräten. Diese Einschätzung wurde von allen Teilnehmerinnen im Verlauf des Kurses auch bestätigt. Ein Computerkurs, der sich in erster Linie an Frauen ohne PC-Erfahrung richtet, sollte aber unbedingt handlungsorientiert sein und die Möglichkeit bieten, durch Ausprobieren einen individuellen Zugang zum Thema zu finden.

Es wurde deshalb davon ausgegangen, dass mit höchstens drei Personen noch sinnvoll an einem Gerät gearbeitet werden kann. Daher wurde die Teilnehmerzahl in der Vorplanung auf neun Lehrerinnen begrenzt. Das Interesse an der Fortbildung war mit 18 Teilnehmerinnen aber so groß, dass nach gemeinsamer Absprache in der ersten Sitzung zwei Gruppen gebildet wurden, die abwechselnd tagten, wobei die geplanten Fortbildungstermine auf die zwei Gruppen gleichmäßig verteilt wurden.

Als Motive für die Teilnahme an der Fortbildung wurden in einer ersten Befragung hauptsächlich genannt:

- »Der Computer wird *unabwendbar* ein Arbeitsmittel für Lehrerinnen und Kinder in der Schule werden.«
- »Erste Eindrücke aus der Schule oder durch den PC-Umgang meines Mannes haben mich davon überzeugt, dass Computer bei der *Erstellung von Arbeitsmitteln* hilfreich sein könnten.«
- »Wenn ich mich daheim an den PC wage, stehen mein Mann und mein Sohn ungeduldig hinter mir und geben mir auf Fragen nur überhebliche oder unverständliche Erklärungen.«
- »Im Volkshochschulkurs waren nur PC-Freaks, das hat mich noch mehr verunsichert. Ich hoffe, dass eine Fortbildung unter Frauen mit weniger Frustration verbunden ist.«
- »Die Kinder haben in den Klassen den Umgang mit dem PC so schnell gelernt, dass ich jetzt den Mut und den Wunsch habe, es selbst zu versuchen.«

Vor diesem Hintergrund wurde als Ziel der Fortbildung gesetzt, *dass alle Teilnehmerinnen die Möglichkeit erhalten sollten, in Ruhe, ohne*

Druck und mit Spaß einen Zugang zum PC zu entwickeln oder wieder aufzunehmen.

Neben dem Erlernen der ersten und einfachsten Schritte zum Starten des Computers wurde schnell mit der Bedieneroberfläche »Windows« gearbeitet, die einen intuitiven Umgang mit dem PC ermöglicht. Gleichzeitig bietet »Windows« und die zugehörige Software den Grundschullehrerinnen viele Möglichkeiten der einfachen Schriftgestaltung auf Arbeitsblättern und hochwertigen Ausdruck mit fast allen Druckern.

Es war jedoch klar, dass ein Computer-»Schnupperkurs« kein Grundkurs zum Erlernen eines Textverarbeitungsprogramms sein kann, denn dafür müsste man deutlich mehr Zeit haben. Außerdem wäre dann eine regelmäßige Übungsmöglichkeit (z.B. am eigenen heimischen PC) zwischen den Sitzungen unerlässlich. Für die meisten Teilnehmerinnen war die Fortbildung ein Computer-Erstkontakt. Während der Fortbildung konnte aber ein Eindruck darüber vermittelt werden, wie man mit moderner Textverarbeitungssoftware intuitiv arbeiten kann und schon nach kurzer Zeit zu guten Ergebnissen kommt.

Ein damals neues Schriftenprogramm für Windows, mit dem man Texte auf Arbeitsblättern oder Arbeitskarten in Vereinfachter Ausgangsschrift mit korrekt gesetzten Buchstabenverbindungen schreiben kann, wurde intensiv ausprobiert. Obwohl die Software damals noch nicht ganz ausgereift und unnötig umständlich zu bedienen war, machte das Arbeiten damit allen Teilnehmerinnen viel Spaß.

- Vorgegebene Texte aus dem Grundschulbereich wurden von Disketten geladen.
- Fließtexte brachten die Lehrerinnen durch einfache Operationen unter Windows (Zeilenumbruch, Änderung der Schrift, Einfügungen, Fehlerkorrektur) in die ursprüngliche oder gewünschte Form.
- Bei der Formatierung der kleinen Texte wurde die Maus- und Fenstertechnik nebenbei kennen gelernt.
- Schon bald konnten erste eigene Texte, Kurzberichte von der Fortbildung und Plakate mit Grüßen an das Kollegium erstellt und im Lehrerzimmer ausgehängt werden.

Neben diesen Grundoperationen mit dem einfachen Textverarbeitungsprogramm, das in Windows enthalten ist, sollte auch mit einer umfangreichen Textverarbeitung (Winword) gearbeitet und dabei das Erstellen von Tabellen und Listen ausprobiert werden. Es zeigte sich schnell, dass die einfachen Computer, die zur Verfügung standen, überfordert waren (geringer Speicher, Schnelligkeit). Deshalb wurde die zusätzliche Zeit genutzt, die verschiedenen Schriftmöglichkeiten mit Windows zu entdecken und kreativ einzusetzen, was auch ganz im Sinne der Teilnehmerinnen war.

Nicht leicht fiel allen der Umgang mit der »Computer-Maus«. Das *Klicken, Doppelklicken, Markieren und Ziehen* war für Lehrerinnen mit ausgeprägten Technikberührungsängsten auch nach mehreren Fortbildungssitzungen noch schwierig. Die Maus wurde allenfalls mit spitzen Fingern berührt und die Hand nicht richtig aufgelegt. Dadurch fiel die Steuerung des Mauspfeils schwer. Um diese Hürde zu verringern, wurden schlecht geformte Computer-Mäuse gegen qualitativ bessere ausgetauscht, was das Lernen erheblich erleichterte. Die Arbeit in Dreiergruppen erwies sich hierbei als weniger geeignet, da die Übungszeit (»Kontakt« mit der Maus) zu gering war. Für weitere Fortbildungen wünschten sich die Teilnehmerinnen Zweiergruppen.

In der Zeit, in der die Fortbildung stattfand, stand immer ein PC im Lehrerzimmer, an dem zwischen den Fortbildungsterminen geübt und ausprobiert werden konnte. Diese Möglichkeit wurde auch in den Pausen, in Freistunden und nach dem Unterricht stark genutzt. Dabei wurde auch das Interesse an weiteren Fortbildungen verstärkt und mehrere Lehrerinnen meldeten sich schon für einen Folgekurs an.

In der vorletzten Sitzung wurden die Einsatzmöglichkeiten des Computers im Unterricht der Grundschule ausprobiert. Dabei testeten die Lehrerinnen verschiedene Lern- und Übungsprogramme.

- Budenberg-Lernsoftware (Umfangreiches Programmpaket, 1.–3. Sj.)
- Rechenladen (Sachaufgaben ab 2. Sj.)
- Übungsprogramme für Rechtschreibung (Deutsch, 2.–4. Sj.)
- Lernprogramme für den Sachunterricht (Dinosaurier, Sonnensystem)

Die Zeit, die für das Ausprobieren zur Verfügung stand, erwies sich als viel zu kurz. Allein das Budenberg-Lernsoftwarepaket für Grund- und Sonderschulen ist so vielfältig und umfangreich, dass man nur einen oberflächlichen Eindruck gewinnen konnte. Die Übungsprogramme für Rechtschreibung erwiesen sich als qualitativ so schlecht (sture Drillprogramme), dass ein Einsatz im Unterricht von allen Teilnehmerinnen der Fortbildung abgelehnt wurde.

In der letzten Sitzung ging es darum, die in den vorausgegangenen Fortbildungssitzungen gewonnenen Eindrücke aufzuarbeiten, zu bewerten und einen eventuellen Bedarf nach Weiterarbeit an der Thematik zu klären.

Vor dem abschließenden Gespräch sollte ein kleiner Einblick in die Computerspiele ermöglicht werden, mit denen immer mehr Kinder im Grundschulalter ihre Zeit vor dem häuslichen PC verbringen. An drei Stationen konnten drei typische einfache Computerspiele und Computerspiele besserer Qualität (Simulation, Denk- und Geschicklichkeitsspiel, Adventure) getestet werden.

Danach gab es eine intensive Diskussionsrunde über *Sinn und Unsinn des Computereinsatzes in der Grundschule, sinnvollen Einsatz des Computers im offenen Grundschulunterricht* und über die *Gefahren und Möglichkeiten von Computerspielen.*

In der Diskussionsrunde wurde folgendes Meinungsbild über die Fortbildung deutlich;

- Der offene und handlungsbezogene Einstieg in die Thematik unter Einbezug inhaltlicher und pädagogischer Fragestellungen hat sich bewährt.
- Der Zugang zu notwendigen technischen Fragen wurde für die Teilnehmerinnen über die kreative Arbeit an pädagogisch bedeutsamen Inhalten erleichtert.
- Computerfortbildung unter Frauen macht auch technikfernen Lehrerinnen Mut, sich mit der Thematik weiter zu befassen.
- Die Arbeit zu zweit an einem Gerät ist ideal.
- In der Fortbildung wurde deutlich, dass der Computer als Medium und Werkzeug auch im Grundschulunterricht neue methodische Möglichkeiten eröffnet. Dabei kann er die Lehrerin nie ersetzen.

- Das in der Fortbildung praktizierte »Helfersystem« mit unterschiedlichen Arbeitsformen kann ein Beispiel für sinnvollen Einsatz des Computers im Unterricht sein.
- Wegen der geringen Anzahl an Geräten konnte die Fortbildung nur ein Grundverständnis und erste Einstiegserfahrungen vermitteln. Die häusliche Verfügbarkeit eines PCs ist Voraussetzung für einen intensiveren Einstieg in das Thema. Deshalb wollten sich jetzt mehrere Lehrerinnen einen PC anschaffen.
- Ein zentraler PC-Arbeitsplatz in der Schule, z.B. im Lehrerzimmer, ermöglicht eine Verbindung von regionaler und schulinterner Fortbildung in kleinen Schritten.
- Das Fehlen eines Fortbildungsraums mit dauerhaft installierten Geräten erfordert vor jeder Veranstaltung einen zu großen Vorbereitungsaufwand.
- Die beiden Bereiche »PC als Arbeitsmittel für Lehrerinnen« und »PC im Unterricht« sollten in zwei Folgeveranstaltungen noch intensiver behandelt werden.

Fortbildungskurs 2: Grundschullehrerinnen an den PC?!

(Computer als Arbeitsmittel für die schulische Arbeit – Was kann ich damit machen?)

Einige Kolleginnen hatten Mut gefasst und trugen sich mit dem Gedanken, einen PC anzuschaffen. Dabei waren viele Fragen aufgetaucht, die auch in den Pausen diskutiert wurden. Die positiven Erfahrungen aus dem ersten Computer-»Schnupperkurs« und das große Interesse von Lehrerinnen aus dem Kollegium und von umliegenden Grundschulen an einer weiteren Fortbildung führte zur Planung einer Folgeveranstaltung.

Die mit der Grundschule räumlich verbundene Gesamtschule war bereit, ihren gut ausgestatteten Computerraum für eine Lehrerfortbildung zur Verfügung zu stellen.

Das Thema wurde eingeschränkt auf *die Verwendung des Computers als Arbeitsmittel der Lehrerin.* Dabei sollte das bewährte Konzept beibehalten werden, von inhaltlichen und pädagogischen Fragestellungen ausgehend, einen offenen und handlungsbezogenen Kurs anzubieten. Notwendige technische Fragen sollten nur »nebenbei« thematisiert werden.

Die Veranstaltung wurde für zehn Lehrerinnen an fünf Windows-PCs geplant. Im Computerraum gab es ein Computer-Display für den Overhead-Projektor, mit dem man auch phasenweise frontal die Programmbedienung zeigen konnte. Jeweils drei oder vier Computer waren gemeinsam mit einem Drucker über einen Umschalter verbunden, was sich im Verlauf des Kurses noch als sehr problematisch erwies.

Auf allen Computern war das integrierte Programmpaket »Winworks 2.0« installiert. Mit der darin enthaltenen einfachen Textverarbeitung können kreative Formatierungen durchgeführt, vielerlei Schriften verwendet und Grafiken und Symbole in den Text eingefügt werden. Außerdem enthalten ist auch eine Tabellenkalkulation, mit der man sehr leicht Listen, Formulare, Wochenpläne, Spielpläne usw. erstellen kann.

Aus dem Planungs- und Verlaufsschema der Fortbildung (vgl. die Grafik auf S. 165) wird deutlich, was mit dem Computer gemacht werden konnte und welche technischen Fragen und Probleme dabei zwangsläufig auftraten und behandelt wurden.

In einer frontalen Phase am Overhead-Projektor wurde schrittweise das Formatieren von Texten, die Verwendung von verschiedenen Schriften und das Einfügen von Grafiken und Symbolen in Texte gezeigt und anschließend in der Praxis nachvollzogen.

Von den Partnergruppen wurden dann sehr unterschiedliche Textprodukte hergestellt. Eine Information des Kollegiums über die Fortbildung wurde dabei von allen Gruppen erstellt, wobei man auf dem Plakat Text und Grafik wie auf einem guten Arbeitsblatt geschickt mischte. Die Arbeitsergebnisse wurden auf Disketten gespeichert und in der nächsten Sitzung wieder geladen und weiterbearbeitet, um diesen für die Arbeit am Computer so wichtigen Vorgang zu üben. Durch das projektähnliche Arbeiten an differenzierten Vorhaben entstehen sehr unterschiedliche Problemsituation in den verschiedenen Partnergruppen. Die Beratung erfolgt durch den Fortbilder oder gegenseitig durch die Gruppen. Die Situation ist durchaus mit offenem Grundschulunterricht vergleichbar.

PC-Lehrerfortbildung: **Grundschullehrerinnen an den PC ?!** (1)
Adolf-Reichwein-Grundschule / Hess. Institut für Lehrerfortbildung)

Situation: "Kann ich den PC für meine schulische Arbeit nutzen?"

Grundschullehrerinnen an den PC?!

Computer als Arbeitsmittel:
Was kann ein Computer?
Was kann ich damit machen?

Druckschriften? Schreibschr. (VA)? Schrift/Grafiken/ Symbole mischen?

Archiv aufbauen? Texte/Arbeitsblätter speichern, laden und verändern?

Verbalzeugnisse mit dem PC schreiben? Zeugnisformulare mit PC ausfüllen?

Tabellen erstellen? (Schülerlisten, Arbeitsnachweise, Wochenpläne)

Arbeitskarteien, Klammerkarten usw.?

Welcher PC ist für mich richtig? Welche Software hilft mir optimal?

Wunsch nach
Lehrerfortbildung

Regionale Lehrerfortbildung
durch HILF/HELP
an der Adolf-Reichwein-Schule (Computerraum)

Schulinterne Lehrerfortbildung
(PC im Lehrerzimmer)

Texte erstellen
- Seiteneinstellung
- Schriften wählen
- Texte formatieren
- Grafiken einfügen

Arbeitsblätter
- Rätsel
- Witze

Grüße ans Kollegium
- Gedichte
- Fortbildungsinfo
- "Mitmach-Plakat"

Tabellen erstellen
- Klassenlisten
- Wochenpläne (Symbole einfügen)
- Spielpläne (Bingo, Tic-Tac-Toe)

Zeugnisse mit PC
- Arbeit mit Masken
- Verbalzeugnisse
- In Formular drucken
- Formulareingabe (mit Winword)

Auswirkungen auf schulische Arbeit:
- **Zeugnisformulare** für Schule mit PC erstellt
- **Eigendruck** mit PC
- Zeugnisformulare als **Word-Dateien für alle Lehrerinnen** mit PC

In 2-er-Gruppen am Computer arbeiten:
PC starten
Drucker
- Einschalten
- Einstellungen
- Papiereinzug
- Papierstau

Maus
- Unterlage
- Kugel säubern

Disketten
- Einlegen
- Sichern/Laden
- Löschen
- Formatieren

Windows
- Starten
- Fenstertechnik
- Programme starten
- Klick/Dopelklick
- Markieren/Ziehen
- Beenden

Winworks

Auch beim Erstellen von Listen und tabellarischen Wochenplänen war die Vorgehensweise ähnlich. Einige Gruppen erstellten sich Klassenlisten, andere beschäftigten sich intensiv mit Wochenplänen für die Weihnachtszeit, wobei in den Kopfzeilen Symbole aus der Schrift »Wingdings« eingebaut wurden.

Ein besonders feierlicher Moment ist immer wieder das Drucken der mit Mühe und Eifer am PC erstellten Werke. Deshalb muss bei Computer-Fortbildungen mit Lehrerinnen diesem Punkt besondere Beachtung geschenkt werden. Die Qualität der Drucker ist wichtiger als die Schnelligkeit der Computer. Die Bedienung sollte so einfach wie möglich sein. Dies sind die Lehren, die unter anderem aus dieser Fortbildung gezogen werden müssen, denn beim Drucken gab es viele unerwartete Probleme, die weiter unten noch ausführlicher geschildert werden.

Aus Zeitgründen kam der Punkt »Zeugnisse mit dem PC erstellen« zu kurz. Hier konnten nur Beispiele gezeigt und die zusätzlichen Möglichkeiten mit dem Textverarbeitungsprogramm »Winword« verdeutlicht werden. Nach diesem Anstoß erwies sich die schulinterne Lehrerfortbildung in der Folgezeit als sehr produktiv. Zeugnisformulare wurden für die Jahrgänge 1/2 und 3/4 mit Winword erstellt und die Zeugnisformulare am Schul-PC selbst gedruckt.

Das Eindrucken der verbalen Beurteilungen auf das Formular im 1. und 2. Schuljahr wurde von einem großen Teil des Kollegiums in der Folgezeit genutzt. Die Lehrerinnen mit einem eigenen PC erhielten die Dateien auf Diskette und konnten die Zeugnisdateien am PC mit Noten oder Texten ergänzen und selbst ausdrucken. Dabei kam der Vorteil des Computers als Arbeitsmittel für die Grundschullehrerin zum ersten Mal richtig zum Tragen. Mittlerweile wird der Computer bei der Zeugniserstellung von fast allen Lehrerinnen der Adolf-Reichwein-Grundschule genutzt.

Probleme:

An den Geräten im Computerraum der Gesamtschule, die von den älteren Schülerinnen und Schülern der Schule im EDV-Unterricht genutzt werden, kam es während des Kurses zu einigen unvorhergesehenen »Zwischenfällen« oder technischen Knacknüssen, die teilweise amüsant, manchmal irritierend, aber immer lehrreich wirkten:

- An einem PC erschien in der Startphase immer eine Grafik, die ein »Kelly-Hasser« wohl heimlich in einer weniger interessanten Phase des morgendlichen EDV-Unterrichts geschickt einprogrammiert hatte. Darin wurde der Kopf eines Fans der Musikgruppe »Kelly-Family« von einem »Kelly-Hasser« mit einer »Pump-Gun« blutspritzend zerschossen. Das Erscheinen des Bildes war mit allen bekannten Tricks nicht zu verhindern. Die Reaktion der am Gerät sitzenden Lehrerinnen reichte von »Entsetzen« bis zu offenem Verständnis für die Beweggründe des geschickten jugendlichen Computer-Benutzers.
- An mehreren Geräten war immer wieder die Geschwindigkeit des Mauszeigers und des Doppelklicks so verstellt, dass die Maus auch für einen geübten Benutzer kaum noch zu bedienen war.
- Beim Starten wurden oft automatisch kleine Programme geladen, die mehr oder weniger lustige oder akzeptable Sprüche und Meinungsäußerungen der Vorbenutzer auf den Bildschirm zauberten (Blondinenwitze, »Macho«-Sprüche usw.). Diese Programme mussten immer erst zum »Stillstand« gebracht werden, bevor Winworks geladen werden konnte.
- In der zweiten Sitzung funktionierten die Drucker nicht mehr. Wie sich nach langer Ursachenforschung herausstellte, hatten die Jugendlichen zwischenzeitlich als »Scherz« falsche Druckertreiber in Windows installiert.
- Ein PC lief plötzlich um ein Vielfaches langsamer, obwohl er technisch mit den anderen Geräten identisch war. Auch dahinter steckte wohl eine Absicht …

Schon bald kam der Verdacht auf, dass die jugendlichen Hauptbenutzer des Computerraumes sehr wohl wussten, wer hier alle 14 Tage eine Fortbildung machte und ihren ehemaligen Grundschullehrerinnen heimlich schadenfroh zeigten, wer in diesem Raum die »technische Macht« besaß.

Wie schon erwähnt, erwiesen sich auch die Druckerumschalter, über die mehrere Computer mit einem Drucker verbunden waren, für ungeübte Benutzer als Falle. Der Einstellungsschalter war so ungenau, dass nicht zu erkennen war, welcher Computer gerade mit dem Drucker verbunden war. Häufige Irrtümer führten immer dazu, dass beim Anklicken des Icons für »Drucken« keine Reaktion erfolgte, weil der Drucker noch mit einem anderen Computer verbunden war. Die Reaktion darauf war meistens, dass das Druckersymbol wieder und wieder angeklickt und damit der Druckauftrag mehrfach erteilt wurde. Wenn der Schalter dann endlich richtig eingestellt war, erledigte Windows zur Überraschung der Lehrerinnen gnadenlos alle versehentlich erteilten Druckaufträge. Das war dann eine gute und berechtigte Gelegenheit, um fluchend alte Ressentiments gegen Technik wieder auf den Tisch zu packen.

Aus diesen Erlebnissen konnte gelernt werden, *dass Computer nicht perfekt sind, dass der Computer nur das macht, was der Mensch ihm sagt (programmiert)* und *dass Schüler den Lehrkräften auf dem Gebiet der neuen Technologien meistens haushoch überlegen sind,* was wiederum die Lehrerinnen in ihrem Fortbildungsbestreben nur bestärkte.

Insgesamt konnten die Ausgangsfragen der Lehrerinnen, die zur Konzeption der Fortbildung geführt hatten, während der Fortbildung beantwortet und in konkrete Arbeitsergebnisse umgesetzt werden. Berührungsängste wurden vermindert, weil sich zeigte, dass auch die *Computertechnik nicht perfekt* ist, Probleme dabei meistens von Menschen gemacht wurden und entsprechend auch behoben werden konnten.

Fortbildungskurs 3: Computer im offenen Unterricht

(»Eltern spenden der Klasse einen PC! Was nun?«)

Im Beruf machen viele Eltern die Erfahrung, dass der PC zum selbstverständlichen Arbeitsgerät geworden ist. Die positiven Rückmeldungen aus einigen Klassen, in denen Kinder einen Computer zum Lernen und Üben in der Freien Arbeit benutzen konnten, motivierten zunehmend Eltern der Adolf-Reichwein-Grundschule, auch einen gebrauchten Computer für die Klasse des eigenen Kindes zu spenden. Oft kamen bei Spendenankündigungen die betroffenen Klassenlehrerinnen dann aufgeregt zum Schulleiter, weil sie unsicher waren, wie sie sich in dieser Situation verhalten sollten. Auf den gespendeten PCs wurde vom Schulleiter die notwendige Software installiert und unbrauchbare Spiele und Daten gelöscht, die von den Eltern gutgemeint auf der Festplatte gelassen worden waren. Da die Computer meist technisch veraltet waren, mussten die Lernprogramme nicht nur didaktisch gut sein, sondern auch auf langsamen Geräten laufen. Besonders geeignet waren hier die Budenberg-Programme, Alfons-Lernsoftware und Uniwort.

Stand der PC erst einmal in der Klasse, hatten die Kinder mit ihren Vorerfahrungen vom Spielen an Papis PC die Bedienung sehr schnell im Griff.

Der Computer, im offenen Unterricht richtig eingesetzt, wirkte sich bei vielen Kindern motivierend aus. Dass die Kinder dabei nicht die menschliche Kommunikation verlernen und zum verhaltensgestörten Egomanen werden, hatte sich schon vorher in den »Pilotklassen« gezeigt. Die Lehrerinnen und die Kinder selbst achteten darauf, dass die Lernzeiten am Computer gerecht verteilt wurden. Gab es jedoch technische Probleme oder ein Programm funktionierte nicht mehr, weil die Kinder etwas weiter in die Tiefen des Computers vorgedrungen waren, indem sie untersuchten, was alles auf der Festplatte ist und dabei versehentlich einen Programmteil löschten, dann war die Lehrerin hilflos und wusste nicht einmal, wie das Programm neu zu installieren war.

Zudem gab es regelmäßig neue und erweiterte Versionen des Budenberg-Programms, die man auch gerne auf dem Klassencomputer haben wollte. Immer häufiger wurde gefragt, ob man mit den Lernprogrammen auch die klassenspezifischen Wortschätze üben könne.

Die Förderung der Kinder mit einer Lese-Rechtschreib-Schwäche war nach Meinung aller Lehrerinnen sehr unbefriedigend, weil die notwendigen Förderstunden fehlten. Die Alfons-Programme, die sich auf den meisten Klassencomputern befanden, waren für eine individuelle Förderung solcher Kinder innerhalb des Unterrichts geeignet. Allerdings konnte keine Lehrerin die Programme richtig bedienen und die vielfältigen Möglichkeiten deshalb auch nicht nutzen. Die dringend notwendige Fortbildung hatte deshalb folgende Schwerpunkte:

- Verständigung über erste Ansätze eines schuleigenen Konzeptes für den Einsatz der Klassencomputer und der Programme
- Programme auf den Fortbildungscomputern selbst installieren
- Lernprogramme bedienen können (Budenberg, Alfons, Uniwort)
- Ändern von vorgegebenen Einstellungen der Programme und kennen lernen aller Möglichkeiten
- Klassenwortschätze eingeben
- Texte mit »Minitext« (Budenberg) schreiben
- Einsatzmöglichkeiten des Alfons-Programms für die LRS-Förderung
- Drucken von Übungsnachweisprotokollen und Arbeitsplänen für den Förderbogen der Schülerakte
- Herstellung eines kleinen Lernprogramms mit dem Budenberg-Tutor

Zum ersten Punkt gab es während der Fortbildungssitzungen sehr konstruktive gemeinsame Gesprächsrunden und viele neue Erkenntnisse beim tieferen Einblick in die manchmal ungeahnt vielen Möglichkeiten der Programme.

Der letzte Punkt sollte zeigen, dass Lehrerinnen mit der Hilfe von Tutor-Programmen einfache Lernprogramme auch selbst entwickeln können, und Mut machen, auch einmal *mit den Kindern in der Klasse* kleine Quiz-Programme herzustellen.

Die Rahmenbedingungen dieser dritten Fortbildung entsprachen denen des vorher geschilderten zweiten Kurses. Dies galt leider auch für die Druckerprobleme.

»Nette Überraschungen« und Scherzchen durch die jugendlichen Mitbenutzer waren dagegen seltener.

Aus dem zweiten Planungs- und Verlaufsschema (vgl. die Grafik auf S. 171) wird deutlich, welche Fragen behandelt werden konnten. Sehr interessant und hilfreich für die Neulinge waren die Berichte, Fragen und Anregungen der Lehrerinnen, die schon länger einen Computer in der Klasse hatten.

Es wurde dabei deutlich, dass Grundschulen, die Computer in den Klassen verwenden wollen, ein schuleigenes Konzept über den Com-

PC-Lehrerfortbildung: **Grundschullehrerinnen an den PC ?!** (2)
(Adolf-Reichwein-Grundschule / Hess. Institut für Lehrerfortbildung)

Situation: "Eltern wollen der Klasse einen PC spenden...! Was nun?"

Computer im offenen Unterricht
Fragen und Probleme

Auswahl der **Software**
Einsatzmöglichkeiten
LRS-Förderung

Mindestanforderungen für **Hardware**?
(PC, Monitor, Drucker, Zubehör)

Softwareinstallation
Bedieneroberfläche
einheitlich einrichten
Software-Updates

Welche **Standorte** sind geeignet
(Tisch, Kabel, Lichtsituation)

Wunsch nach
Lehrerfortbildung

Programmbedienung
Menu/Einstellungen
Klassenwortschätze
Tutorprogramme

Geräte verbinden
Pannenhilfe
Reparatur
Erweiterungen

Regionale Lehrerfortbildung
durch HILF/HELP

Software ausprobieren:
Budenberg (HIBS)
Alfons (Schroedel)
Uniwort (Traeger)

In 2-er-Gruppen an PCs arbeiten:
Umgang mit ...
- Disketten
- Maus

Anschließen von ...
- Monitor
- Drucker
- sonstige Kabel

Druckerbedienung
Papiereinzug

Schulinterne Lehrerfortbildung
(PC im Lehrerzimmer)

Installation
Einstellungen
- Lerninhalt/Lernzeit

Texte eingeben
- "Minitext" (BB)
- "Textschreiben"(BB)
- Klassenwortschatz

Drucken
- Texte
- Übungsprotokolle

Budenberg-Tutor
- **Lernquiz** am PC erfinden / eingeben

LRS-Förderung (Alfons)
- Vorgaben durch L'in
- Arbeitsplan drucken
- Protokoll drucken
- Fehleranalyse

Wünsche für die Zukunft:

Abrufangebote /
Kurzfristige Unterstützung durch Experten
Hilfe durch Bildstellen

Erfahrungsaustausch zwischen Schulen
Regionale AGs

Fortbildung an multimedia-tauglichen PCs

Offene Fragen:

Wer hilft bei ...
Installation
Pannen
Reparatur

?

putereinsatz im offenen Unterricht entwickeln und dabei auch klären müssen:

- Welche Software soll verwendet werden?
- Wer installiert Lernprogramme und kann bei Softwareproblemen helfen?
- Was tun, wenn Reparaturen an der Hardware erforderlich sind?
- Wie sind die technischen Mindestanforderungen an gespendete Geräte, damit kein *unbrauchbarer Computerschrott* an die Schule kommt, der dann entsorgt werden muss?
- Wie können Experten aus der Elternschaft eingebunden werden?
- Ist es möglich, Mädchen den Zugang zum Computer zu erleichtern und dafür zu sorgen, dass sie nicht zwischen den vielen Jungen mit Computervorerfahrungen resignieren?

Besonders der letzte Punkt rief eine engagierte und von Betroffenheit gekennzeichnete Diskussion hervor, bei der auch Beispiele aus der Praxis mit Lösungsansätzen genannt wurden.

Die Adolf-Reichwein-Grundschule hat heute Computer in allen 17 Klassen. Bei der nächsten Computerfortbildung wird die Frage der Mädchenförderung mit im Vordergrund stehen.

Thomas Förster

Hilfe zur Selbsthilfe durch »Stützpunktschulen«

Der Weg eines neuen Mediums in die Grundschule

Ausgangslage

Schien es vor wenigen Jahren noch undenkbar, dass nun sogar schon die Grundschüler mit »Neuen Technologien« im Unterricht konfrontiert sein würden, so ist das Interesse der Schulen an Beratung, Information und Einführung in den Gebrauch der neuen Medien in hohem Maße gewachsen. Auch der neue Rahmenplan für die Grundschule berücksichtigt den möglichen Einsatz von Computern mit vielen Hinweisen.

Zwei Aspekte, die die schulische Pädagogik in Hessen in den 90er Jahren weitreichend beeinflusst haben, scheinen hier m.E. mitverantwortlich:

1) der gemeinsame Unterricht behinderter und nichtbehinderter Schüler (GU)

   Der Computer wird hier als rehabilitatives Hilfsmittel, als Medium zur inneren Differenzierung und vielseitiges Werkzeug eingesetzt. Kennzeichnend für diesen Zugang sind u.a.:
   - der Einsatz neuer Technologien auch im Klassenzimmer,
   - die Verwendung der neuen Technologien bei der Vermittlung von Kulturtechniken (Schreiben, Lesen, Rechnen) als ein Medium unter anderen (Variation der Veranschaulichung),
   - die Nutzung des begleitenden Mediums, beginnend mit dem sonderpädagogischen Förderbedarf, meistens im Laufe der ersten Klasse,

- die individuelle, dem jeweiligen Lernstand entsprechende und auf den momentanen Lernzuwachs einstellbare Förderung (Lerninsel),
- die Möglichkeit zur Gewinnung von neuen Informationen und damit das Erlernen des Umgangs mit einer Vielzahl von Informationen (Informationsbörse, Multimedialexikon u.Ä.).

2) die sich durch die wandelnden gesellschaftlichen Rahmenbedingungen verändernde Pädagogik, Didaktik und Methodik der Grundschule

   Veränderte Arbeitsformen wie Projektorientierung, Schreibwerkstatt, Lernwerkstatt, Wochenplanarbeit, Förderung von Teilleistungsschwächen sowie die Rhythmisierung des Schulalltags durch den Verzicht auf starre Unterrichtszeiten zugunsten flexibler Blöcke haben in vielen hessischen Schulen Einzug gehalten. In diese neuen Strukturen, die ja auch zum Teil ein Abbild der sich verändernden Arbeitswelt und Lebensbedingungen sind, lässt sich der Computer als Hilfe zum Lehren und Lernen sowie als nützliches Werkzeug in besonderer Weise integrieren.

Der Computer als Medium zur inneren Differenzierung

Didaktische Lern- und Förderprogramme helfen, der oft notwendigen inneren Differenzierung und dem unterschiedlichen Leistungsstand in der Lerngruppe gerecht zu werden. Solche Programme sind in der Lage, auf unterschiedliche Lernerfolge der einzelnen Schüler zu reagieren und z.B. den Schwierigkeitsgrad an die momentanen Schülerleistungen anzupassen. Durch den interaktiven Charakter der Programme ist der aktuelle Leistungsstand für den Schüler jederzeit objektiv erfahrbar. Die Rückmeldungen der Programme auf Schülerantworten sind dabei den Schülern individuell angepasst. Hilfe bei Fehlern kann vom Schüler selbst abgerufen werden (oder sie wird automatisch ausgegeben). Zusätzlich können die Programme durch Grafiken, Farbunterstützung und Sprachausgabe den Lernerfolg unterstützen.

Die zum Einsatz kommenden Lernprogramme müssen folgenden Prinzipien genügen:

- Motivation durch Grafik, Sound, Rückmeldung, Spielcharakter,
- Anschauung durch Mengendarstellung, Simulation, Bilder,
- klare Gliederung (»kleine Schritte«) bei der Darbietung,
- Leistungsbestätigung durch Rückmeldungen und Bewertung (qualitativ und quantitativ) in Form von: Protokoll, Eintrag in Lernkartei, gespeicherte Ergebnisliste etc.,
- Anpassung an die Bedürfnisse von Nutzern mit sonderpädagogischem Förderbedarf (z.B. Tastaturverzögerung, Farbanpassung, Einstellung auf behindertenspezifische Peripherie).

Als selbstverständlich anzusehen ist, dass diese Programme auch den Kriterien schülergerechter Benutzerführung, Hilfemöglichkeit und Individualisierbarkeit genügen. Im Umgang mit Lernprogrammen, die diese Prinzipien und Anforderungen erfüllen, erlernen Schülerinnen und Schüler funktional wesentliche Grundbegriffe des Umgangs mit dem Computer. Dazu bedarf es natürlich immer wieder auch der intentionalen Hilfe der Lehrkraft, zum Beispiel der Erklärung von Tastenfunktionen und programmtechnischen Abläufen, Verweisen auf Hilfen und Menüoptionen, Kontrolle von Fehlbedienung usw., um auf diese Weise das Benutzerwissen systematisch zu entwickeln.

Der Computer als Werkzeug

Der Werkzeugcharakter des Computers kommt bei

- der Bearbeitung und Gestaltung von Texten und Bildern, Projekt: »Schreibwerkstatt«,
- der Bearbeitung und Organisation von Daten und Dateien,
- der Gestaltung von Hilfen zum Lehren und Lernen (Erstellung von Arbeitsblättern, Nutzung von Schreibschriftfonts),
- dem Bewältigen von Berechnungen und deren grafischer Darstellung,
- dem Integrieren von akustischen und optischen Medien,
- der Kommunikation mit anderen Schulen und Informationsquellen und

- der gezielten Informationsgewinnung durch lexikalische CD-ROMs zum Ausdruck.

Richtig eingesetzt können neue Technologien folgende unterrichtliche Aspekte unterstützen:
- die Zugangsweisen, die in der Regel stark handlungsorientiert sind,
- die zeitliche Planung und Organisation von Lernprozessen,
- die Strukturierung komplexer Wissens- und Lerngebiete,
- die individuelle Differenzierung einzelner Lernschritte,
- die Art, Anzahl und Variation der Übungsformen (Medien).

Problemstellung

Angesichts dieser variantenreichen Einsatzmöglichkeiten des Computers ist das Interesse der an den Grundschulen tätigen Lehrerinnen und Lehrer sowie der Schülerinnen und Schüler und Eltern in den letzten Jahren stark gewachsen. Da es in dieser Schulform keine Fachlehrer mit der Lehrbefähigung Informatik gibt, war es mehr oder wenig zufällig, ob sich im Kollegium ein/e Lehrer/in befand, der/die privat eine gewisse Kenntnis mitbrachte und zudem bereit war, sich federführend für die Etablierung dieses fortbildungsintensiven Mediums in der Schule zu engagieren. Da leider die Computer noch immer ein nicht zu unterschätzendes Maß an Bedienerwissen voraussetzen, war vielerorts deshalb die Hürde zu hoch für eine zügige Integration dieser Technik.

Folgende Bedingungen sind hierbei zu erfüllen:
- es müssen Grundkenntnisse im Umgang mit Hardware vorhanden sein oder erworben werden,
- es müssen Grundkenntnisse im Laden, Bedienen und sachgemäßen Verwalten von Programmen vorhanden sein oder erworben werden,
- es müssen akzeptable räumliche Voraussetzungen im Hinblick auf Sicherung bei gleichzeitiger unkomplizierter Inbetriebnahme vorhanden sein oder geschaffen werden,

- es muss im Kollegium einen Konsens zur schrittweisen Integration dieses Mediums geben, die Bereitschaft sich mit zu engagieren, auszutauschen und zu kooperieren,
- es müssen Computer und geeignete Software und Verbrauchsmaterial vorhanden sein oder beschafft werden.

Auch wenn dieses Vorhaben zunächst gewaltig und nicht leicht realisierbar angesichts der Belastung der Kolleginnen und Kollegen in den Schulen und der engen finanziellen Rahmenbedingungen erscheint, so sind in jüngster Zeit doch eine ganze Reihe von Schulen diesen Weg erfolgreich gegangen.

Auf längere Sicht gesehen ist das hier vorgestellte Unterstützungskonzept jedoch nur durch eine erweiterte personelle und sächliche Ausstattung zu halten. Folgende Konzepte zur Überwindung der o.a. Problemstellung haben sich bewährt*:

- In den Bereichen der Lehrerfortbildung dominierten bislang Angebote im Informatikbereich, im Bereich der Informationstechnischen Grundbildung und einzelne Workshops zum Umgang mit Betriebssystemen und einschlägigen Textverarbeitungsprogrammen. Für die o.a. aufgeführten Problemfelder der »informationstechnischen Seiteneinsteiger« war es erforderlich ein Curriculum zu entwickeln, das die spezifischen Grundbedürfnisse von Hardware-Grundkenntnissen und Programmbedienungs-knowhow auf ein Minimum reduzieren würde. Stattdessen wurde ein didaktisches Konzept zum sinnvollen Einsatz des Computers in der Grundschule entwickelt. Vielfach konnte dies auf Initiative der Stützpunktschulen in Kooperation mit den regionalen HILFs realisiert werden und es sollte zu einem festen Bestandteil des Unterstützungssystems HeLP etabliert werden.
- Wichtiger Bestandteil dieses Fortbildungskonzepts ist der »HIBS-Sampler«, eine Programmsammlung von Lern- und Förderprogrammen von Kollegen für Kollegen geschrieben, von Facharbeitskreisen nach didaktischen Kriterien überprüft und

* Die folgenden Ausführungen berücksichtigen die derzeitige Umgestaltung der Institutionen »HIBS«, »HILF«, »LABI« zum Hessischen Landesinstitut für Pädagogik »HeLP«.

fortgeschrieben und in eine Benutzeroberfläche eingebunden. Sie sollte es jedem Schüler/Lehrer ohne Computerkenntnisse nach einer Einführungszeit von einer halben Stunde ermöglichen, sich in diesem interaktiven Förderangebot zu bewegen. Diese Programmzusammenstellung, die übrigens für hessische Schulen als Schullizenz gegen Unkostenbeitrag zu haben ist, verfügt über ein selbsterklärendes Installationsprogramm und versucht einen »Learning-by-doing-Prozess« bei den Lehrerinnen und Lehrern in Gang zu setzen, der den sofortigen Einsatz im Unterricht ermöglicht.

Diese mutigen Lehrerinnen und Lehrer tun gut daran,
- sich der kollegialen Hilfe und Unterstützung der anderen Kolleginnen und Kollegen zu versichern,
- die Schüler in ihrem eigenen Fortbildungsprozess auch als Partner zu sehen,
- engagierte Eltern, insbesondere diejenigen, die möglicherweise über weitreichende PC-Kenntnisse verfügen, zu integrieren um Unterstützung zu finden, wenn die Schulrechner einmal abgestürzt sind und gar nichts mehr funktioniert,
- einen Kollegen aus einer Stützpunktschule, der beratend zur Seite steht, zu kontaktieren.

Die Überlegungen zu diesem »Mentorensystem« gründen sich auf die Erfahrung und Vorahnung, wie die Unterstützung einer Schulform mit über 1200 Einheiten wahrscheinlich vonstatten gehen muss. Im Rahmen der Neubildung des HeLP sollte es möglich sein, diese vorhandenen Strukturen mit aufzugreifen und durch die Verbindung mit den regionalen Pädagogischen Instituten (PI) zu unterstützen und weiter zu entwickeln.

Weitere Probleme sind bei der Ausstattungsfrage zu erwarten:
- Man kann nicht davon ausgehen, dass die Schulträger die große Anzahl der Grundschulen in Hessen einfach auf Antrag hin ausstatten werden. Vielmehr kann dies nur über einen längeren Zeitraum hin stattfinden und es muss der bildungspolitische Wille vorhanden sein, dies zu tun. Ausnahme: Um den gemeinsamen

Unterricht behinderter und nichtbehinderter Kinder (GU) zu unterstützen ist es bislang zu einer Reihe von Einzelplatzausstattungen mit behindertenspezifischer Peripherie durch die Schulträger gekommen.
- Wer nicht so lange warten will und kann, sollte sich um einen Sponsor (lokale Firmen, Eltern, Förderverein) bemühen. Da man aber in der Regel mit gebrauchter Hardware versorgt wird, braucht man den fachkundigen Rat aus dem o.a. »Mentorensystem«, ob die Leistungsmerkmale für den Unterrichtsgebrauch ausreichen oder ob es sich um eine billige Computerentsorgung des Spenders handelt.

Information und Beratung durch »Stützpunktschulen«

Es gibt deshalb wie o.a. einen zunehmenden Bedarf an Beratung und Unterstützung der Schulen und Kostenträger für den pädagogisch sinnvollen Einsatz neuerer Technologien im Unterricht:
- Die im gemeinsamen Unterricht (GU) tätigen Kolleginnen und Kollegen benötigen Hilfestellung bei der Einrichtung behindertenspezifischer Schülerarbeitsplätze.
- Kolleginnen und Kollegen aus den Grundschulen fragen nach pädagogischen Erfahrungen beim Einsatz neuer Technologien innerhalb verschiedener Unterrichtsprojekte.
- In vielen Sonderschulen sind in den letzten Jahren neue unterrichtliche Konzepte, basierend u.a. auf der Entwicklung didaktischer Software, entstanden. Dies liefert die Grundlage und wichtige Impulse neben dem klassischen Informatikunterricht in der allgemeinen Schule und der Informations- und Kommunikationstechnischen Grundbildung (IKG).

Aufgrund der langjährigen Zusammenarbeit mit Kolleginnen und Kollegen vor Ort, der Anleitung diverser Facharbeitskreise sowie durch die mannigfaltige Beratungsarbeit verfügt der im ehemaligen HIBS (demnächst HeLP), PI-Frankfurt Abteilung »Medienpädagogik und Neue Medien im Unterricht« angesiedelte Arbeitsbereich »Medienunterstützte Fördermaßnahmen« über vielfältige Arbeitskontakte. Es war nahe liegend, im Sinne einer verbesserten, dezentralen Zusammenarbeit bei gleichzeitiger zentraler Koordination sowohl eine inhaltliche als auch technische Vernetzung zu entwickeln, die durch »Stützpunktschulen« realisiert wird.

Die Schwerpunkte in der Aufgabenverteilung einer solchen »Stützpunktschule« liegen vor allem in der Beratung, Information und Demonstration der Möglichkeiten neuerer Informations- und Kommunikationstechnologien in Schule und Unterricht.

Zu folgenden Schwerpunkten kann eine Beratung der Schulen durchgeführt werden:

- Hardware (Rechnerkriterien, Raumausstattung / Konzepte, Ergonomie, behindertenspezifische Peripherie),
- Software zur Unterstützung von Unterrichtskonzepten wie: Förderunterricht, Fachunterricht, projektorientierter Unterricht, Wochenplanarbeit, gemeinsamer Unterricht (GU),
- Unterrichtskonzepte im Sinne einer Medienerziehung,
- Information über Beantragungsmodalitäten,
- Beratung zur beruflichen Orientierung und Qualifizierung.

Über folgende Schwerpunkte können Informationen für Schulen und Schulverwaltung abgerufen werden:

- Veröffentlichungen, aktuelle Literatur, audiovisuelle Medien und Handreichungen, zum Teil zur Einsicht und Kurzausleihe in beschränktem Ausmaß,
- Bewertung des bestehenden Programmangebots bzw. Erweiterung desselben im Hinblick auf die Erfordernisse des Unterrichts mit Kindern und Jugendlichen mit und ohne sonderpädagogischen Förderbedarf,
- Bereitstellung von geeigneten sonderpädagogischen Programmen zur Demonstration,
- Beratung und Weitergabe gegen Unkostenbeteiligung (Software-Sampler),
- Information über das Angebot kommerzieller Programme der Verlage,
- behindertenspezifische Peripheriegeräte können zum Teil vor einer möglichen Anschaffung getestet werden.

In folgenden Fällen kann ein organisierter Austausch hergestellt werden:

- bei der Vermittlung und Koordination überregionaler fachübergreifender Arbeitskontakte,
- bei der Planung, Konzipierung und Durchführung von entsprechenden Lehrgängen zur Qualifizierung in Zusammenarbeit mit dem regionalen HILF bzw. zukünftig dem jeweiligen PI des HeLP,
- bei der Planung und Durchführung regionaler Informationsveranstaltungen für interessierte Lehrerinnen und Lehrer, Eltern und Schülerinnen und Schüler und Entscheidungsträger.

Zur Umsetzung

Die technische Ausstattung der Stützpunktschulen entspricht einer lebensnahen, an den Erfordernissen der Schüler orientierten Zusammenstellung bewährter und erprobter Lösungen. Die Ausstattung erfolgt nicht primär nach der aktuellen Marktsituation, sondern nach qualitativen Merkmalen im Sinne des Arbeitsauftrags.

Die regionalen Aktivitäten der Stützpunktschulen werden überregional durch das HIBS (IIE), bzw. PI-Frankfurt Abteilung »Medienpädagogik und Neue Medien im Unterricht«, Arbeitsbereich »Medienunterstützte Fördermaßnahmen« koordiniert. Eine enge Zusammenarbeit mit der »Informationsstelle für sonderpädagogische Förderung« und den Beratungs- und Förderzentren ist Bestandteil der Beratungspraxis.

Eine geeignete technische Form der Vernetzung durch Datenfernübertragung (DFÜ) wird z.Zt. über das Hessische Schulnetz realisiert. Es wurde nahezu flächendeckend an den Schulen, die bereits über eine möglichst weit reichende, bereits vorhandene Ausstattung verfügen, mit den Aktivitäten begonnen. Das System ist aber, bezogen auf die o.a. Arbeitsaufträge – bedingt durch die knappen sächlichen und personellen Ressourcen – noch im Aufbau begriffen. Eine möglichst schnelle und effektive Vernetzung mit den sich bildenden neuen Strukturen des HeLP ist angestrebt.

Erfahrungen europäischer Nachbarn

Jack Sanger

Das digitale Curriculum in England

Eine Bestandsaufnahme[*]

Warum Computer in der Schule?

Eine Schule mit 200 Schülerinnen und Schülern und über 150 Computern von ein paar alten Personalcomputern (PCs) angefangen bis hin zu moderneren Geräten; die Schule ist an Videokonferenzen, das Internet und an die internationale Nachrichtenagentur Reuters angeschlossen. Dies ermöglicht es den Schülerinnen und Schülern, einen regelmäßig erscheinenden Rundbrief mit Informationen aus allen Teilen der Welt, die sie aus dem Netz heruntergeladen haben, herzustellen. Alle acht Lehrkräfte der Schule verfügen über Laptops, auf denen sie ihren Unterricht vorbereiten, Berichte verfassen und versuchen, ihren Schülerinnen und Schülern immer ein paar »Bytes« voraus zu sein.

Leider handelt es sich hierbei nicht um eine der Schulen, von denen ich im Folgenden berichte, sondern um eine Schule in einem Beitrag des Guardian[**]. Auch befindet sich diese Schule nicht in einer wohlhabenden Vorstadt im Südosten Englands, sondern es handelt sich um die Orgill-Schule in Egremont, West Cumbria, in einer Gegend mit überdurchschnittlicher Arbeitslosigkeit. Der Schulleiter wird im Guardian folgendermaßen zitiert:

> *»Die heutigen Grundschüler werden noch 70 Jahre des nächsten Jahrhunderts erleben, und ein wesentlicher Teil ihres Lebens wird mit Technologie zu tun haben. Es ist höchst bedeutsam, dass sie es*

* Der Beitrag ist Teil einer Studie zur Lebenswelt englischer Kinder, die unter dem Titel »Private Eyes« in England erschienen ist.

** The Guardian Education Supplement, Donnerstag 9. Januar 1996, S. 12–13.

verstehen, diese Welt aktiv mitzugestalten, sowohl in ihrer Arbeit als auch in ihrer Freizeit.«

Alle Lehrerinnen und Lehrer, die wir gefragt haben und die aktuellere Informationstechnologien in der Unterrichtsvorbereitung bzw. im Unterricht verwenden, waren von diesen Veränderungen überzeugt.

Wie kann man Computer in ein Curriculum integrieren?

Die meisten Schulen, die wir untersucht haben, haben ihre traditionelle Unterrichtsorganisation trotz neuer Informationstechnologien beibehalten. Viele Schulen scheinen mit dem Ziel zufrieden zu sein, gerade mal einen Computer pro Klassenraum zur Verfügung zu haben. Nur wenige Schulen haben Faxgeräte, und keine war an das Internet angeschlossen. Eine Schule hatte sich allerdings über die elektronischen Dienstleistungen informiert und wollte sie demnächst in Anspruch nehmen. Zwar verfügen alle über Fernseh- und Videogeräte, aber in unserer Gegenwart wurde nichts davon genutzt. Das Beunruhigendste war jedoch, dass in vielen Schulen Lehrerinnen und Lehrer unterrichteten, deren Kenntnisse über die modernen Informationstechnologien weit unter denen ihrer sieben bis acht Jahre alten Schüler(innen) lagen. Im Gegensatz zu den meisten Sekundarschulen, Oberstufenschulen und Universitäten, die mit Computernetzwerken ausgestattet sind und deren Schülerinnen, Schüler, Studentinnen und Studenten einen individuellen Zugang zu PCs haben, verfügten die meisten der untersuchten Primarschulen nur über einen Computer pro Klasse (mit 25–35 Kindern). Dies und der allgemeine Mangel an finanziellen Ressourcen wurde von den Lehrern oft als Haupthindernis für eine Integration von Informationstechnologien in die (schulinterne) Unterrichtsplanung bezeichnet.

***Lehrerin**: Ich konnte nur schwer Computer in meinen Unterricht einbeziehen. Was sollte ich z.B. im Mathematikunterricht machen? Sollte ich zwei Schüler(innen) am Computer arbeiten lassen, wäh-*

rend die anderen weiter am Unterricht teilnahmen? Diese beiden hätten dann den Unterricht versäumt. Und wenn es für sie nicht wichtig gewesen wäre, am Unterricht teilzunehmen, wie hätte ich dann den anderen Kindern vermitteln sollen, dass dies wichtig sei?
Schulleiter: *Was schwierig ist, ist der Umgang mit dem Computer im Klassenraum. Wenn man in kleinen Gruppen arbeitet, braucht man mehr als einen Computer. Man kann nicht vier oder fünf Kinder an einem Computer arbeiten lassen. Es wäre viel einfacher, wenn man drei oder vier Computer in einem Klassenraum hätte. Es ist sehr schwierig, allen Kindern eine angemessene Zeit am Computer einzuräumen und diese Computerarbeit in das übrige Curriculum zu integrieren. Es muss toll sein, wie in den weiterführenden Schulen einen Computerraum zu haben.*

Unsere Beobachtungen zeigten: Die Anziehungskraft dieser einzelnen Geräte in den Klassenräumen war so stark, dass sich die Schüler(innen) zu ihnen hingezogen fühlten, egal ob sie mit der Arbeit am Computer an der Reihe waren oder nicht. Zweifellos wurden einige Kinder von deren Aufgaben abgelenkt, was dem/der Lehrer(in) noch mehr Schwierigkeiten bereitete.

Lehrer 1: *Der Computer lenkt ab. Wenn man an das Ende eines levels gelangt, gibt der Computer oft Tonsignale von sich und zieht die Aufmerksamkeit der Kinder auf sich. Sie mögen solche Geräusche.*
Lehrer 2: *Ich glaube, er kann die anderen Kinder ablenken. Manche Kinder sind immer um den Computer herum, und man vergeudet viel Zeit damit, allen Kindern die gleichen Chancen zu geben.*

Die Anziehungskraft auf andere Kinder schien jedoch häufig zu spannenden Diskussionen zu führen und oft war das Konzentrationsniveau der Kinder so hoch, dass sie die Fragen von uns Interviewern nicht zu hören schienen. Wir konnten dies sowohl zu Hause als auch im Klassenraum beobachten, besonders dann, wenn die Kinder in kleinen Gruppen am Computer arbeiteten oder sich von selbst zusammenfanden und eindeutig den Nutzen dieser Arbeitsweise erkannten, etwa bei gemeinsamen Problemlösungen.

Während der Computer oft ein Problem für die Lehrerin darstellte (was das Fachwissen und die Handhabung betraf), war er eine Quelle der Faszination und Motivation für die Kinder – trotz der schlechten Software, die zum Teil eingesetzt wurde. Manche Kinder waren stundenlang alleine mit dem Computer beschäftigt, aber sie schienen auch genauso zufrieden zu sein, wenn sie in Gruppen arbeiteten. Unsere Studie legte nahe, dass die Technologie nicht per se antisozial wäre. Einige Lehrerinnen und Lehrer erkannten dies an:

> ***Interviewer:*** *Was sind Ihrer Ansicht nach die Vorteile von Computern in Klassenräumen?*
> ***Lehrer:*** *Ich denke es bringt am meisten, wenn die Kinder voneinander oder miteinander lernen oder noch besser, wenn sie mit einem Erwachsenen arbeiten. Mit einem Erwachsenen gibt es mehr Möglichkeiten, die Sprachentwicklung zu fördern.*

Auf der anderen Seite hatten Lehrerinnen besondere Schwierigkeiten mit der Computertechnik, insbesondere mit ihren praktischen Erfordernissen und Funktionsweisen, was ganz dem stereotypen Bild von der Technikfeindlichkeit der Frauen entspricht. Die allgemein vorherrschende Antipathie gegenüber Computern im Klassenraum zeigt sich häufig in der mangelnden Überlegung, wie man diese Technologie im Lernumfeld platzieren könnte, um ihre Möglichkeiten maximal auszunutzen.

In den meisten der in der Studie untersuchten Schulen hatte in der Regel eine(r) der Lehrerinnen und Lehrer die Rolle eines Koordinators für die Computer, von der Verantwortung für den Softwareeinkauf bis hin zur Planung und Bereitstellung von Fortbildungsmaßnahmen für das Kollegium. Eine fehlende Prioritätensetzung hinsichtlich der Fortbildung – entweder von Seiten der Schule oder externer Fortbildungsinstitutionen – und der Finanzierung neuerer Geräte, verbunden mit einer allgemeinen Unfähigkeit und dem Desinteresse seitens der Lehrerinnen und Lehrer, führte in den meisten Schulen zu einer sehr zusammengestückelten Improvisation in diesem Bereich:

> ***Interviewer:*** *Haben Sie eine bestimmte Rolle in der Schule im Bereich der Computer?*

Lehrerin: *Ja, aber das heißt nicht, dass ich alles über Computer weiß, es bedeutet nur, dass ich interessiert bin. Ich habe einmal freiwillig an einem Kurs teilgenommen.*
Interviewer: *Was tun Sie im Moment?*
Lehrerin: *Also, die ganze Sache mit den Computern ist hier ziemlich drunter und drüber gelaufen. Einige Lehrkräfte nutzen Computer, andere nicht, und der Großteil unserer Software ist veraltet ... aber wir sind gerade dabei ein Konzept zu entwickeln. Im letzten Jahr habe ich mir die Anforderungen des Nationalen Curriculums bezüglich der Informationstechnologien für die Schule angesehen und sie dem Lehrerkollegium präsentiert. Danach habe ich ein Workshop-Programm für meine Kolleginnen und Kollegen organisiert. Vor kurzem haben wir 2000 Pfund für neue Software ausgegeben und ich habe es so eingerichtet, dass wir ein Mathematikprogramm, ein Sprachprogramm und einige Abenteuerprogramme für jeden Jahrgang haben.*

Nicht alle Schulen waren schon so weit, obwohl die meisten die Bedeutung des Themas Computer erkannt hatten. Einige Schulen sahen sich gezwungen, auf die Bedürfnisse ihrer Schüler einzugehen, da diese in ein schulisches Umfeld wechselten, in dem Computer häufiger genutzt wurden:

Schulleiter: *Eines der Dinge, die wir schon seit längerer Zeit tun wollen und womit wir dieses Jahr beginnen werden, ist, in die Sekundarschulen zu gehen und sie zu fragen, welche Erwartungen sie haben. Wir wollen herausfinden, wie wir die Schüler am besten vorbereiten. Die lokale Schulbehörde hat jetzt Richtlinien erlassen, die Vorschläge darüber enthalten, was die Schüler lernen sollen. Aber in Anbetracht der sich ständig verändernden Computer-Landschaft stellen diese einen sehr offenen Rahmen dar.*

Der geringe Kenntnisstand und das mangelnde Interesse von Primarschullehrerinnen und -lehrern lassen erwarten, dass sie mit ihren Fähigkeiten kaum den neuen Anforderungen im Nationalen Curriculum entsprechen. Kinder sollen demnach bereits lange bevor sie in die Sekundarschule überwechseln (achte Klasse) schon mit Computern arbeiten können. Von Beginn des Schuljahres 1996–1997 an gelten die Informationstechnologien – neben dem Zeichen- und Arbeitslehreunterricht – als eigenständiger Bereich. In der Stufe 1 sollen die Lehrerinnen und Lehrer den Kindern einen Zugang zur Computertechnologie verschaffen, und bis zur Stufe 3, so der überarbeitete Plan, »... sollen die Schüler(innen) lernen, kritische und weitest gehend autonome Nutzer(innen) von Informationstechnologien zu werden, die sich darüber bewusst sind, wie diese Technologie sowie die Informationsdienste ihnen bei ihrer Arbeit helfen können«.

Computerkenntnisse bei Lehrerinnen und Lehrern

Die fehlende Unterrichtserfahrung in diesem Bereich führte dazu, dass in vielen Fällen Kinder gleichen Alters in verschiedenen Klassen und innerhalb eines Schuljahres stark benachteiligt waren. Wo Jahrgangsgruppen zusammengefasst waren, wurde eine Gruppe von einer Lehrkraft mit weit gehenden Kenntnissen in Informationstechnologien unterrichtet, während eine andere Klasse von einer technikfeindlichen Lehrkraft unterrichtet wurde.

> ***Interviewer**: Wenn Sie eine Lehrerin hätten, die keine Computer einsetzt, würde Sie das beunruhigen?*
> ***Schulleiter**: Ja, sehr, da Computer einen Schwerpunkt der Schule darstellen. Es gibt einige Mitglieder des Kollegiums, die sich dem widersetzen. In unserer vierten Jahrgangsstufe haben wir eine Lehrerin, die den Computer häufig einsetzt und eine, die sich kaum mit Computern beschäftigt, geschweige denn, sie benutzt. Das ist ein Problem, und die Lernchancen der Kinder hängen von der Klasse ab, die sie besuchen.*

Wir haben nur sehr wenige Lehrerinnen und Lehrer getroffen, die in der Lage waren, Computer im Unterricht einzusetzen. Sie hatten eine eingeschränkte Kenntnis von deren Nutzungsmöglichkeiten, was durch ihr Verständnis von Technologie insgesamt geprägt war. So sahen sie Computerarbeit eher als einen Unterrichtsblock innerhalb

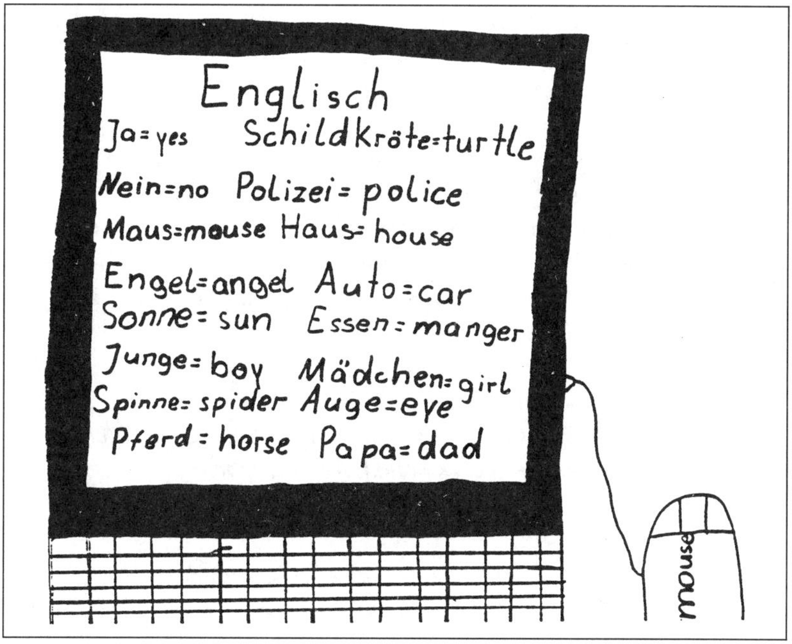

miteinander in Verbindung stehender Fächer an denn als ein »Werkzeug« zur Unterstützung aller Bereiche des Curriculums.

***Interviewer**: Und wozu benutzen Sie die Computer?*
***Lehrer**: Ich nutze ihn für Logikspiele, Zählspiele, Dinge, die mit unseren Themen in Verbindung stehen … und, wie ich schon gesagt habe, betrifft dies meist das logische Denken. Ich habe ihn noch nicht in meinem Sprachunterricht eingesetzt.*

Wenn Lehrerinnen und Lehrer ihn als Werkzeug einsetzten, dann war dies zumeist auf das Abschreiben von handschriftlichen Texten mit einer Textverarbeitung beschränkt. Die meisten Lehrerinnen und Lehrer verstanden zu wenig von den weiter gehenden Möglichkeiten der Computerprogramme, manche stützen sich auf Eltern und andere Helfer, um überhaupt einen Nutzen davon zu haben:

***Interviewer**: Nutzen Sie ihn für irgendeine Art der Textverarbeitung?*

__Lehrer__: Ich habe das bisher nicht getan, weil ich keine Helfer zur Verfügung hatte. Ich habe 32 Kinder und hatte einfach nicht die Zeit, meine Helfer wurden woanders eingesetzt.

Es gab aber auch produktivere Beispiele, aus denen man schließen konnte, dass ein größerer Teil des Potentials der Textverarbeitung genutzt wurde. Einer der wichtigsten Vorzüge einer Textverarbeitung ist nämlich, dass sie dem Kind Raum für Kreativität lässt, indem sie das ermüdende Abschreiben von endlosen Textentwürfen überflüssig macht.

__Interviewer__: Was machen Sie mit Computern?
__Schulleiter__: Wir stehen gerade am Anfang der Computeranwendung. Bisher machen wir vor allem Textverarbeitung.
__Interviewer__: Sie sollten die Schüler ermutigen, eine Geschichte darauf zu schreiben.
__Schulleiter__: Nein, nicht erst aufschreiben, sondern gleich in den Computer schreiben. Es stimmt, einige von ihnen schreiben sie erst auf Papier und wollen dann, dass es durch die Textverarbeitung schöner aussieht. Aber in Wirklichkeit bedeutet Textverarbeitung nicht, vorgeschriebene Texte abzuschreiben, sondern diese direkt auf dem Computer zu schreiben. In der fünften Jahrgangsstufe versuche ich ihnen beizubringen, wie man Absätze formatiert. Sie können dann alle speichern und auf Diskette überspielen, Schrifttypen und -größen verändern usw.

Datenbanken und Enzyklopädien

Der Umgang mit Informationen ist ein weiterer Aspekt, der in das schulische Lernen integriert werden müsste. Schülerinnen und Schüler müssen lernen mit Datenbanken umzugehen, elektronische Enzyklopädien abzufragen, aber auch ihre eigenen einzurichten. Wir haben nur wenige Beispiele für diesen Bereich in unserer Untersuchung gefunden. Es gab jedoch einige Ausnahmen. So nutzte zum Beispiel eine Schule ein Programm namens »*Weathermapper*«, um Informationen über das lokale Wetter aufzuzeichnen.

Das Programm zeigt Kindern auf viel effizientere Weise als mit gedruckten Lernmaterialien, wie man Daten speichert und später wiederherstellt. So kann zum Beispiel sehr einfach ein Vergleich der Wetterdaten eines entsprechenden Zeitraumes in einem bestimmten Jahr gezogen werden. Darüber hinaus kann die Datenbank den Kindern helfen, mathematische Fertigkeiten zu entwickeln: Sie ermöglicht ihnen, grafisch erfasste Informationen zu klassifizieren und dann zu interpretieren.

Eine andere Schule hatte sich entschlossen, ihre Datenbanksoftware zu nutzen, um ihre Bibliotheksverwaltung auf elektronische Datenverarbeitung umzustellen. Wie in dem oben beschriebenen Fall konnten die Kinder von dem automatisierten System profitieren: Die Möglichkeit, Bücherlisten zu bestimmten Themen und besonderen Sachgebieten zu erstellen sowie Bücher vorzumerken sind Anwendungen, die sich bei der Verwendung manueller Systeme als äußerst langwierig und schwierig erweisen:

> ***Schulleiter**: Anstelle von Karteikarten, wie wir sie vorher hatten, ging man dazu über, die Daten zu automatisieren: Wir hatten sowohl Zugriff auf die Namen der Kinder als auch auf den des Autors und den Titel.*

Lehrerinnen und Lehrer und die Unterhaltungskultur

Die Lehrerinnen und Lehrer lehnten alles, was mit kommerzieller – im Gegensatz zu pädagogischer – Hard- und Software verbunden war, ab. Gleichwohl ist kaum daran zu zweifeln, dass einige kommerzielle Spiele wie z.B. *Sim City* oder *Theme Parc* sehr weit gehende Lernmöglichkeiten bieten. In solchen Spielen ist problemlösendes Handeln in die gesamte Aktivität eingebaut. Das »Ziel« des Abenteuers fordert die Nutzerinnen und Nutzer ständig heraus, die ihnen im jeweiligen Augenblick zur Verfügung stehenden Informationen zu analysieren und zu interpretieren. Kinder sind begeistert von solchen Spielen und manchmal sogar fanatisch. Warum sollten sie in Schulen nicht eingesetzt werden? In gewisser Weise müssen die Kinder dafür genau dieselben Fähigkeiten entwi- ckeln, wie sie durch traditionellen Unterricht angestrebt werden: die notwendigen Informationen aus Spielemagazinen herauszulesen (ein weiteres Element der Unterhaltungskultur, das von Lehrerinnen und Lehrern bei weitem unterschätzt wird).

Spielemagazine stellten für viele Lehrerinnen und Lehrer und Eltern mit denen wir sprachen, unbekanntes Territorium dar. Die Lehrerinnen und Lehrer gaben zu, dass sie diese aus der Schule verbannen, ohne ihren Inhalt zu kennen. Sie nahmen einfach an, dass sie »anti-erzieherisch« seien. Wenn wir hingegen mit Kindern darüber sprachen, stellten wir fest, dass diese Spiele traditionellen literarischen Formen vergleichbar waren.

Abgesehen von den in diesen Magazinen enthaltenen Darstellungen sexueller oder anderer Gewalt gab es Textteile, denen man durchaus einen eigenständigen pädagogischen Wert beimessen konnte, zumindest was die kognitiven Prozesse betrifft, die sie auslösen:

- die Beurteilung neuer Spiele mittels bestimmter Kriterien wie Grafik, Ton, Spielbarkeit, Animation, Dauerhaftigkeit (Langlebigkeit/Lebensdauer)
- die Rolle eines kritischen Konsumenten einnehmen (und sich als kritischer Nutzer nicht verwirren zu lassen)
- der Umgang mit dem unterschiedlichen Gebrauch von Schrifttypen und Abbildungen, um Informationen präzise und attraktiv zu übermitteln
- die Zusammensetzung bewegter Bilder aus unbewegten Bildern
- der Gebrauch von Prozentsätzen, um Qualitätsvergleiche deutlich machen
- der informative Wert von Hinweisen bzw. Fehlinformationen (was einen Anreiz darstellte, Bedienungsanleitungen zu lesen)
- der Anreiz, komplexe Konzeptionen als Text zu lesen und zu verstehen, auch wenn es nur darum geht, Freunde oder Eltern zu beeindrucken.

Es ist schwierig, den Charakter dieser Magazine zu vermitteln, da sie sich stark voneinander unterscheiden und jedes eine andere Marktnische abdeckt. Jedoch stellt ihre Betonung der Rolle des/der Nutzers/in als »unabhängige(r) Konsument(in) mit Entscheidungsfreiheit« ein zentrales Element von Computerspielen dar (auch wenn dies eine Illusion sein kann, die ein subtileres Marketing gestatten soll). Somit werden der Text und die Bilder vom kindlichen Nutzer in einer Weise ausgewählt, die mit den herkömmlichen Formen der Texterfassung, in der die lineare Erzählstruktur den/die Leser(in) sozusagen mit auf die Reise des Autors nimmt, wenig zu tun hat. Der zweite wichtige Aspekt der Attraktion solcher Magazine ist das Gefühl, mit dem Interesse für bestimmte Spielprodukte einer »geheimen Gemeinschaft« oder einem »Club« anzugehören. Dies, so würden wir vermuten, trägt dem privaten Lustprinzip kindlicher Nutzer(innen) Rechnung, indem es sie auf subtile Weise in ihren eigenen privaten Welten, getrennt von der der Erwachsenen, anspricht. In diesem Punkt haben die Magazine viel mit mail-order-Angeboten gemeinsam: Sie gehen über die bloße Darstellung des Produktes hinaus, indem sie dieser durch die Darbietung einer Reihe von »Szenarien aus dem wahren Leben«, in denen das Kind als Leser mitspielen kann, die Möglichkeit der persönlichen Identifikation hinzufügen.

In ein oder zwei Fällen realisierten Lehrer erst spät, dass die kommerzielle Spielewelt vielfach eingesetzt werden kann, um die Kinder zu motivieren und zu erziehen.

> ***Schulleiter***: *Wir lehnen den Einsatz von Spielen ab, obwohl ich eine Kopie von »Sim City« habe, das sehr gut ist. Als ich hierher kam, habe ich alle möglichen Spiele übernommen, Baller-Spiele, die offensichtlich in »Notzeiten« eingesetzt wurden. Jetzt setzen wir diese Spiele nicht mehr ein. Die fünfte Klasse ist aber gerade dabei, Sim City auszuprobieren, da es bei diesem Spiel viele Möglichkeiten der Entscheidungsfindung, Problemlösung usw. gibt …*

Mit solchen Programmen können die Kinder das Tempo, die Abfolge und die Intensität ihres Vorgehens am Computer kontrollieren. Dies trifft selbst auf die Wahl des Lernstils zu, etwas, das Lehrerinnen und Lehrer und pädagogische Software oft nicht leisten. Für viele Kinder können die Probleme, die bei einer Vielzahl von Softwarepaketen auftauchen, sehr herausfordernd und intellektuell anspruchsvoll sein. Hinzu kommt, und dies gilt insbesondere für Computerspiele, dass viele Kinder durch sie so motiviert und interessiert werden, dass sie – bevor sie aufhören oder Hilfe holen – »trial and error«-Strategien einsetzen. Dies trifft auch auf pädagogische Software zu, die ähnliche Strukturen wie die kommerziellen Produkte aufweist. Es gibt nämlich einen deutlichen Kontrast zwischen dieser Art von Software und solcher wie einer Textverarbeitung, bei der die Kinder den/die Lehrer(in) oft bei dem ersten Anzeichen eines Problems um Hilfe bitten.

> ***Lehrer**: Klar, einige der Spiele können mehr Aktivitäten bieten als ich … spannendere, stimulierendere Programme. Mit einem Geschichtsprogramm können die Kinder tatsächlich Historiker(innen) werden. Das entspricht natürlich nicht der tatsächlichen Teilnahme an einer Ausgrabung oder etwas Ähnlichem. Tonarbeiten wieder zu ihrer ursprünglichen Form zusammenzufügen, das könnten wir kaum machen.*

Ressourcen

Während die Veränderungen in den Klassenräumen die technologischen Entwicklungen in unserer Gesellschaft nicht annähernd widerspiegeln, gibt es kaum Zweifel daran, dass es für viele Schulen aufgrund ihrer finanziellen Situation geradezu unmöglich ist, in diesem Bereich voranzukommen.

> ***Schulleiter**: Ich denke, das ist auch ein Ressourcenproblem. Meiner Meinung nach sollten Kinder Computer mehr nutzen, weitaus mehr. Wenn wir eine halbe Klasse mit Laptops ausstatten wollten, würde uns das 15.000 Pfund kosten und dann würde man dieselbe Summe zu einem späteren Zeitpunkt noch einmal brauchen, um sie auf den neuesten Stand zu bringen. Im Augenblick schauen wir uns auch danach um, Geräte zu leasen, aber zehn Geräte würden uns 5.000 Pfund im Jahr kosten und Schulen sind sowieso nicht dafür ausgestattet, diese Menge überall aufzustellen, in jedem Raum oder durch Vernetzung über die ganze Schule. Es gibt auch praktische Probleme, denen man sich stellen muss. Aber das ist eine riesige*

Summe, um jedes Jahr Anschaffungen zu machen, wenn man daran denkt, dass dieses Jahr ... Ich hatte kein einziges Schulessen dieses Jahr, ich arbeite sogar während meiner Mittagszeit. Indem ich auf das Mittagessen verzichte, kann ich für die Schule 300 Pfund im Jahr sparen. Das klingt pathetisch, ich weiß, aber 300 Pfund sind Teil eines anderen Festessens, das sind drei Tage Vertretungsunterricht, und wir mühen uns ab, diese Gelder aufzutreiben. Es ist extrem schwierig, 4.000 Pfund zu bekommen. Die ganze Situation ist völlig frustrierend.

Die fehlenden Finanzierungsmöglichkeiten waren nicht nur auf die Hardware beschränkt, sondern betrafen auch die ebenso wichtige Aufgabe, Fortbildungsmaßnahmen für das Kollegium sicherzustellen, um es in die Lage zu versetzen, den Unterricht computergerecht zu gestalten. Auf der anderen Seite gab es Schulen, die – vor allem aufgrund ihrer eigenen Anstrengungen und der Unterstützung durch die Eltern und lokale Unternehmen – weitaus besser ausgestattet zu sein schienen, z.B. eine Schule, die über ein kleines, aber sehr effektiv genutztes Netzwerk mit drei Apple Macs* verfügte.

***Interviewer**: Sie scheinen hier mit Computern gut ausgestattet zu sein?*
***Schulleiter**: Ja, ich denke, dass dies zum Teil auf meine Anstrengungen zurückzuführen ist. Als ich meine vorige Schule verließ, waren wir gerade in ziemlich großem Stil mit Apple Macs eingestiegen. Und als ich hierher kam, hatten wir gerade einmal ein paar BBCs (ältere Geräte). Ich hatte den Eindruck, wir würden von den Kindern erwarten, mit Geräten zu arbeiten, die sie zu Hause wegschmeißen würden. Die Kinder kamen bereits mit allen möglichen Fertigkeiten und Fähigkeiten zu uns, und es war, als gäbe man ihnen eine Steinaxt an die Hand, um einen Baum zu fällen. Also begannen wir richtig zu investieren, d.h. die ersten drei haben wir da drinnen (in der Bibliothek) aufgestellt. Wir haben einen Apple Mac als Teil unserer schulischen Selbstverwaltung bekommen. Da wir den Ein-*

* In England weit verbreitete Computer der Firma Apple, die nur in ihren neueren Modellen und auch dort nur eingeschränkt PC- bzw. IBM-kompatibel sind.

druck hatten, dass sie sehr benutzerfreundlich sind, haben wir beschlossen, in dieser Richtung weiterzumachen. Wir wollten eine Textverarbeitungsstation aufbauen, wo die Kinder hingehen können sollten, um Texte oder Grafiken herzustellen und wir hatten das Gefühl, dass es ein ideales System ist. Dann bekamen wir aus verschiedenen Quellen zwei oder drei zusätzliche BBCs. Wir haben sie miteinander vernetzt, und das war der Anfang des Systems. Wir haben jetzt unsere zwei BBCs ausrangiert und zwei Apple Macs mit CD-ROM-Laufwerken bestellt.

***Interviewer**: Wie viel Geräte werden Sie dann haben?*

***Schulleiter**: Insgesamt acht, davon werden zwei im Büro stehen. Diesen hier (im Büro) werde ich nicht ständig benutzen. Wir wollen deshalb einige Computerstunden hier drinnen anbieten.*

Es gibt viel Bitterkeit unter Lehrerinnen und Lehrern darüber, dass man von ihnen erwartet, einen neuen Bereich anzubieten, ohne dafür die entsprechende Ausbildung zu bekommen. Dies war ein immer wiederkehrendes Thema während unserer gesamten Untersuchung. Die Technologie verändert sich schneller als die Lehrerinnen und Lehrer fortgebildet werden können. Selbst geringfügige Weiterentwicklungen von Technologiespezifika und Softwareformaten können bei den Lehrerinnen und Lehrern Frustrationen, Ärger und Demotivierung erzeugen. Wer möchte schon gern als Lehrer gegenüber seinen Schülern den Eindruck mangelnder Sachkenntnis erwecken?

***Lehrer**: Darüber hinaus haben wir als Lehrer den Eindruck, dass die Informationstechnologien als Billigmodell in die Schulen eingeführt worden sind. Niemand hat eine angemessene Weiterbildung bekommen, es gibt keine adäquate Ausstattung mit Geräten in den Schulen oder ausreichend Zeit. Es war etwas, das wir in der Lehrerausbildung niemals behandelt hatten. Und obwohl ich die Notwendigkeit von Computern einsehe, komme ich immer noch sehr schlecht mit ihnen zurecht. Obwohl ich an einigen Kursen teilgenommen und die Einsatzmöglichkeiten von Computern verstanden habe, hatte ich nie die Möglichkeit, das, was ich gelernt hatte, in die Praxis umzusetzen. Wir mussten uns die Computer oft teilen, und bis ich wieder die Möglichkeit hatte, an einem Computer zu* *arbeiten, hatte ich vieles von dem, was ich mir im Kurs angeeignet hatte, wieder vergessen.*

Berührungsängste und wie man sie abbaut

***Interviewer**: Was halten Sie von Computerspielen?*
***Schulleiter**: Ich weiß nicht viel darüber. Wir haben zu Hause keinen Computer. Ich hätte gerne einen Computer, aber nicht für Spiele. Ich bin ein bißchen ein »Maschinenstürmer«, um ehrlich zu sein.*
***Interviewer**: Macht Ihnen der Umgang mit Computern Spaß?*
***Lehrerin**: Inzwischen habe ich mehr Spaß daran. Anfangs hielt ich sie im Klassenraum für sehr überflüssig. Ich hatte den Eindruck, dass sie benutzt wurden, um zwei Kinder zu beschäftigen. Ich konnte es nicht sehen ... Ich hatte das Gefühl, sie waren ein Werkzeug, um einen Arbeitsauftrag so zu erledigen, als spielten sie Spiele. Es gab Dinge, die ich schon so viel effizienter machen konnte. Mir kam es sehr zeitaufwendig vor in diesem Alter damit sauber zu arbeiten und ich fühlte mich sehr bedroht, weil ich über sie nichts wusste. Man konnte ein Spiel nicht finden oder es verlieren und nicht wieder zurückbekommen. Wenn etwas schief lief, hatte ich keinen Zugang, um etwas rückgängig zu machen und solche Dinge. Ich wollte mit Computern im Klassenraum nichts zu tun haben. Ich war sehr gegen sie eingestellt.*

Die Einstellung dieser Lehrerin zum Computer wandelte sich entscheidend, als sie begann, sich mit dem häuslichen Computer auseinanderzusetzen, an dem sie erfahren konnte, was man mit einem formalisierten Computer-Trainingsprogramm für Lehrerinnen und Lehrer erreichen kann. Es war überraschend, wie häufig Lehrerinnen und Lehrer, die wir befragten, trotz ihrer Einstellungen und fehlender schulinterner Fortbildung, über außerschulische Erfahrungen mit Computern aus ihrem sozialen Umfeld verfügten. Sie zeigten ihnen, wie viel Nutzen man aus dieser Technologie ziehen kann. Im folgenden Interviewauszug kommen viele der hier angesprochenen Fragen zur Sprache: Die betreffende Lehrerin lernt, weil ihr Ehemann und ihr Sohn gut mit dem Computer zurechtkommen und immer zur Verfügung stehen, um ihr zu helfen. In einer unterstützenden Umgebung kann sie so ihre irrationale Furcht vor der Technik überwinden. Sie kann in einem kontinuierlichen Kontakt mit der Technologie bleiben, so dass sie das vorher Gelernte nicht vergisst. Somit gewinnt sie das Selbstvertrauen, ihren Schülern die Gelegenheit zu bieten, selbst unabhängige Nutzer(innen) zu werden – genau die gegenteilige Erfahrung der meisten von uns befragten Lehrerinnen und Lehrer in dieser Phase der Erziehung!

> ***Schulleiterin**: Um es kurz zu sagen, ich habe daran gearbeitet, das Nationale Curriculum in die Kindersprache zu übertragen und wollte es auf Diskette speichern. Ich habe den Apple Mac mit nach Hause genommen, und mein Mann ist alles mit mir durchgegangen. Ich habe herausgefunden, wie ich den Computer nutzen kann, um mir die Arbeit zu erleichtern. Ich bin sozusagen in den Apple Mac eingestiegen, und das beruhigte mich im Umgang mit dem BBC. Jetzt mache ich mir keine Sorgen mehr, wenn ein Programm abstürzt. Ich weiß nun, dass eine bestimmte Logik dahintersteht. Weil ich mich inzwischen wohler damit fühlte, konnte ich den Kindern mehr Freiheit im Umgang mit dem Computer einräumen, und es wurde mir immer wichtiger, dass sie lernen, wie man mit einer Diskette umgeht, Optionen wählt und den ganzen Ablauf. Es ist nicht nur ein Spiel.*
> ***Interviewer**: Also haben Sie sich verändert, nachdem Sie spielerisch mit dem Apple Mac gearbeitet haben?*
> ***Schulleiterin**: Ja.*
> ***Interviewer**: Und das lag nur an der entspannteren Umgebung?*
> ***Schulleiterin**: Ja, und als wir für zu Hause einen Computer anschafften, mit meinem Mann, der wirklich ein Computerexperte ist und meinem Sohn, der verrückt nach Computern ist, konnte mir jemand aus der Patsche helfen.*
> ***Interviewer**: Benutzen Sie das System zu Hause?*
> ***Schulleiterin**: Ja, ich lerne immer dazu.*
> ***Interviewer**: Nutzen Sie etwas über die Textverarbeitungsprogramme hinaus – wie beispielsweise Datenbanken?*
> ***Schulleiterin**: Mein Mann ist das Datenbankgenie, also hat er das Datenbankprogramm für mich installiert. Er hat mir grob gezeigt,*

wie man das macht, aber ich bin keine wirkliche Expertin. Ich verstehe das Prinzip. Es sind die Kinder, die von solchen Entwicklungen profitieren. Aber sie sind inzwischen so unabhängig, wie ich es vor zwei Jahren nicht zu träumen gewagt hätte. Das hat damit zu tun, dass ich jetzt zufriedener und selbstbewusster damit umgehe: Ich habe keine Angst mehr, dass sie ihre Unabhängigkeit verlieren.

Anderen Lehrerinnen und Lehrern, die wir befragt haben, war die Bedeutung des Computers für ihre Kinder völlig bewusst. Sie fühlten sich aber hilflos gegenüber dem, was ihnen als zusätzliche Arbeitsbelastung bei sinkenden Ressourcen abverlangt wird. Wieder andere mussten sich auf die sachkundige Unterstützung von Kolleginnen, Kollegen oder Eltern verlassen, und sie hatten keine kontinuierliche Gelegenheit zum Arbeiten mit Computern.

***Interviewer**: Haben Sie Angst vor Computern?*
***Lehrer**: Nein, ich glaube, wenn ich mehr Zeit hätte, würde ich Spaß daran haben. Aber ich merke, man kommt mit etwas in Berührung, man nimmt an einem Kurs teil oder so etwas, und dann setzt man diese Kenntnisse eine Weile nicht ein und vergisst alles wieder. Mit dem Computer nutzt man sie eine Weile und dann taucht ein Diskettenfehler auf, den man schon einmal vor Jahren hatte. Es sind diese Dinge.*
***Lehrer**: Ja. Der Computer ist nicht jeden Tag angeschaltet. Anfangs gab es einen Vater, der kam, um mir zu helfen, alles einzurichten. Jedes Kind probierte die Tastatur aus. Und ich hatte einen Erwachsenen zur Verfügung, um anzufangen. Seither findet dies, ich glaube an zwei oder drei Tagen der Woche ohne Erwachsene statt. Der Erwachsene, der mir anfangs half, ist aus beruflichen Gründen nicht mehr hier. Also muss ich mich jetzt darum kümmern.*

Die folgenden Ausschnitte aus Gesprächen sind ein weiterer Indikator für die mangelhafte Prioritätensetzung, die den Computern in einigen Schulen eingeräumt wird. Sie zeigen darüber hinaus, wie wenig über die Einbeziehung von Informationstechnologien in den Unterricht oder auch nur über den Einsatz von Computern im Klassenzimmer nachgedacht wurde.

***Interviewer**: Haben Sie Computer in Ihrem Klassenraum?*
***Lehrer**: Mm – wir haben im Moment zwei Computer: ein BBC und ein neues CD-ROM-Laufwerk, das hier ist, weil man es ansonsten derzeit nirgends zum Laufen bringen kann. Es soll in die Bibliothek kommen, damit es für alle Kinder offen zugänglich ist und als zusätzliche Informationsquelle dienen kann, soweit, wie die Datenbasis und die Ausstattung reichen.*
***Interviewer**: Wann soll es in die Bibliothek kommen?*
***Lehrer**: Also im Moment befindet sich die Bibliothek vor meiner Tür, und es ist eine Art ... Korridor ... dementsprechend würde es dort nicht besonders gut genutzt werden ... und wir hoffen, dass wir die Räume umorganisieren können ... was bedeuten würde, dass der Computer an einen Ort kommt, der etwas abgeschlossener ist ... ich hoffe, am Ende des Semesters.*
***Interviewer**: Also wurde das CD-ROM-Laufwerk nicht wegen Ihrer besonderen Computerfachkenntnisse in Ihrem Raum installiert?*
***Lehrer**: Ach, nein nein. Aber im Moment ist es sehr schön, es hier zu haben, weil ich mich sozusagen selbst daran erinnern kann, wie man den Satz des Archimedes anwendet und gleichzeitig Zugriff auf eine CD-ROM habe.*

Der Weg in die Zukunft

Im Informationszeitalter ist es von zentraler Bedeutung, dass alle Schüler(innen) lernen, wie man Informationen sammelt, bearbeitet, organisiert, interpretiert und – gemäß ihrer Relevanz und ihres Nutzens – in Beziehung zu seinem aktuellen Wissen setzt. Die Fähigkeit, mit Informationstechnologien umzugehen, wird in der nächsten Zukunft für das Bildungsziel wesentlich sein, Lernstrategien werden sich dem anpassen müssen. »Learning by doing« und »mehr Spaß in der Erziehung« werden die Schlüsselstrategien für das neue, technologisch begleitete Curriculum sein.

Die pädagogische Wirklichkeit sieht dagegen trübe aus. Kinder werden in der Schule mit armseliger Hard- und Software, schlecht ausgebildeten Lehrer(inne)n, die sich in der Tretmühle des nationalen Curriculums befinden und Schlange stehen, um die wenige vorhandene Technologie zu nutzen, konfrontiert. Die meisten ihrer Lehrerinnen und Lehrer interessieren sich kaum für die kommerziellen Bildschirmtechnologien, mit denen sich die Kinder außerhalb der Schule amüsieren. Sie sehen diese als Teil der populären – im Gegensatz zur pädagogischen – Kultur an. Falls die Situation für die Kinder manchmal besser ist, dann deshalb, weil die Schule die traditionellen pädagogischen Unterstützungsstrukturen zur Beschaffung von Unterrichtsmaterial verlassen und andere Quellen aufgetan hat, und weil die Lehrerinnen und Lehrer in der Lage waren, sich in nichtpädagogischen Zusammenhängen weiterzuqualifizieren.

Man wird in einer solchen Situation einen Weg finden müssen, eine Beziehung zwischen dem, was in den Schulen vermittelt wird und der Technologie, der die Kinder zu Hause ausgesetzt sind, herzustellen. Damit dies geschehen kann, müssen wir uns jedoch in die Weise einfühlen, in der Kinder diese Technologien nutzen und verstehen. Dies führte uns ursprünglich dazu, diese Untersuchung in den Familien und in den Schulen durchzuführen. Die Ergebnisse dieser Forschung zeigen, dass die Kluft zwischen den Schulen und dem Zuhause immer noch sehr groß ist, dass die Lehrerinnen und Lehrer im Allgemeinen immer noch nicht die heimischen Bildschirmtechnologien in Beziehung zu den Informationstechnologien in der Schule setzen können, dass sie in ihrer eigenen Beherrschung der Informationstechnologien hinter die Schüler(innen) zurückfallen und dass ihre Einstellungen gegenüber der Unterhaltungstechnologie und der populären Kultur die Entwicklung der Kinder in der Anwendung neuer Technologien einschränken.

Claude Chrétiennot/Michèle Froment

Wenn die kleine Maus Einzug in die Schule hält

*Ein Bericht aus Frankreich**

Seit den Dezentralisierungsgesetzen wird in Frankreich die Ausstattung der Elementarschulen (École Maternelle, 2 bis 6 Jahre, Grundschule, 6 bis 10 Jahre) auf kommunaler Ebene finanziert. So haben es sich zum Beispiel im Laufe der letzten sechs Jahre viele Städte im Département Bouches-du-Rhône zum Ziel gesetzt, Computer anzuschaffen, mindestens zwei pro Grundschule, hauptsächlich zur Anfertigung von Texten. In Marignane, einer Gemeinde mit 38.000 Einwohnern, 60 km entfernt von Marseille, verfügt jedoch auch die école maternelle »La Cadière«, die älteste der Stadt, über acht Computer. Obgleich eine von vielen, ist diese Schule – dank des Engagements ihrer derzeitigen Direktorin Michèle Froment – eine »Multimedia«-Einrichtung, eine »pädagogische Innovation«. Diese Innovation fand das Interesse und die Unterstützung des Schulrats.

Es begann Anfang 1993. Damals noch »einfach nur« Lehrerin, stößt Michèle Froment in ihrer pädagogischen Laufbahn fast zufällig auf einen Computer. Es ist »Liebe auf den ersten Blick«! Sie erahnt die Möglichkeiten dieses Arbeitsmittels, weiß aber auch, dass die Voraussetzung dafür ist, dass die Computerprogramme die Potentiale der Kinder entfalten und unterstützen. Sie entwirft also aus eigener Initiative und mit wissenschaftlicher Ausrichtung eine Software für Anfänger und testet sie mit ihren Schülern. Diese sind zunehmend begeistert. Für sie – wie auch für ihre Eltern, die von den Schülern gerne in die Schule eingeladen werden, um ihnen ihre Leistungen zu zeigen – ist es ein Glücksfall. Einer der Schüler:

* Idee und Anwendung einer Software für die größeren Klassen einer Ècole Maternelle im Département Bouches-du-Rhône; nach einem Interview mit Michèle Froment.

»… auf dem Papier oder im Heft ist es Arbeit, aber auf dem Computer, da ist es ein Spiel.« Man spielt und lernt, zusammen mit anderen, und alle lernen dabei. Diese Software wird heute von allen Schülern der Schule benutzt, sie ist aber auch unter dem Namen »Les Imbattables« (Die Unschlagbaren) im Handel erhältlich.

Dann wurde Michèle Froment Direktorin und »maitre formateur en technologies nouvelles«. Sie hat sich zum jetzigen Zeitpunkt dafür entschieden, ihre Aufgabe als Lehrerin und Direktorin weiter wahrzunehmen oder, wie sie es ausdrückt: »Lernen und Computer: Zwei Konzepte, die wir heute miteinander verknüpfen können.« Aber Theorie ohne Praxis wäre kaum beweiskräftig. In der Beobachtung der Schüleraktivitäten können wir beide Gesichtspunkte analysieren, sie als Konzept ausdrücken. Die Technik dazu ist vorhanden, wir müssen aus ihr heraus die leistungsfähigste Anwendung entwickeln. Das bildhaft anschauliche Denken ist dabei von entscheidender Bedeutung: »Intelligenz ist nicht mehr, alles zu wissen, sondern zu wissen, wo sich alles befindet – und wie es zu finden ist!«

Die multimediale Einrichtung »La Cadière«

150 Schüler besuchen die École Maternelle; sie sind zwischen 2 und 6 Jahren alt und sind in fünf »Klassen« aufgeteilt. Wenn die Kinder morgens ab 8.20 Uhr und nachmittags ab 13.50 Uhr in die Einrichtung kommen, werden sie mit besonderen Angeboten empfangen, und zwar auch mit Computerarbeit. Auch bevor sie ab 11.45 Uhr und ab 16.15 Uhr von den Erwachsenen abgeholt werden, können sie die Computer nutzen. Ein Drittel der Kinder isst in der Kantine, und für diese werden Computerarbeit oder Spiele im Hof oder, je nach Tag, Musik, Basteln, Geschichten etc. nach dem Essen angeboten.

Die acht Computer dieser Einrichtung sind an zwei Plätzen aufgestellt:

- drei befinden sich in Klasse 1 bei den 5- bis 6-Jährigen (Multimedia-PCs, Windows 95, gestiftet von einem in der Region ansässigen Händler, dem es die Software »Die Unschlagbaren« angetan hatte);

– fünf sind in einem gesonderten Raum aufgestellt, der unter Aufsicht eines Erwachsenen steht und dazu dient, die abwechselnde Benutzung durch die Kinder der Klassen 2, 3 und 4 während der Unterrichtszeit zu ermöglichen (2 Multimedia-PCs, Windows 3.11 und drei alte Apple-Computer, die zwar nicht mehr so leistungsstark aber noch benutzbar sind).

In der Klasse schalten die anwesenden Kinder den Rechner ein, rufen die Programme auf oder legen, wenn erforderlich, eine CD in das Laufwerk ein. Dazu Michèle Froment: »Die Kinder arbeiten fast immer zu zweit an einem Computer. Sie tauschen untereinander die Ergebnisse aus, teilen sich mit, beobachten sich, können entscheiden, wer was macht oder etwas gemeinsam machen.«

So werden den Kindern spielerische Übungen in Sprache, Kommunikation, Beobachtung, Sachunterricht, Erforschung und Erkundung, Wissensfragen, Lektüre und Poesie angeboten. Vormittags liegt der Schwerpunkt der Arbeit auf den geisteswissenschaftlichen Fächern, am Nachmittag werden andere Übungen mit eher kreativen Ausdrucksformen angeboten. Die Arbeit am Computer ist immer nur eine Möglichkeit unter vielen Angeboten und es wird dabei auch sichergestellt, dass kein Kind mehr als eine Stunde täglich vor dem Computer verbringt.

Der separate Raum, der zweite Computerplatz der Einrichtung, bietet Platz für Gruppen von acht bis zehn Kindern. Der verantwortliche Erwachsene bemüht sich, die verschiedenen Wahlmöglichkeiten unter Berücksichtigung der für die Klassen 2 und 3 von den Lehrerinnen aufgestellten Pläne zu verteilen und hält für jedes Kind die bearbeitete Software in einem Protokoll fest.

Außer dem Programm von Michèle Froment gibt es einige CD-ROMs mit anderer Software, ein Teil davon läuft auf den drei alten Apple-Computern.

Wie alles begann

Michèle Froment erklärt: »Es war vor mehr als vier Jahren. Ich war Lehrerin für die älteren Klassen. Ich hatte keinerlei Informatikkenntnisse. Meine Sorge war stets, meinen Schülern immer kompetenter dabei zu helfen, ihr Wissen zu erweitern. Und dann kreuzte ein Computer meine berufliche Laufbahn. Ich klimperte ein wenig auf der Tastatur herum, aber damals konnte ich, wie man so sagt, weniger als nichts! Doch dann kam die Erleuchtung. Ich erkundigte mich bei meinem Schulrat nach den Möglichkeiten, einen Computer für die Schule zu erwerben. Auf diese Weise habe ich mich auf die höchst erstaunliche Entde- ckungsreise begeben, die mich bis hierher geführt hat.

Sofort erkannte ich in dem Computer die effizienteste Unterstützung auf dem Bildungsweg der Schüler. Aber ein Computer ohne Software ist so nutzlos wie ein Auto ohne Benzin. Ich wollte also eine Software herstellen, die meinen pädagogischen Ansprüchen entsprach. Als Hauptziel habe ich mir gesetzt, dass die Kinder ohne meine Anwesenheit arbeiten, lernen, überlegen können, schnellere und bessere Fortschritte machen, indem sie gemeinsam mit den anderen üben und handeln; denn so lernen Kinder am besten. Ich wollte die Kinder zum Denken anregen, sie animieren, sich etwas vorzustellen, etwas zu entwerfen, etwas zu versuchen, nochmals anzufangen, ohne dass das Ergebnis ihres Tuns endgültig ist. Die Software sollte zu einer »ständigen Suche nach Lösungen« als einer festen Haltung motivieren und die Kinder in den Zustand »intellektueller Erregung« versetzen, um auf ihre große natürliche Neugier zu antworten und ihr Verlangen nach Neuem zu stillen. Computer in die école maternelle einführen bedeutet, die Qualität der pädagogischen Arbeit ständig verbessern zu wollen, seine pädagogische Wirksamkeit dadurch zu erhöhen, dass man den Kindern einen aktiven Zugang zum Erwerb von Kenntnissen und zur besseren und schnelleren Aneignung von Wissen ermöglicht. Es bedeutet, die Kinder in das Zentrum der Bildungsaufgaben zu stellen, ihnen die Möglichkeit zu bieten, selbstständig zu lernen, aber auch in Zusammenarbeit, da ja die Kinder meist zu zweit vor dem Computer sitzen. Wie sind diese Ziele mit dem Computer zu realisieren?

Ich habe mich in die Arbeit gestürzt. Ich habe vier Monate Tag und Nacht gesessen und eine Software entwickelt, konzipiert und entworfen, die ich »die Unschlagbaren« genannt habe. In den verschiedenen Entwicklungsphasen habe ich diese Software in meiner Klasse in der Praxis getestet. Morgens fragten mich die Kinder: »Lehrerin, was hast Du heute Nacht für uns entworfen?!« Die Resultate überraschten wegen ihrer Schnelligkeit und Wirksamkeit. Besucher, die gekommen waren, um die Kinder bei ihrer Arbeit zu beobachten, gelangten durchweg zu einer positiven Bewertung.

Es musste auch an eine Weiterentwicklung gedacht werden, z.B. eine Auswertung der Lernprozesse, und zwar transparent für das Kind und den Lehrer, eine Bewertung ohne negative Auswirkung. Sie sollte im Gegenteil die Motivation fördern, um die Kinder weiter zu ermuntern. Und es sollte mit der Software möglich sein, die Bereitschaft und die Zähigkeit dieser Kinder in solchen Situationen festzustellen.

»Lernen« lernen

Das menschliche Wesen ist von Natur aus neugierig, alles Neue interessiert es, spricht es an, es erträgt keine intellektuelle Routine. Diese Software ist so konzipiert, dass sie die Kinder immer wach hält und ihren Fortschritt stimuliert. In dieser Perspektive ist der Computer sicherlich eine effiziente Bildungshilfe. Seine Einführung in die pädagogische Praxis lädt zu schöpferischem Denken und zur Kreativität ein und öffnet das Tor zur Zukunft. Der Computer ist eine explosive Neuerung für fundamentales Lehren und Lernen. Er verbindet das Erstaunen über die Neuentdeckungen mit der Neugier und der Überzeugung aus der eigenen Erfahrung. Das Kind wird seine ganze Energie und alle seine Fähigkeiten mobilisieren, um im Programm voranzukommen. Der Weg, den es im Programm zusammen mit einem Maskottchen geht, trägt dabei der Entspannung nach der Anstrengung Rechnung, ermöglicht es, die Anzahl der Fehler zu ändern, stimuliert und verleiht Leben. Antworten werden ohne Stress bestätigt oder verneint, so dass man noch einmal überlegen oder von neuem beginnen kann. Es geht nicht mehr um »Fehler«, sondern darum, einen experimentellen Suchvorgang durchzuführen.

Werden Inhalte und Methoden geändert?

Diese pädagogische Form, die den Erwerb neuer Informationen als Lernquelle benutzt, kann dazu beitragen, die Inhalte und Methoden neu zu überdenken. »Traditionelle« Pädagogik, die so viele verschiedene Begriffe, so viele verschiedene Übungsfelder, Probleme, Lesetexte so jungen Kindern vorsetzt, könnte wie eine Irrlehre erscheinen. Setzt die jungen Schüler vor diesen kleinen Bildschirm, mit dieser »kleinen Maus« und dieser Software. »Lasst sie machen«, würde Jaques Prévert sagen. Sie werden sich alle ins Zeug legen und die Lernstufen erklimmen, dazu noch mit einer Geschwindigkeit, die man nicht für möglich halten würde. Die Kinder, die mit dieser Software lernen, haben es begriffen: »Der Computer ist genial, weil man viele Dinge spielend lernt. Toll ist auch, dass man sich irren und sofort wieder von vorne anfangen kann. Wenn man sich irrt, so ist das nicht schlimm. Das Maskottchen sagt uns: ›Überlegen und noch mal anfangen‹.«

Da der Computerraum eine ständige Einrichtung ist, hat jeder Schüler die Möglichkeit, sich mit dem Computer auseinanderzusetzen, zu überlegen, selbst zu handeln, Verantwortung zu übernehmen. Alle setzen sich mit Vergnügen vor das Gerät. Aber wenn auch der Computer eine neue pädagogische Beziehung schafft, ist deswegen der Lehrer nicht weniger wichtig, er ist sogar mehr gefragt. Selbst wenn die Tätigkeiten der Schüler sich zum möglichen Maximum an Eigenständigkeit entwickelt haben, bleibt der Lehrer der »Orchesterchef«. Pädagogik ist ein komplexer Prozess, dessen Ziel es ist, dem Schüler zu helfen, Kenntnisse nicht allein dadurch zu erlangen, dass er sie im Gedächtnis aufnimmt, sondern vielmehr dadurch, dass er fähig wird, sich das Wissen selbst anzueignen: »Lernen zu lernen«. Ein solches Konzept von Pädagogik läuft stets darauf hinaus, den Schüler zu forschendem Lernen anzuregen und ihm dies auf einem hohen Niveau von Fantasie und Versinnbildlichung zu ermöglichen. Dann kann der Computer das effizienteste der derzeitigen pädagogischen Instrumente sein. Aber wie bei allen Instrumenten verleiht ihm erst die Art des Gebrauchs seine Qualitäten.

Michèle Froment: »Der Schulrat hat sich, als die Software fertig war, interessiert nach dem Ergebnis erkundigt. Deshalb wurde sie analysiert, geprüft, anderen Schülern präsentiert, dem Urteil anderer Pädagogen, Inspektoren, Forscher und Direktoren von Verlagen ausgesetzt. Die Suche nach einem Verleger, der in der Lage sein würde, das ganze pädagogische Konzept zu verstehen und zu erhalten, war lang und schwierig. Aber diese Schwierigkeiten treten in den Hintergrund, sobald das Ziel erreicht ist. Heute ist die Software, die tagtäglich in meinem Klassenzimmer erarbeitet wurde, verlegt und vertrieben![*]

Diese Anfangssoftware mit wissenschaftlichem Inhalt richtet sich an die älteren Schüler (ab 5 Jahre). Die Kinder müssen lediglich wissen, wie sie die ›kleine Maus‹ führen müssen.

Warum soll die Wissenschaft schon so früh eingeführt werden? Weil es sich darum handelt, das Erwachen der Intelligenz zu unterstützen und den Akzent auf den Einsatz der Vernunft zu setzen. Schon bevor sie lesen und schreiben können, soll den Kindern die Gelegenheit gegeben werden, sich im Denken, im Herstellen von Relationen, Vergleichen, Assoziierungen und sich im Verstehen zu üben.«

Die Software »Die Unschlagbaren«

Etwa 30 Wissensbereiche sind in 100 Spielaktivitäten integriert. Der Weg ist einfach, attraktiv und einladend gestaltet. Zu Beginn befindet sich das Kind in einem Park mit fünf Attraktionen. Jede einzelne Attraktion führt weiter in sechs Serien von jeweils drei Aktivitäten. Wenn einzelne Etappen erledigt sind, stehen neue zur Verfügung, aber nur dann. Die Software umfasst also insgesamt mehr als 90 verschiedene Spielaktivitäten mit offenem Ausgang, plus zehn weitere verborgene Spiele.

Mehrere Besonderheiten am Anfang gestatten dem Kind, gewisse Funktionen zu wählen: Die »Sanduhr« (Zeitmaß), eine Hilfefunktion, die »klebende« Maus (es ist dann nicht notwendig, den Fingerdruck nach dem Klicken beizubehalten) oder Musik. Das

* Les Imbattables, 100 jeux déveil multimédias pour se préparer aux mathématiques et à la logique, diffusé et distribué par le Groupe Hachette, Maurepas.

Kind kann seiner Arbeit auch eine persönliche Note geben. Es wählt zu diesem Zweck sein Icon und trägt seinen Namen ein, damit die Software den Namen und das Protokoll speichert. Dieses wird für das Kind gut lesbar durch fünf große Begriffskategorien dargestellt, die sich auf die fünf möglichen Anfänge beziehen. Das Protokoll mit den Arbeitsbewertungen wird ständig ergänzt. Darauf sind die Resultate der einzelnen Aktivitätstypen wie folgt vermerkt: Schwierigkeitsgrad erreicht, erbetene Hilfe, Anzahl der Fehler und so weiter.

Nachdem es seinen Namen eingegeben hat, kann das Kind also in den Park eintreten und sich auf die Entdeckungsreise begeben. Es kann arbeiten:

- mit »dem Rodelschlitten«, alle Rechenarten und die Mosaiksteine;
- mit »dem Zirkus«, visuelle Unterscheidungsmerkmale;
- mit »der Manege«, Gesamtheit und Teilmengen;
- mit »dem Spiegelsaal«, alle Arten von Symmetrien und die Fotografie;

Folgende Begriffe werden im Einzelnen behandelt:

- Addition, nicht unbedingt mit Zahlen
- Rechenregeln, in Linien, in Rollen, in Kurven, in Arabesken; in 2, 3, 4 oder mehr gleichen Elementen
- Wahlbäume
- so viel wie, weniger als, gleich wie
- Grundzahlen
- zeitliche Abfolge, logische Folge, chronologische Reihe, vor, nach Einordnung
- Übereinstimmungen Glied für Glied
- das Ganze; getrennt, mit einem Schnittpunkt; Teilung, Verteilung
- Übung zum logischen Denken; Begründen, Folgern
- Geometrie, Begriff des Punktes, der Geraden, der Fläche, der Diagonalen, der Mittellinie, der besonderen Formen
- identisch, verschieden, ähnlich
- Bilderfolge, Reihenfolge, vor, nach
- Labyrinth
- Mosaik

- Paarbegriff
- nummerisch, Zahl, Erkennungsmerkmal, Quantitativ- und Qualitativzahl
- Ordnung
- Orientierung: links, rechts, oben, unten
- Vorabmaß, Behalten von Mengen, Flächen, Längen
- Erkennen von besonderen und geometrischen Formen
- Beziehungen von Ordnung und Gleichwertigkeit
- Ortungen, Ortungen in einem Plan
- Reihe, Reihenvergleich
- Subtraktion, nicht unbedingt mit Zahlen
- Strukturierung des Raumes
- vertikale und horizontale Symmetrie, relative Position, Fotografie
- kartesianische Tafeln/Tabellen, horizontale und vertikale Ortung
- Topologie: relative Positionen; Inneres, Äußeres, Umgebung
- Sortieren u.v.m.

Wie bereits erwähnt begleitet das Maskottchen das Kind auf seinem Arbeitsweg, es gibt ihm Sicherheit und stimuliert es, hilft ihm beim Korrigieren und interessiert es für neue Wege. Die Problemsituation wird vom Kind gewählt. Es bewegt sich völlig frei im Innern der Software. Das Programm ist so konzipiert, dass es das Kind immer zu einer neuen Entdeckung motiviert. Einhundert verschiedene und nach dem Zufallsprinzip verbundene »Situationen« stehen zu seiner Verfügung, sinnvoll aufgebaut und immer mit dem Ziel, alles ohne Fehler zu machen! Man kann nämlich immer wieder von neuem beginnen.

Die grafischen Darstellungen sind anspruchsvoll. Auf diese Weise gewöhnt sich das Auge der Schüler an Zeichnungen, in denen die Proportionen stimmen. Milde, Ruhe, Stille, Farben, grafische Formen, Handlungen, Bewegungen – alles trägt zu einer angenehmen Lernumgebung bei, die Interesse wach halten und stimulieren kann, ohne Aggressivität, ohne Bosheit (im großen Unterschied zu bestimmten Videospielen, die offensichtlich eher darauf abzielen, wenig empfehlenswerte Regungen zu steigern). Das Verhalten des Kindes und das Lernen werden günstig beeinflusst.

Die Wirkung auf die Kinder

Auf diese Weise wird die Einführung des »pädagogischen« Computers zum »Glück« für die Schüler, ein »Glück« im weitesten Sinne des Wortes. Außer dem spielerischen Aspekt, den die Benutzung eines Computers für jede Altersstufe mit sich bringen kann, wird eine große Motivation geweckt, und der Fortschritt beim Erlernen grundlegender Kenntnisse wird intensiviert.

- Die weniger geschickten Kinder bemühen sich mehr um Konzentration und machen folglich größere Fortschritte, sie können wiederholen, von vorne anfangen, sie erweitern ihr Wissen, es gibt keine Blockierung aus Furcht vor Misserfolg.
- Die ganz unruhigen und labilen Kinder können ihre Energien eher zielgerichtet kanalisieren und in Lernaktivitäten umsetzen.

So haben auch die Kinder mit den größten Schwierigkeiten schließlich ihren Erfolgsweg gefunden. Das hat sich auf ihr Verhalten ausgewirkt: Sie sind sicherer geworden, haben mehr Standvermögen, sind wesentlich ausgeglichener. Sie konnten den Beweis erbringen, dass auch sie Erfolg haben können. Die schnellsten Schüler fühlten sich weder vergessen noch verpflichtet, auf eine »mittlere Gangart« runterzuschalten.

Ohne Konkurrenzdruck geht jeder Einzelne nach seinem Können vor, und in einem angenehmen Klima von Kommunikation, Austausch und Miteinander kann das Kind immer weiter und besser vorankommen.

Spiegeleffekt, Bewertung, Selbstbewertung

Die Software verschafft dem Schüler ein Bild über den Stand seiner Strategien und Kenntnisse in dem behandelten Fach. Wenn er dieses Bild akzeptiert (dies geschieht umso leichter, je unabhängiger vom Lehrer er es wahrnimmt), wird er sich seines aktuellen Wissensstandes bewusst. Auf diese Weise vermittelt sich ihm – außerhalb einer Beurteilung von subjektivem Wert – der Stand seines Könnens. Der

Stellenwert der Bewertung und die Rolle der Selbstbewertung werden transparent. Das Kind setzt sich mit dem Wissenserwerb auseinander, es engagiert sich im Lernprozess und mobilisiert sich. Es ist kein »Krug, den man füllt«; von selbst wird es an der Quelle trinken, weil es »Wissensdurst« hat! »Klick« und »Doppelklick«: Ein wirkliches Kinderspiel, um wissenschaftliche und mathematische Konzepte zu handhaben und auf diese Weise ein hohes Niveau an geistiger Wendigkeit und sinnbildlicher Darstellung zu erlangen.

Michèle Froment: »Die Kinder sind gerne der ›Kleinen Maus‹ gefolgt. Ich wage zu behaupten, dass sich dank der Maus die Beziehung der Kinder zum Wissen gewandelt hat, dass die Maus die Kinder auf dem Weg ihrer Persönlichkeitsbildung begleiten wird und dass sie ihr mit Lust folgen werden, um immer weiter zu kommen.«

Heute könnte eine der Antworten auf die Frage: »Wie kann man das Lernen fördern?« so lauten: »Lassen wir die kleine Maus doch zusammen mit einer geeigneten Software in die Schule Einzug halten!«

Anhang

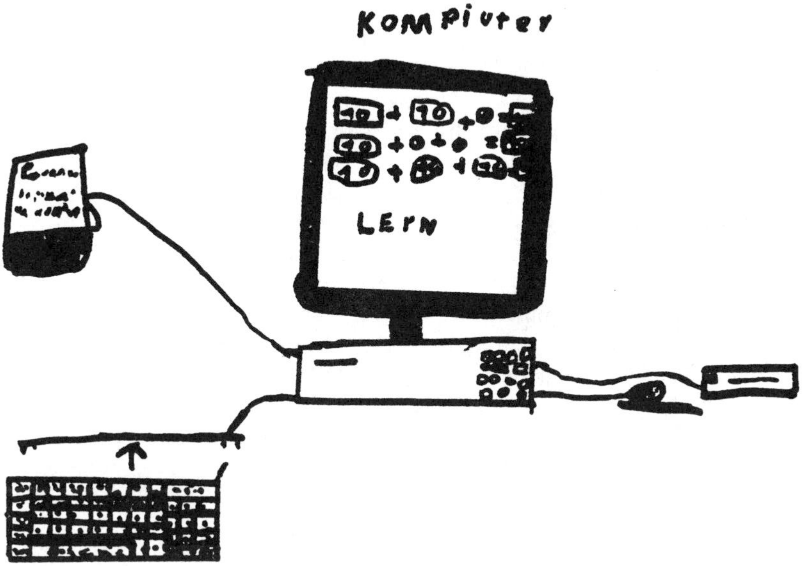

Softwarehinweise

In den Beiträgen behandelte Software:

ADI (Sierra-Coktel)	(Blatt)
Alfons-Lernsoftware (Schroedel-Verlag)	(Blatt, Eufinger)
Banania	(Siert)
Bits + Bytes	(Siert)
Budenberg (Emmig GmbH)	(Schwichtenberg, Siert, Renner, Volp, Eufinger)
Comles-Familie (Cornelsen-Verlag)	(Blatt)
Compact-Lernsoftware (Compact-Verlag)	(Blatt)
Corel Draw 3.0	(Renner)
Cosmo (Westermann-Verlag)	(Siert)
Creative Writer (Microsoft)	(Blatt, Schwichtenberg, Siert, Volp)
DigDogs (Deutscher Verkehrssicherheitsrat)	(Siert)
E-T-Programme (Eugen-Traeger-Verlag)	(Blatt)
Elab-Programme (Heinevetter-Verlag)	(Blatt)
GEOWORKS 2.0 (digit Ostermann)	(Spindler, Büttner/Pfaff)
Les Imbattables (Groupe Hachette)	(Froment)
Lese- und Rechtschreibmeister für DOS (Auer-Verlag)	(Schwichtenberg, Büttner/Pfaff)
Lesewelt (Auer-Verlag)	(Volp, Renner)
MatheBlaster (Klett-Verlag)	(Siert)
McAfee-Virenscanner (McAfee)	(Büttner/Pfaff)
Microsoft Filmstudio (Microsoft)	(Siert)
Microsoft Office für Windows (Microsoft)	(Büttner/Pfaff)
Monty Pythons Complete Waste of Time (7th level)	(Büttner/Pfaff)
MS-Works (Microsoft)	(Blatt)
Norton-Commander (Symantec)	(Büttner/Pfaff)
OLLI (JDS Jens Driese)	(Siert)

OS/2 (IBM)	(Büttner/Pfaff)
Paper Airplanes	(Siert)
power menue	(Büttner/Pfaff)
Rechenwelt (Auer-Verlag)	(Volp, Renner)
Schriftenpaket (der päd. Werkstatt Mühlacker)	(Renner)
Sim City	(Sanger)
Sokoban	(Siert)
Star Writer 7.0 (Star Division)	(Blatt)
TAO-Programm (Swets & Zeitlinger B.V.)	(Blatt)
Theme Parc	(Sanger)
Tims verrückte Werkstatt (Sierra Cocktel)	(Siert)
ULK (Cornelsen-Verlag) 5. und 6. Klasse	(Blatt)
Uniword	(Eufinger)
Weathermapper	(Sanger)
Windows 3.1 (Microsoft)	(Renner, Eufinger, Büttner/Pfaff)
Windows 95 (Microsoft)	(Büttner/Pfaff)
Winnies Welt (Cornelsen-Verlag)	(Blatt, Kramer)
Winword 6.0 (Microsoft)	(Renner, Büttner/Pfaff, Eufinger)
Word 3.0 – 6.0 (Microsoft)	(Renner)

Software der Schulbuch-Verlage (Auswahl)

Zur allgemeinen Beurteilung sei auf den Beitrag von Astrid Vietmeier verwiesen. Nahezu alle Programme der Verlage werden auf CD-ROM angeboten. Sie setzen einen Rechner mit mindestens einem 486er-Prozessor, einem Arbeitsspeicher von mindestens 4 MB sowie in den meisten Fällen Windows 3.1 oder höher voraus. Zum Standard der Programme gehört außerdem eine Sprach- und Musikausgabe, die eine Soundkarte sowie Lautsprecher bzw. Kopfhörer erfordert.

Alfons	(Schroedel)
MatheBlaster	(Klett)
Mathe-Meister	(Nova Media)
Konrad-Rechtschreibung	(Nova Media)
Kerstin-Deutsch-Begleiter	(Nova Media)
Lese- und Rechtschreibmeister (für Windows)	(Auer)
Stadtrallye	(Westermann)
Cosmo	(Westermann)
Winnies Welt	(Cornelsen)

Computer und Software im Jahr 2000

Schon seit längerer Zeit wird weltweit darüber nachgedacht, wie sich die Jahrtausendwende auf die Computerprogramme und Rechner auswirken wird, die zu Zeiten entstanden sind, als man noch sparsam mit Speicherplatz umgehen musste und das Jahr 2000 noch in weiter Ferne lag. 286er und 386er-Computer werden wahrscheinlich nicht in der Lage sein, diesen Wechsel ohne Störungen (dauerhafte Programmabstürze) zu vollziehen. Leider lässt sich für viele alte Programme und Rechner keine verlässliche Vorhersage machen. Möglicherweise bedeutet der Jahrtausendwechsel das endgültige Ende für eine Reihe von Computern und Programmen.

Literaturverzeichnis

Arenhövel, F.: Computereinsatz in der Grundschule. Donauwörth 1994.

Augst, G.: Schreiben als Überarbeiten. In: Der Deutschunterricht 3/1988, S. 51–62.

Baurmann, J.: Aufsatzuntericht als Schreibunterricht. Für eine genaue Grundlegung des Schreibens in der Schule. In: Praxis Deutsch 104/1990, S. 7–12.

Ludwig, O.: Vom Aufsatzunterricht zum Schreibunterricht. In: Baurmann, J./Ludwig, O. (Hrsg.): Schreiben – Schreiben in der Schule. Germanistische Linguistik 104+105/1991, S. 9–18.

Bildungskommission NRW: Zukunft der Bildung – Schule der Zukunft. Denkschrift der Kommission »Zukunft der Bildung – Schule der Zukunft« beim Ministerpräsidenten des Landes Nordrhein-Westfalen. Neuwied/Berlin 1995, S. 137.

Blatt, I./Hammerer, C./Meuser, V./Sabban, S.: Computer ab Klasse 1? Erfahrungen beim Einsatz im Sprachlichen Anfangsunterricht. In: Grundschulunterricht, 45. Jg, 5/1998, S. 13–17.

Blatt, I./Rockel, H.: Das Füchslein im Internet. In: Grundschule 10/1996, S. 52–56.

Blatt, I./Hartmann, W.: Beim Schreiben die »innere Sprache« anregen. In: Computer + Unterricht 6/1992, S. 37–40.

Blatt, I./Hartmann, W./Feldner, K.: Schreibprojekte via E-Mail zwischen Schule und Universität. In: Hamburg macht Schule, in: Behörde für Schule, Jugend und Berufsbildung Hamburg: Pädagogische Beiträge Verlag 1997, (S. 19).

Blatt, I.: Schreibprozeß und Computer. Eine ethnographische Studie in zwei Klassen der gymnasialen Mittelstufe. Neuwied 1996.

Blatt, I.: Textverarbeitung lernen durch Learning by Doing. In: Computerbildung 3 + 4, ebenso in Schulpraxis 5 + 6/1992, S. 3842.

Dehn, M.: Zeit für die Schrift. Lesenlernen und Schreibenkönnen. Bochum 1988.

Dehn, M./Heinrich, P./Wagner-Lueken, S./Weber, G.: Der Computergeist und seine Frau. In: Die Grundschulzeitschrift 47/1991, S. 19–23.

Dengler, R.: Mit dem PC Unterricht und Schule gestalten. Ein praktischer Leitfaden für DOS- und Windows-Anwender. Donauwörth 1995.

Domino-Verlag (Hrsg.): Medienpädagogik – Praxisheft. München 1997.

Emig, J.: Writing as a mode of learning. In: College Composition and Communication. 28/1977, S. 122–128.

Flower, L. et al.: Reading-to-Write: Exploring a cognitive and social process. New York/Oxford 1990.

Fuchs, W.: TAO im Klassenzimmer. BUS (Zeitschrift der Zentralstelle für Computer im Unterricht, Augsburg), 29/1995, S 12–18.

Haefner, K. : Die neue Bildungskrise. Basel 1982.

Hartmann, W./Feldner, K./ Blatt, I.: Kommunizieren über Computer und E-Mail. Ein gemeinsames Schreibprojekt von Schule und Universität. In: Computer + Unterricht 4/1994, S. 33–39.

Hentig, H. von: Das allmähliche Verschwinden der Wirklichkeit – ein Pädagoge ermutigt zum Nachdenken über die neuen Medien. München 1984.

Hessisches Institut für Bildungsplanung und Schulentwicklung (Hrsg.): Computer und Grundschule. Wiesbaden 1994.

Heyden, K.-H./Lorenz, W.: Verändertes Lesen – verändertes Schreiben. In: Computer + Unterricht 23/1996, S. 26–29.

Jost, A.: Reportagen und Routine. In: Computer + Unterricht 23/1996, S. 14–17.

Kleingeist-Poensgen, H.: Schulentwicklung als Prozeß. In: Die Grundschulzeitschrift 99/1996, S. 30ff.

Kleinschmidt-Bräutigam, M.: Computer in der Grundschule. In: SchulVerwaltung 10/1996, S. 259ff.

Kochan, B.: Schreibprozeß, Schreibentwicklung, Schreibwerkzeug. In: Hofmann, W./Müsseler, J./Adolphs, H. (Hrsg.): Computer und Schriftspracherwerb. Programmentwicklungen, Anwendungen, Lernkonzepte. Opladen 1993, S. 5791.

Krauthausen, V.H. (Hrsg.): Computereinsatz in der Grundschule? Stuttgart 1994.

Landesinstitut für Schule und Weiterbildung (Hrsg.): Interaktive Medien im Unterricht – Gestaltung von Hypermedia-Arbeitsumgebungen, gleichzeitig Abschlußbericht CompiG. Bönen 1994.

Landesinstitut für Schule und Weiterbildung (Hrsg.): Lernen mit Neuen Medien – Grundlagen und Verfahren der Prüfung Neuer Medien. Bönen 1997.

Lück, W. van: Multimedia und Telekommunikation. In: Städte- und Gemeinderat 9/1996, S. 295–302.

Lück, W. van: Zukunftsperspektiven für ein Lernen und Üben in Sach- und Sinnzusammenhängen in der Grundschule – unterstützt durch Interaktive Medien. In: Mitzlaff, H. (Hrsg.): Handbuch Grundschule und Computer. Vom Tabu zur Alltagspraxis. Weinheim und Basel 1996, S. 250.

Mitzlaff, H. (Hrsg.): Handbuch Grundschule und Computer. Vom Tabu zur Alltagspraxis. Weinheim und Basel 1996.

Peschke, R.: Der vernetzte Lehrerarbeitsplatz. Informationen zu einem neuen BLK-Modellversuch des Landes Hessen. In: Computer + Unterricht 25/1997, S. 44ff.

Reschel, F.: Ist das Unterricht? In: Meyer/Rampillon/Otto/Terhart (Hrsg.): Lernmethoden, Lehrmethoden. Wege zur Selbständigkeit. Friedrich Jahresheft XV/1997, S. 30/31.

Schampel, U.-M.: Unterrichtliche Einsatzmöglichkeiten für Multimedia in der Grundschule. Vortrag auf der Lernteach in Karlsruhe am 6.2.98.

Schön, H.: Sicher und fit vor dem PC. In: Pluspunkt 4/95, S.4f.

Siemens, A.: Die Alphabetisierung der Medien. In: ALFA-Rundbrief 14, Herbst 1990, S. 11.

Staatliche Landesbildstelle Hessen (Hrsg): Vernetzte Lernwelten. Frankfurt a.M. 1995.

Storm, I.T.: Deutsche Sprache, schwere Sprache. Spracherkennung und automatische Übersetzung. In: ct magazin für computer technik 5/1996.

Themenheft Computer. In: Mücke Heft 1/95.

Wagenschein, M.: Naturphänomene sehen und verstehen. Hrsg. von Christoph Berg. Stuttgart 1980, S. 68. Zitiert nach Schüler, H.: Wildes Lernen – stilles Lehren. In: Meyer/Rampillon/Otto/Terhart (Hrsg.): Lernmethoden, Lehrmethoden – Wege zur Selbständigkeit. Friedrich Jahresheft XV/1997, S. 24–26.

Wygotski, L.: Denken und Sprechen. Frankfurt a.M. ^{5}1991.

Adressen

Auswahl

Bayern

Zentralstelle für Computer im Unterricht, Schertlinstr. 9, 86159 Augsburg (Der Einsatz von Computern in der Grundschule wird in Bayern eher zurückhaltend beurteilt)

Hessen

Hessisches Institut für Bildungsplanung und Schulentwicklung, jetzt: Hessisches Landesinstitut für Pädagogik (HeLP), Viktoriastr. 35, 65189 Wiesbaden

Nordrhein-Westfalen

Landesinstitut für Schule und Weiterbildung, Paradieserweg 64, 59494 Soest.

Die *Beratungsstelle für neue Technologien* (BfNT) beschafft am Markt erhältliche neue Medien und bewertet diese unter Aspekten der Programmtechnik, der Fach- und Mediendidaktik und der Humanverträglichkeit. Darüber hinaus werden Möglichkeiten des unterrichtlichen Einsatzes (Unterrichtsideen und Erfahrungsberichte) erarbeitet. Ziel ist es, die beispielhaften und empfehlenswerten neuen Medien zu finden, die die Qualität von Lernen verbessern, d.h. beispielhaftes, offenes, entdeckendes Lernen ermöglichen. Die Ergebnisse werden veröffentlicht im Arbeitsbereich »Lernen mit neuen Medien« in Learn:Line (http://www.learn-line.nrw.de), dem nordrhein-westfälischen Bildungsserver und in der SODIS-Datenbank, die ebenfalls über Learn:Line abrufbar oder als CD erhältlich ist.

Rheinland-Pfalz

Landesmedienzentrum, Hofstr. 257c, 56077 Koblenz

Wichtige Adressen im Internet

(Stand: November 1998)

Grundschulen in Deutschland Schulart = Gr	http://www.schulweb.de
Schulen ans Netz	http://www.san-ev.de
Zeitung in der Schule	http://www.zis.de
McAfee Antivirenschutz	http://www.mcafee.com/down/index.html
Microsoft	http://www.microsoft.de
Yahoo Deutschland (Suchmaschine)	http://www.yahoo.de
Transatlantisches Klassenzimmer	http://www.hh.schule.de/tak/Welcome.html
Lernen mit neuen Medien	http://www.learn-line.nrw.de
Deutscher Bildungsserver	http://www.dbs.schule.de
Beispiel für eine Grundschule im Internet	http://www.bs-online.de/gs-duererring
Budenberg Software	http://www.budenberg.de

Mittels einer mailing-Liste diskutieren Grundschullehrerinnen und Grundschullehrer bundesweit über den Einsatz von Computern an Grundschulen.

Grundschulliste	Computergs@vhs.schwerte.de
Abonnements über	S.Woeckel@t-online.de; http://home.t-online.de/home/S.Woeckel

Die Autorinnen und Autoren

Inge Blatt, Dr. phil., Jg. 1942, wissenschaftliche Mitarbeiterin am Institut für Didaktik der Sprachen am Fachbereich Erziehungswissenschaften der Universität Hamburg, Mitglied der Arbeitsstelle Schreib-Lehr-Lern-Forschung an der Universität Hamburg, Promotion zum Thema »Schreibprozess und Computer«, Schwerpunkte der Lehrtätigkeit: Einsatz des Computers im sprachlichen Anfangs- und Deutschunterricht, Auswirkungen der neuen Medien auf die Schriftkultur, Mitarbeit an einem internationalen vergleichenden Projekt im Bereich Spracherziehung.
E-Mail: blatt@erzwiss.uni-hamburg.de

Christian Büttner, Dr. phil., Jg. 1944, Vater eines Grundschul-Kindes, Diplompsychologe und wissenschaftlicher Mitarbeiter der Hessischen Stiftung Friedens- und Konfliktforschung (Frankfurt), Lehrbeauftragter an den Universitäten Marburg (Psychologie) und Frankfurt (Erziehungswissenschaften) sowie an den Fachhochschulen in Wiesbaden und Darmstadt (EFHD), langjährige Supervisions-, Fort- und Weiterbildungstätigkeit für pädagogische Fachkräfte, Herausgeber des Jahrbuches der Kindheit (Beltz-Verlag), des Jahrbuches für Psychoanalytische Pädagogik (Grünewald-Verlag/psychosozial-Verlag) sowie der Buchreihen »Psychoanalytische Pädagogik« (Grünewald-Verlag/psychosozial-Verlag) und »Praxisfeld Kindergarten« (Beltz Verlag), seit 1991 eifriger Nutzer der Computer-Technologie zum Arbeiten (Texte, Faxe, BTX, Internet ...) und Spielen.
E-Mail: buettner@em.uni-frankfurt.de

Claude Chrétiennot, Jg. 1942, seit 1969 wissenschaftliche Mitarbeiterin am Institut Nationale de la Recherche Pédagogique (INRP), seit 1982 am Centre de Recherche sur l'Adaptation Scolaire (CRESAS), Mitarbeit an europäischen Programmen zur Vorschulerziehung, zahlreiche Veröffentlichungen zu den Arbeits- und Lernbedingungen in Schule und Fortbildung.

Horst Eufinger, Jg. 1953, im Schuldienst seit 1978, Tätigkeit als Mediendidaktiker bei M.I.T. für die Entwicklung von Multimedia-Stationen für die berufliche Weiterbildung in Betrieben, Computer im Grundschulunterricht seit 1982, Autor von Lernprogrammen für Apple-Computer und für den PC, seit 1991 Rektor der Adolf-Reichwein-Grundschule (Neu Anspach), Mitarbeiter des Hessischen Instituts für Lehrerfortbildung Friedberg, seit 1993 Computer-Fortbildungen für Gundschullehrerinnen, Mitglied in der AG des Schulträgers im Hochtaunuskreis für die Ausstattung der Schulen mit PCs und Verwaltungssoftware für die Schulsekretariate.

Thomas Förster, Jg. 1953, Diplompädagoge und Sonderschullehrer, Mitarbeiter des Hessischen Instituts für Bildungsplanung und Schulentwicklung (Wiesbaden), des Hessischen Instituts für Lehrerfortbildung (Frankfurt) und der Informations- und Koordinationsstelle für sonderpädagogische Förderung (Rüsselsheim), Lehrbeauftragter am Institut für Sonder- und Heilpädagogik der Johann Wolfgang Goethe-Universität (Frankfurt a.M.).
E-Mail: tfoerster@nis.schule.de

Michèle Froment, Jg. 1956, Lehrerin in der école maternelle (grande section) und Leiterin ihrer Einrichtung (Marignance, Dept. Bouches du Rhône), Fortbildungsleiterin für Neue Technologien, Autorin zahlreicher Software-Programme (u.a. »Les Imbattables«).

Manfred Kramer, Jg. 1953, Lehrbefähigungen für Sozialwissenschaften, Germanistik und Informatik für das Lehramt am Gymnasium, Lehrer an der Max Ernst-Gesamtschule in Köln-Bocklemünd (1985–1993) und an der Kardinal von Galen-Gesamtschule in Nordwalde (1993–1996), seit 1996 pädagogischer Mitarbeiter in der Beratungsstelle für Neue Technologien im Landesinstitut für Schule und Weiterbildung in Soest, betreut dort die Prüfung und Gestaltung Neuer Medien für den Unterricht in der Grundschule, in der Sonderschule und in Gesellschaftswissenschaften an den weiterführenden Schulen.
E-Mail: manfred.kramer@lsw.nrw.de

Knut Künkel, Jg. 1955, Vater von zwei Kindern, Diplompädagoge, Lehramt für Sonderschulen, Förderlehrer in der Jugendhilfe, seit 9 Jahren an einer Grundschule, seit 1993 Software-Berater für Grund- und Sonderschulen am Hessischen Institut für Bildungsplanung und Schulentwicklung, Mitarbeiter in der regionalen und überregionalen Lehrerfortbildung.
E-Mail: k.kuenkel@avmed.gi.he.schule.de

Rudolf Peschke, Jg. 1942, Diplominformatiker, M.A., Studium der Informatik, Erziehungswissenschaften und Psychologie an den Universitäten Karlsruhe und Gießen, seit 1980 als Bildungsplaner am Hessischen Institut für Bildungsplanung und Schulentwicklung in Wiesbaden, z.Z. Koordination des landesweiten Aufgabengebietes »Medienpädagogik und neue Medien im Unterricht« im Hessischen Landesinstitut für Pädagogik.
E-Mail: fxhis26@rz.uni-frankfurt.de

Andreas Pfaff, Jg. 1959, Ausbildung als Diplomingenieur (Nachrichtentechnik), Mitarbeiter der Telekom bis 1994, seit 1987 eigene Firma, seit 1997 Geschäftsführer der Bit Byter Computer & Service GmbH.
E-Mail: a.pfaff@bitbyter.com

Gerhard Renner, Jg. 1956, seit 1993 Schulleiter der Wendelinusschule Steinau, Mitarbeiter im Projekt »Computer an Grundschulen« des Hessischen Landesinstitutes für Pädagogik (HeLP) in Wiesbaden, Teilnahme an Projekten wie »Schulen ans Netz« und »IMMIS«.
E-Mail: G.Renner@t-online.de

Jack Sanger, Jg. 1943, Prof., Direktor des Research Centre, City College, Norwich, dort wird multidisziplinär zu öffentlichen und privaten Fragestellungen geforscht; zahlreiche Publikationen, besonders im Bereich qualitativer Sozialforschung; Mitherausgeber des Buches »Private Eyes« (zu den Mediengewohnheiten englischer Kinder und Jugendlicher, aus dem das Kapitel 2 entnommen wurde).
E-Mail: J.SANGER@anglia.ac.uk

Elke Schwichtenberg, Jg. 1942, Mutter von drei Kindern, seit 1979 Grundschullehrerin in Nordrhein-Westfalen und Hessen, seit 1984 Fachleiterin bzw. Rektorin zur Ausbildung in der 2. Ausbildungsphase für Lehrerinnen und Lehrer.

Claus Siert, Jg. 1957, Lehramt an Grundschulen, Umschulung zum EDV-Trainer, seit 1990 Grundschullehrer an der Grundschule Waldschule/Salzgitter-Bad, seit 1993 Konrektor an der Grundschule Dürerring/Salzgitter-Lebenstedt, Arbeit mit Computern im Primarbereich seit 1991.

Udo Spindler, Jg. 1943, seit 27 Jahren in der Grundschule tätig, seit 11 Jahren Schulleiter der Grundschule Dreihausen bei Marburg, arbeitet seit 17 Jahren mit Computern und hat 1984/85 erstmals Computer im Unterricht mit selbstgeschriebenen Programmen eingesetzt, Leiter zweier Fortbildungsprojekte zum Einsatz des Computers im Grundschulunterricht, Lehrgangsleiter im Hessischen Institut für Lehrerfortbildung (Computer als Text- und Grafik-Maschine im Unterricht der Grundschule), seit 1997 Hardware-Berater für Schulen im Raum Marburg.

Astrid Vietmeier, Jg. 1958, Lehramt an Gymnasien mit den Fächern Kunst und Deutsch, von 1986–1991 und wieder ab 1995 wiss. Mitarbeiterin an der Hochschule für bildende Künste (Braunschweig) – Arbeitsstelle für Computergrafik und Ästhetische Erziehung, 1992–1994 Dezernentin am Niedersächsischen Landesinstitut für Lehrerfortbildung, Lehrerfortbildung und Unterrichtsforschung (NLI) in Hildesheim, Projektgruppe »Neue Technologien und Schule«, Lehrerfortbildung und Betreuung des Grundschul-Modellversuchs in Niedersachsen, seit 1996 Projektleiterin Multimedia im Westermann Schulbuchverlag.

Birgit Volp, Jg. 1954, Ausbildung für das Lehramt an Grundschulen, 10 Jahre in der freien Wirtschaft tätig, seit 1991 Lehrerin an der Selzerbachschule/Karben, z.Zt. Klassenlehrerin eines zweiten Schuljahres.